珍藏本·增订本

纪念版

汉译世界学术名著丛书

皮浪学说概要

〔古希腊〕塞克斯都·恩披里柯 著

崔延强 译注

Sextus Empiricus

OUTLINES OF PYRRHONISM

根据 R. G. Bury, *Sextus Empiricus*, vol.1: *Outlines of Pyrrhonism*, Loeb Classical Library (London: Heinemann, 1933)，从希腊文译出

汉译世界学术名著丛书
（120 年纪念版·珍藏本）
增订本出版说明

2017 年 10 月，为纪念商务印书馆创立 120 周年，本馆推出“汉译世界学术名著丛书”（120 年纪念版·珍藏本），计七百种。近五六年来，仰赖学界同人倾力支持，订正旧译，增补新译，拓展新著，积累日多。为满足读者需要，本馆在七百种的基础上，继续推出“汉译世界学术名著丛书”（120 年纪念版·珍藏本·增订本）三百种。至此，“汉译世界学术名著丛书”累计出版已达千种。

今后，本馆将继续推进丛书的翻译出版工作，在积累单本名著的基础上陆续分辑刊行，汇印出版。为促进中外文明互鉴、推动我国学术发展，使“汉译世界学术名著丛书”这项对我国学术文化有基本建设意义的重大工程发挥更大作用，诚望海内外学术界、翻译界继续给予支持，帮助我们把这套丛书出得更好。

商务印书馆编辑部

2024 年 2 月

汉译世界学术名著丛书
（120 年纪念版·珍藏本）
出 版 说 明

2017 年 2 月 11 日，商务印书馆迎来 120 岁的生日。120 年前，商务印书馆前贤怀揣文化救国的理想，抱持“昌明教育，开启民智”的使命，立足本土，放眼寰宇，以出版为津梁，沟通中西，为中国、为世界提供最富智慧的思想文化成果。无论世事白云苍狗，潮流左右激荡，甚至战火硝烟弥漫，始终践行学术报国之志，无改初心。

迻译世界各国学术名著，即其一端。早在 20 世纪初年便出版《原富》《天演论》等影响至今的代表性著作，1950 年代后更致力于外国哲学和社会科学经典的译介，及至 1980 年代，辑为“汉译世界学术名著丛书”，汇涓为流，蔚为大观。丛书自 1981 年开始出版，历时三十余年，迄今已推出七百种，是我国现代出版史上规模最大、最为重要的学术翻译工程。

丛书所选之书，立场观点不囿于一派，学科领域不限于一门，皆为文明开启以来，各时代、各国家、各民族的思想与文化精粹，代表着人类已经到达过的精神境界。丛书系统译介世界学术经典，引领时代思想，为本土原创学术的发展提供丰富的文化滋养，为推动中国现代学术和现代化进程做出了突出的贡献。

为纪念商务印书馆成立120周年，我们整体推出“汉译世界学术名著丛书”120年纪念版的珍藏本，寄望既利于文化积累，又便于研读查考，同时向长期支持丛书出版的译者、编者和读者致以敬意。

两甲子后的今天，商务印书馆又站在了一个新的历史时间节点上。我们不仅要铭记先辈的身影和足迹，更须让我们的步伐充满新的时代精神。这是商务人代代相传的事业，更是与国家和民族的命运始终紧密相连的事业。我们责无旁贷，必须做好我们这代人的传承与创造，让我们的努力和成果不仅凝聚成民族文化的记忆，还能成为后来人可以接续的事业。唯此，才能不负前贤，无愧来者。

商务印书馆编辑部

2017年10月

译 者 前 言

塞克斯都·恩披里柯：其人其书

尽管人们对塞克斯都·恩披里柯（Sextus Empiricus）的生平所知甚微，但他的《皮浪学说概要》（*Pyrrhoniae Hypotyposes*，以下简称《概要》）及其“拓展版”《反学问家》（*Adversus Mathematicos*）在希腊化时代却广为流传，曾深刻影响了当时哲学发展的思想特质，尤其自 16 世纪被重新发现和翻译之后，对西方近代早期哲学的转型和形塑产生了不可低估的推动作用，乃至在 20 世纪的西方哲学中皮浪主义的思想传统仍然生生不息。[①] 塞克斯都的著作是集思

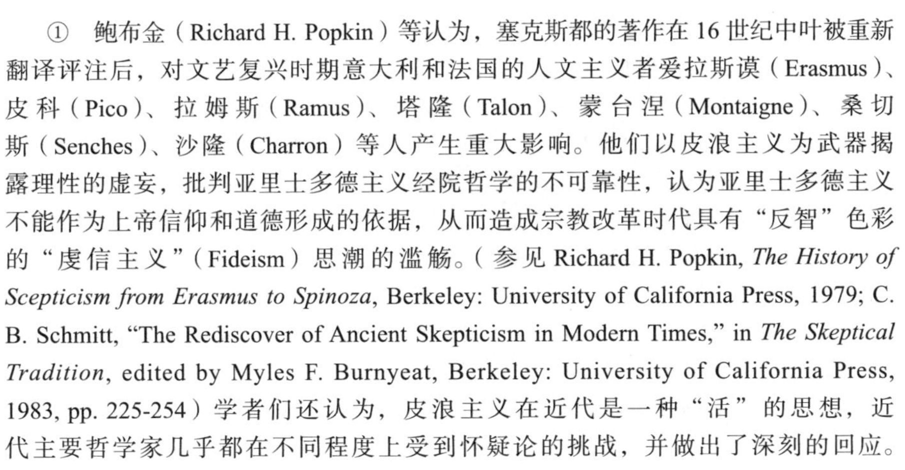

① 鲍布金（Richard H. Popkin）等认为，塞克斯都的著作在 16 世纪中叶被重新翻译评注后，对文艺复兴时期意大利和法国的人文主义者爱拉斯谟（Erasmus）、皮科（Pico）、拉姆斯（Ramus）、塔隆（Talon）、蒙台涅（Montaigne）、桑切斯（Senches）、沙隆（Charron）等人产生重大影响。他们以皮浪主义为武器揭露理性的虚妄，批判亚里士多德主义经院哲学的不可靠性，认为亚里士多德主义不能作为上帝信仰和道德形成的依据，从而造成宗教改革时代具有“反智”色彩的“虔信主义”（Fideism）思潮的滥觞。（参见 Richard H. Popkin, *The History of Scepticism from Erasmus to Spinoza*, Berkeley: University of California Press, 1979; C. B. Schmitt, “The Rediscover of Ancient Skepticism in Modern Times,” in *The Skeptical Tradition*, edited by Myles F. Burnyeat, Berkeley: University of California Press, 1983, pp. 225-254）学者们还认为，皮浪主义在近代是一种“活”的思想，近代主要哲学家几乎都在不同程度上受到怀疑论的挑战，并做出了深刻的回应。

想性和史料性于一身的经典，它们完整呈现了怀疑论的本质、目的、表述、论式以及反驳独断论的主要论题，系统阐发了存疑（epochē）这种宝贵的人类思想品质的原初形态，凝练了怀疑论的典型论证形式，彰显了逻辑理性的力量。在希腊思想被信仰主义、神秘主义日益浸淫的希腊化时代，这一点显得尤为可贵。其思想性、严整性、逻辑性和写作艺术性在怀疑论思想史上独领风骚，为近代怀疑论提供了丰富多彩的论证范式，直到 17 世纪笛卡尔哲学出现以前，没有一本怀疑论的著述可以出乎其右。[①]

塞克斯都著作的史料价值在于它比较客观地记述了公元 2 世纪以前希腊哲学几乎所有流派的主要观点，成为我们今天研究希腊哲学绕不过去的基本文献。在某种意义上，我们可以把塞克斯都的著

（接上页）皮浪主义作为一种“活”的思想进入近代知识论的视野，从贝尔（Beyle）、笛卡尔、伽桑迪、洛克、巴克莱、休谟到康德，莫不如是，它形塑了近代哲学的主题和范式。例如，有学者认为，巴克莱的“反抽象说”、“反物质说”的经验论立场与方法同古代怀疑论的论证如出一辙，其哲学实质就是“反皮浪主义的皮浪主义”。又如休谟所坚守的自然主义信念正是皮浪主义关于日常生活世界的信念，其思想最接近于中期学园派怀疑主义的阿尔克西劳（Arcesilaus）和卡尔内亚德（Carneades），所以他是一个“近代皮浪主义者”或“后皮浪哲学家”，其思想本质上是保守主义的日常生活哲学。（参见 Donald W. Livinston, *Hume's Philosophy of Common Life*, Chicago: The University of Chicago Press, 1984; David F. Norton, *David Hume*, Princeton: Princeton University Press, 1982）另有学者认为，希腊怀疑主义的思想从来没有终结过，20 世纪以来，对形而上学的拒斥和对常识世界的守护这一怀疑的传统连绵不绝，摩尔和维特根斯坦的逻辑实证主义、后实用主义者罗蒂的“教化的”（edifying）哲学、福柯和德里达的后现代哲学，某种意义上都可视为对皮浪主义传统的延续与回应。（参见 David R. Hiley, “The Deep Challenge of Pyrrhonian Scepticism,” *Journal of the History of Philosophy* 25 [2], 1987, pp. 185-213）

① 参见 Luciano Floridi, *Sextus Empiricus: The Transmission and Recovery of Pyrrhonism*, Oxford: Oxford University Press, 2002, p. 12。

作视为真实性较高的希腊哲学“史料汇编”，或希腊人自己写的一部比较客观的“希腊哲学批评史”。塞克斯都的著作之所以具有重要文献价值，这与他的写作风格以及他所理解的怀疑论的目的直接相关。塞克斯都坚持，怀疑论是一种不持有自己哲学立场（mē dogmatizein）的哲学，不对任何独断的观念、信念、学说做出确切的判断，而是通过大量援引（propheresthai）和转述（diēgisthai）其他哲学的观点，发现这些观点之间的矛盾对立，以求达致心灵的存疑和宁静。[①] 在塞克斯都的笔下，apaggellō（“报告”、“记述”之意）一词频频出现，比如，“像史学那样清楚地（historikōs）报告每种东西”[②]，“在不持有信念的意义上述说自己的感受”[③]，“以报告或记述的方式（apaggeltikōs）表达当下向他呈现出来的显明之物，并非独断地做出确切的表明，而是叙述他所感受的东西”[④]。正是由于怀疑论者的这一动机，使他自然而然地避免在他所引述的观点中加入自己的判断，尽可能地保持这些文本原有的风貌。比如，有学者认为，正是由于塞克斯都对欧几里得的引述，才使我们能够有幸看到《几何学原理》的正确文本，而公元 3 世纪左右的文本已被学者们穿凿附会得面目全非，伊阿姆布利科斯（Iamblichus）使用的本子已彻底毁坏。[⑤] 再如，有学者认为，尽管塞克斯都的论述冗长繁琐，却相当重要。正是塞克斯都的引用，才使巴门尼德的诗序部

① 参见 Diogenes Laertius, *Vitae Philosophorum*, 9. 74。

② Sextus Empiricus, *Pyrrhoniae Hypotyposes*, 1. 1.

③ Sextus Empiricus, *Pyrrhoniae Hypotyposes*, 1. 15.

④ Sextus Empiricus, *Pyrrhoniae Hypotyposes*, 1. 197.

⑤ J. L. Heiberg, *Studien über Euklid*, Leipzig: B. G. Teubner, 1882. 转引自 Luciano Floridi, *Sextus Empiricus: The Transmission and Recovery of Pyrrhonism*, p. 12。

分得以保存至今。[①]

关于塞克斯都的生平，我们从他自己的著述和其他文献中很难获得确切的信息。他的著作没有提到任何与自己同时代的人，出现最晚的一个历史人物乃是提伯里乌斯·凯撒（Tiberius Caesar，公元前 42—公元 37 年）。[②] 第欧根尼·拉尔修（Diogenes Laertius，约公元 3 世纪初）在其《名哲言行录》中曾四次提到塞克斯都的名字。[③] 在“提蒙”的最后一段，他谈到了塞克斯都的师承关系：

> 安提奥科斯传经验论医生（iatros empeirikos）尼科美迪亚的美诺多图斯和拉奥迪凯的提奥达斯；美诺多图斯传塔尔修斯的赫罗多图斯，阿瑞优斯之子；赫罗多图斯传塞克斯都·恩披里柯，后者写了怀疑论的十卷本和其他非常优秀的著作。塞克斯都传绰号叫 Kuthēnas 的萨图尔尼诺斯，另一位经验论者。[④]

有学者据此推测，如果塞克斯都的老师的老师，即经验派医生美诺多图斯（Menodotus）的鼎盛年约在公元 80—100 年，而塞克斯都的学生萨图尔尼诺斯（Saturninus）和第欧根尼·拉尔修是同时代人（约公元 3 世纪初），那么塞克斯都的生活年代应在公元 140/160—220/230 年，其鼎盛年约在公元 180—190 年。还有学者

① S. Bochner, *The Role of Mathematics in the Rise of Science*, Princeton: Princeton University Press, 1966, p. 363. 转引自 Luciano Floridi, *Sextus Empiricus: The Transmission and Recovery of Pyrrhonism*, p. 12。

② 参见 Sextus Empiricus, *Pyrrhoniae Hypotyposes*, 1. 84。

③ 参见 Diogenes Laertius, *Vitae Philosophorum*, 9. 87, 116。

④ Diogenes Laertius, *Vitae Philosophorum*, 9. 116.

推测，塞克斯都谈到的主要对手斯多亚派[①]于公元3世纪中叶曾发生严重危机，或许正是塞克斯都的怀疑论加深了这场危机。[②]因此，根据种种推测，学者们倾向于认为，塞克斯都是公元2世纪中叶，最迟不过3世纪初的人，比医生盖伦（Galen）晚一点，比第欧根尼·拉尔修早一点。

从文本看，塞克斯都似乎熟悉雅典、罗马和亚历山大利亚三个城市，但他究竟出生何处，生活在哪里，我们并不清楚。文本中曾两次提到，由于距离和外部环境因素，雅典对于当时的他来讲似乎是“非显明的”（adēla）。由此推测，塞克斯都从事写作时可能并不在雅典。[③]他还讲道：“我们称为脚凳的东西，雅典人和科埃斯人（Coans）称为龟背。”[④]这里的“我们”究竟指哪里人？不得而知。尽管没有确凿的史料支撑，有些学者还是坚持认为塞克斯都有可能在这三个城市均有一段生活经历。[⑤]

塞克斯都以行医为业似乎比较可信。[⑥]他在著作中常举治疗方面的例子，似乎表明他对医学比较熟悉。最富想象力和哲学革

---

① 参见 Sextus Empiricus, *Pyrrhoniae Hypotyposes*, 1. 65。

② 参见 V. Brochard, *Les Sceptiques grecs*, Paries: J. Vrin, 1923。转引自 Luciano Floridi, *Sextus Empiricus: The Transmission and Recovery of Pyrrhonism*, p. 5。

③ 参见 Sextus Empiricus, *Pyrrhoniae Hypotyposes*, 2. 98; Sextus Empiricus, *Adversus Mathematicos*, 8. 145。

④ Sextus Empiricus, *Adversus Mathematicos*, 1. 246.

⑤ 参见 E. Zeller, *Die Philosophie der Griechen in ihrer geschichtlichen Entwicklung*, 3 vols., Leipzig: O. R. Reisland, 1923; J. Glucker, *Antiochus and the Late Academy*, Göttingen: Vandenhoeck & Ruprecht, 1978。

⑥ 参见 Sextus Empiricus, *Pyrrhoniae Hypotyposes*, 2. 238; Sextus Empiricus, *Adversus Mathematicos*, 1. 61, 260; 7. 202; 11. 47。

命意味的是他把怀疑论视为精神治疗术，其目的在于根治独断论的鲁莽和自负；同时，他还把达致存疑的各种论式比作效力不等的“泻药”，它们在清除独断的信念的同时与之一起消解。[①] 他的名字“塞克斯都·恩披里柯”似乎与医学思想倾向或流派密切相关，或可称之为“经验论派的医生塞克斯都”。第欧根尼·拉尔修在师承关系中把塞克斯都归于经验派医生美诺多图斯、赫罗多图斯（Herodotus）这一脉，相信不会完全是空穴来风。另外，假托盖伦之名义的著作《医学导论》（Isagogē）也将美诺多图斯与塞克斯都并举为经验派医生。[②] 但塞克斯都本人对于自己是否属于经验派医学似乎说法不一。在《概要》中他专门辨析了皮浪派与经验派医学的区别。他说：

> 有些人声称怀疑派的哲学与医学中的经验论相同。必须认识到，只要经验论（empeiria）对非显明之物的不可理解性做出确切的断言，那它就不会与怀疑论相同，对怀疑论者来说接受这派学说也是不恰当的。对我而言，怀疑派似乎更有可能采纳所谓的“方法论”（methodos）一说。因为方法论似乎是医学中唯一一个没有对非显明之物做出鲁莽判断的学派，没有自以为是地声称这些东西是可理解的或是不可理解的，而是按照怀疑论者的做法，跟随显明之物，从中选取似乎有益的东西。[③]

① 参见 Sextus Empiricus, *Pyrrhoniae Hypotyposes*, 1. 206; 3. 280。

② 转引自 Luciano Floridi, *Sextus Empiricus: The Transmission and Recovery of Pyrrhonism*, p. 7。

③ Sextus Empiricus, *Pyrrhoniae Hypotyposes*, 1. 236-237.

显然，在这里塞克斯都认为怀疑论的思想更接近医学方法论派。然而在《反学问家》中，他又明确地把皮浪派和医学经验论派联系到一起[①]，这或许是因为塞克斯都后期写作《反学问家》时改变了原来的观点[②]。

塞克斯都的全部著作由三部分构成：

《皮浪学说概要》（*Pyrrhoniae Hypotyposes*，缩写为 *PH*）；

《反学问家》（7—11）（*Adversus Mathematicos* 7-11，缩写为 *M* 7-11）；

《反学问家》（1—6）（*Adversus Mathematicos* 1-6，缩写为 *M* 1-6）。

这些书名并非希腊文本固有，乃为古典学者校勘时命名，书名的拉丁文缩写为当今学界通用的形式。《概要》（*PH*）分三卷。第一卷（*PH* 1）是怀疑论的基本纲要，涉及怀疑论的概念、缘起、论述、标准、目的、论式、表述，以及怀疑论与相近哲学的区别；第二卷（*PH* 2）是对逻辑学问题的反驳；第三卷（*PH* 3）是对物理学和伦理学问题的反驳。《反学问家》（7—11）实际是在《概要》第二卷和第三卷基础上的进一步拓展，增添了更为丰富的材料和论题，内容分三部分：《反逻辑学家》（*M* 7-8）、《反物理学家》（*M* 9-10）和《反伦理学家》（*M* 11），这三部分的名称是贝克尔（Bekker）校订的标准本于 1842 年刊行之后形成的，原文本身并没

① 参见 Sextus Empiricus, *Adversus Mathematicos*, 8. 191。

② 怀疑论与希腊医学思想的关系，参见 M. Frede, *Essays in Ancient Philosophy*, Oxford: Clarendon, 1987。

有此类的名称。有学者认为,《反学问家》(7—11)或许属于一部现今已遗失的大部头著作的一部分。其中《反逻辑学家》的开篇部分(*M* 7.1)应当是类似于《概要》第一卷(*PH* 1)的内容,后来演变成今天通常看到的独立的文本。[①]《反学问家》(7—11)原来可能拥有十卷的篇幅,遗失的部分构成前五卷内容。[②]这种推断与塞克斯都提到的十卷本《怀疑论提要》(*skeptika hupomnmata*)[③]以及第欧根尼·拉尔修记述的塞克斯都写有"怀疑论的十卷本和其他非常优秀的著作"[④]似乎吻合。另有学者认为,"怀疑论的十卷本"应全部由《反学问家》构成,其中《反几何学家》(*M* 3)和《反算术家》(*M* 4)两个短篇可以并成一卷,这样《反学问家》整体上就是十卷内容。[⑤]

从内容看,《反学问家》(1—6)同《反学问家》(7—11)和《概要》差别很大,几乎不存在类似于《反学问家》(7—11)和《概要》在段落字句上的对应关系,而且也很少关注那些反驳对手的论证形式。《反学问家》(1—6)讨论的并非思辨知识

① 参见R. Bett, "Appendix," in Sextus Empiricus, *Against the Ethicists*, Oxford: Clarendon Press, 1996。另见 D. L. Blank, "Introduction," in Sextus Empiricus, *Against the Grammarians*, Oxford: Clarendon Press, 1998。

② 参见J. Blomqvist, „Die Skeptika des Sextus Empiricus", *Gräzer Beiträge* 2, 1974, S. 7-14。转引自 Luciano Floridi, *Sextus Empiricus: The Transmission and Recovery of Pyrrhonism*, p. 9。

③ 参见 Sextus Empiricus, *Adversus Mathematicos*, 1. 29; 2. 106; 6. 52。

④ Diogenes Laertius, *Vitae Philosophorum*, 9. 116.

⑤ 策勒(E. Zeller)和布罗沙尔(V. Brochard)持这一观点。转引自 Luciano Floridi, *Sextus Empiricus: The Transmission and Recovery of Pyrrhonism*, p. 10。

（epistēmē）而是实用技艺（technē），相当于罗马中世纪谈论的“自由七艺”[①]中除逻辑学之外的“六艺”。六卷内容分别涉及《反语法家》（*M* 1）、《反修辞家》（*M* 2）、《反几何家》（*M* 3）、《反算术家》（*M* 4）、《反天文家》（*M* 5）和《反音乐家》（*M* 6）。值得注意的是，希腊语 mathēmatikoi 源于动词词干 manthanō（“学习”、“理解”等意），是对自由技艺研习方面博学多识、训练有素的精专人士的通称，即指深谙七艺之道的“学者”、“学问家”、“学术家”，同以探究普遍原因为目的的“思辨者”、“哲学家”相互有别。因此，我们这里把 *Adversus Mathematicos* 这一书名译为《反学问家》。由此看来，《反学问家》这一名称仅适合于1—6卷中这些有关“六艺”的论题，而7—11卷所讨论的哲学问题被归在同一名下或许是古典学者的一个历史误会。[②]但无论如何，《反学问家》（1—6）自身的学术价值不可低估，这是讨论“自由七艺”教育的第一部系统文献。有学者指出，塞克斯都对语法家的反驳具有特殊

① “自由七艺”（liberal arts）所包含的科目在柏拉图和亚里士多德的知识分类体系中早已涉及。比如，柏拉图在《国家篇》中明确将之列为接受辩证法学习之前的预备科目；亚里士多德在《形而上学》第一卷中也区分了只知道“是什么”而不知道“为什么”的技艺，以实用为目的的创制性知识（poietikoi），以及以研究本原和原因为目的、“为自身而存在”的思辨性或理论性知识（theoretikai）。技艺属于知识的初级阶段，而只有满足“自足”条件的才能称之为理论知识。这有点类似于中国传统知识体系中“小学”与“大学”的科目之分。“自由七艺”在中世纪大学乃是“预科”性质的科目，完成“七艺”后即可进入法学、医学和神学等专业学习。实际上，“自由七艺”一直是欧洲古典学术的主要研究对象。19世纪初，由“自由七艺”教育逐渐发展出“通识教育”（general education）的理念和科目。

② 参见 Luciano Floridi, *Sextus Empiricus: The Transmission and Recovery of Pyrrhonism*, p. 8。

价值，为我们研究古典学术史提供了重要史实。[①]

学者们通常认为，塞克斯都这三部著作的写作时间顺序为《概要》、《反学问家》（7—11）、《反学问家》（1—6）。关于后两者的顺序没有什么争议，因为《反学问家》（1—6）当中至少有两处涉及《反学问家》（7—11）。[②]但是，关于《概要》究竟是在《反学问家》（7—11）和《反学问家》（1—6）之前、之间还是之后，学者们存在不同看法。

除以上三部，塞克斯都是否还写过其他著作？在《反学问家》中，他似乎提到了《医学提要》（*Iatrika hupomnmata*）[③]、《经验论提要》（*Epeirika hupomnmata*）[④]和《论灵魂》（*Peri psuchs*）[⑤]。有学者认为前两者是名称略有不同的同一个短篇，另有学者认为《论灵魂》是指现存著作中的某些段落。目前尚缺乏可靠的史料确证这些分歧。[⑥]

塞克斯都这些著作的写作蓝本或许出自公元前1世纪的埃奈西德穆（Aenesidemus）和公元1—2世纪的阿格里帕（Agrippa，生平不详），他们在《概要》中被称为“新一代”怀疑论者[⑦]。在《反

① 参见J. E. Sandys, *A History Classical Scholarship*, Cambridge University Press, 1908, p. 330。

② 参见 Sextus Empiricus, *Adversus Mathematicos*, 1. 35; 3. 116。

③ 参见 Sextus Empiricus, *Adversus Mathematicos*, 7. 202。

④ 参见 Sextus Empiricus, *Adversus Mathematicos*, 1. 61。

⑤ 参见 Sextus Empiricus, *Adversus Mathematicos*, 6. 55; 10. 284。

⑥ 参见Luciano Floridi, *Sextus Empiricus: The Transmission and Recovery of Pyrrhonism*, p. 10。

⑦ 参见 Sextus Empiricus, *Pyrrhoniae Hypotyposes*, 1. 36; 1. 164。

学问家》中，塞克斯都将十大论式归于埃奈西德穆[1]，而第欧根尼·拉尔修则把五大论式归于阿格里帕。显然，埃奈西德穆关于皮浪学说的论述成为塞克斯都以及稍晚几十年的第欧根尼·拉尔修撰写怀疑论著作的主要依据。塞克斯都和第欧根尼·拉尔修的两个文本是我们今天研究希腊怀疑论最重要，也是最接近怀疑论思想的一手文献。[2]但是，从结构、术语、表达等多个层面可以看到，两个文本之间还是有诸多的差异。谁更真实地触摸到了怀疑论的思想本身？是作为医生和怀疑论者的塞克斯都，还是作为历史文献家（doxographer）的第欧根尼·拉尔修？也许历史本身永远保持沉默。但有一点似乎是真切可靠的，即通过两个文本的比较可以感到，从皮浪（Pyrrho，公元前360—前270年）和提蒙（Timon，公元前320—前230年）的“老一代”，到埃奈西德穆和阿格里帕的“新一代”，再到塞克斯都自己，跨越近四个世纪的怀疑论已产生很大的变化。如果说“老一代”怀疑论者像是瓦解独断说教、顺应自然习惯、标榜一种去信念化的宁静生活的智者，那么“新一代”怀疑论者以及塞克斯都本人则更像是引述文献、套用论式、严格推证、试图发现“对于每个论证都有一个对立的等效论证”（tēs panti logoi logos antikeitai）的教师。在塞克斯都文本中，逻辑性、体系性、冗繁性、学派性彰显无遗。在这种意义上，第欧根尼·拉尔修的文本似乎更原始地呈现了皮浪主义源头的某些景象，当然不排除他阅读

① 参见 Sextus Empiricus, *Adversus Mathematicos*, 7. 345。

② 因此，我们在附录里自希腊文全文翻译并注释了第欧根尼·拉尔修《名哲言行录》第九卷中关于皮浪与提蒙的评传，同时在《概要》译文的脚注中尽可能详细地注明了第欧根尼·拉尔修文本中可与《概要》相互比对的段落。

过中期学园派怀疑论的著作的可能性，因为埃奈西德穆本身就是从柏拉图学园走出的一位具有辩证法素养的哲学家。[①] 塞克斯都对怀疑论标准的要求是严格乃至苛刻的，按其标准，第欧根尼·拉尔修文本记述的若干怀疑论思想先驱乃至皮浪本人都很难属于他所理解的真正的怀疑论者，他甚至对怀疑论前辈美诺多图斯和埃奈西德穆的某些观点也持批判态度。[②]

另外还有两个常见的二手文本。一个是尤西比乌斯（Eusebius，约公元 256—339 年）在其《福音的准备》（*Praeparatio Evangelica*）中引述的亚里士多克勒斯（Aristocles）——一位活动于 1—2 世纪，生于意大利的麦西那（Messene）的漫步派学者——的有关怀疑论的 30 段文字。[③] 关于这个文本，有学者认为，它是亚里士多克勒斯根据今天早已遗失的提蒙的《讽刺诗》（*Silloi*）和《彼提亚》（*Pytho*）以及埃奈西德穆的著作为蓝本而撰写的批判性文本，其中几乎没有发现受中期学园派阿尔克西劳（Arcesilaus，公元前 316/315—前 241/240 年）和卡尔尼亚德（Carneades，公元前 214—前 129 年）影响的痕迹，应该是最接近皮浪的皮浪主义文本。[④] 另一个是甫修斯（Photius，约公元810—893年）在其《文献》（*Bibliotheca*）中提供的有关埃奈西德穆的《皮浪派的论证》的几段

① 参见 Photius, *Bibliotheca*, 212. 169 b。中译文见本书附录之甫修斯:《埃奈西德穆〈皮浪派的论证〉》。

② 参见 Sextus Empiricus, *Pyrrhoniae Hypotyposes*, 1. 222。

③ 参见 Eusebius, *Praeparatio Evangelica*, 14. 18. 1-30。中译文见本书附录之尤西比乌斯:《亚里士多克勒斯〈反皮浪怀疑派〉》。

④ 参见 M. L. Chiesara, *Aristocles of Messene: Testimonia and Fragments*, New York: Oxford University Presss, 2001, p. 86。

文字。[①] 译者认为，这个文本就思想观点、内容结构和术语使用上离怀疑论的出发点相去甚远，或许依据的是二手传本。

由于语言障碍或其他原因，塞克斯都以及第欧根尼的文本并未直接进入中世纪知识主流的视野。奥古斯丁在受洗前（约公元387—388年）写作《驳学园派》（*Contra Academicos*）时不通希腊文，因此他对怀疑论命题的了解大概不会超出西塞罗的《学园派》（*Academica*）。如果他的分析接近塞克斯都，也是因为他们使用了相同的材料，拥有共同的理论兴趣。[②] 在中世纪的欧洲，学园派与怀疑派是同义词，这种情况一直持续到17世纪。沉寂了一千多年以后，塞克斯都的著作在希腊、阿拉伯世界与意大利三地学者交流日益频繁的文艺复兴时期被重新发现和翻译，并完整地保存下来。15—16世纪，塞克斯都著作的拉丁文选译本和全译本总计有七种。其中亨利科斯·斯蒂法诺斯（Henricus Stephanus）翻译的《概要》全译本于1562年首次印刷。另外，珍提阿诺斯·赫沃特斯（Gentianus Hervetus）翻译的《反学问家》全译本也于1569年出版。[③] 这两个译本敲响了近代早期欧洲知识界的晨钟，预示着一场深刻的认识论转向的黎明即将到来。

① 参见 Photius, *Bibliotheca*, 212. 169 b18-170b35。中译文见本书附录之甫修斯：《埃奈西德穆〈皮浪派的论证〉》。

② 参见 Luciano Floridi, *Sextus Empiricus: The Transmission and Recovery of Pyrrhonism*, p. 13。

③ 参见 Luciano Floridi, *Sextus Empiricus: The Transmission and Recovery of Pyrrhonism*, pp. 10-11。

翻译说明

1. 译文所依据和参考的主要文本

本书的翻译依据 R. G. Bury, *Sextus Empiricus*, vol. 1: *Outlines of Pyrrhonism*, Loeb Classical Library (London: Heinemann, 1933)，从希腊文译出。另参照 H. Mutschmann and J. Mau, *Sexti Empirici Opera*, vol. 1: *Pyrroneion hypotyposeon libros tres continens* (Teubner, Leipzig, 1958) 希腊文本校阅。

译注参考了以下几种英文译本：B. Mates, *The Skeptic Way: Sextus Empiricus's Outlines of Pyrrhonism* (Oxford, 1996); C. P. P. Hallie and S. G. Etheridge, *Sextus Empiricus: Selections from the Major Writings on Scepticism, Man, and God* (Hackett, 1985); C. J. Annas and J. Barnes, *Sextus Empiricus: Outlines of Scepticism* (cambridge, 2000); C. B. Inwood, *Hellenistic Philosophy: Introductory Readings* (Hackett, 1988)。

本书还把第欧根尼·拉尔修的《皮浪与提蒙思想评传》、甫修斯的《埃奈西德穆〈皮浪派的论证〉》和尤西比乌斯的《亚里士多克勒斯〈反皮浪怀疑派〉》这三篇研究希腊怀疑论必读的经典文献完整译出，作为附录供读者对照研读。三篇文献翻译所依据的希腊文本在各篇篇首的脚注中做了介绍。

2. 译文使用的符号

〈　〉：希腊原文断章处。

[　]：古代学者根据上下文做出的补缀。

[数字]：贝克尔标准段数，例如[66]，表示第66段。引述时按通行惯例一般表述为：文献缩写+卷数+段数。例如，*PH* 3. 66，即《皮浪学说概要》第3卷，第66段。

3. 文献缩写

我们对译文做了较为翔实的注释，并尽可能地提供了与其他几个经典文本进行比照的文献线索。为了方便研究者查找原文出处，我们对注释中列出的外文文献不做翻译。

注释中涉及的主要古代文献（荷马、柏拉图、亚里士多德等人的著作除外）、近现代学者编辑的残篇以及工具书全部使用缩写。缩写文献名称后面的页码一般用阿拉伯数字（除非因卷、章、段数字过多而使用大写和小写罗马数字以便识别）。例如，Esebius, *PE* 14. 18. 11-12，即尤西比乌斯：《福音的准备》第14卷，第18章，第11—12段。另对于同一文献的若干出处，同卷之间用英文逗号分隔，不同卷之间用分号分隔，不同文献之间用句号分隔。例如，*PH* 2. 32, 58, 70-71; 3. 169, 188. *M* 7. 313; 9. 119。又如，*M* 11. 162-166. DL 9. 104-105. *PE* 14. 18. 25-26。

缩写说明如下：

M	Sextus Empiricus, *Adversus Mathematicos*（塞克斯都·恩披里柯：《反学问家》）
PH	Sextus Empiricus, *Pyrrhoniae Hypotyposes*（塞克斯都·恩披里柯：《皮浪学说概要》）
DL	Diogenes Laertius, *Vitae Philosophorum*（第欧根尼·拉尔修：《名哲言行录》）
PE	Eusebius, *Praeparatio Evangelica*（尤西比乌斯：《福音的准备》）
SVF	*Stoicorum Veterum Fragmenta*, edited by H. von Arnim（冯·阿尼姆编：《早期斯多亚派残篇》）
DK	*Die Fragmente der Vorsokratiker*, herausgegeben von H. Diels und W. Kranz（H. 第尔士、W. 克兰兹编：《前苏格拉底残篇》，表述形式如 Frag. 25 DK，即 DK 第 25 篇。）
LS	H. Liddle, R. Scott, *Greek-English Lexicon*（H. 里德勒和 R. 司格特：《希英大辞典》）
ad Hdt	Epicurus, *Epistula ad Herodotum*（伊壁鸠鲁：《致希罗多德的信》）
ad Men	Epicurus, *Epistula ad Menoeceum*（伊壁鸠鲁：《致美诺凯俄斯的信》）
KD	Epicurus, *Kyriai doxai*（伊壁鸠鲁：《主要原理》）
DRN	Lucritius, *De Rerum Natura*（卢克来修：《物性论》）
Acad	Cicero, *Academica*（西塞罗：《学园派》）

Tusc Cicero, *Disputationes Tusculanae*（西塞罗：《图库兰辩》）

Fin Cicero, *De finibus*（西塞罗：《论目的》）

Fat Cicero, *De fato*（西塞罗：《论命运》）

Nat Deorum Cicero, *De natura deorum*（西塞罗：《论神的本性》）

ad Att Cicero, *Epistulae ad Atticum*（西塞罗：《致阿提卡人》）

Top Cicero, *Topics*（西塞罗：《论题篇》）

Diss Epictetus, *Dissertationes*（爱毕克泰德：《言论集》）

Ep Seneca, *Epistulae*（塞涅卡：《书信集》）

Ebr Philo, *On Drunkenness*（亚历山大利亚的菲洛：《论醉》）

Ecl Stobaeus, *Eclogae*（斯多拜乌：《风物志》）

Bibl Photius, *Bibliotheca*（甫修斯：《文献》）

Strom Clement, *Miscellanies*（克莱门：《杂论》）

Stoic Rep Plutarch, *De stoicorum Repugnantiis*（普鲁塔克：《论斯多亚的自我矛盾》）

adv Col Plutarch, *Adversus Colotem*（普鲁塔克：《驳科勒特斯》）

Comm Not Plutarch, *De Communibus Notitiis*（普鲁塔克：《论普遍概念》）

Alex Plutarch, *Alexander*（普鲁塔克：《亚历山大传》）

in Cat Simplicius, *In Aristotelis Categorias commentarium*（辛普里丘：《亚里士多德〈范畴篇〉评注》）

in Ph Simplicius, *in Aristotelis physica commentaria*（辛普里丘：《亚里士多德〈物理学〉评注》）

in Top Alexander of Aphrodisias, *In Aristotelis Topicorum libros octo commentarius*（亚历山大：《亚里士多德〈论题

篇〉第八卷评注》）

in APr Alexander of Aphrodisias, *In Aristotelis Analyticorum Priorum librum 1 commentarium*（亚历山大：《亚里士多德〈前分析篇〉第一卷评注》）

Mant Alexander of Aphrodisias, *De Anima libri Mantissa*（亚历山大：《论灵魂附录》）

Inst Log Galenus, *Institutio Logica*（盖伦：《逻辑研究》）

Diff Puls Galenus, *De differentis pulsuum*（盖伦：《论脉象的差异》）

CP Galenus, *De causis procatarctisis*（盖伦：《论前因》）

CC Galenus, *De causis contentivis*（盖伦：《论内因》）

MM Galenus, *De methodo medendi*（盖伦：《论治疗的方法》）

Def Med [Galenus], *Definitiones medicae*（伪盖伦：《医学界定》）

Int Apuleius, *De Interpretatione*（阿佩雷俄斯：《解释篇》）

in Tht Anonymus, *commentarius in Platonis Theaetetum*（阿诺尼穆斯：《柏拉图〈泰阿泰德篇〉评注》）

Nauck August Nauck, *Tragicorrum Graecorum fragmenta*（诺克：《希腊悲剧残篇》。缩写形式如 Frag. 568 Nauck）

Kock Theodor Kock, *Comicorum Atticorum Fragmenta*（考克：《阿提卡喜剧残篇》。缩写形式如 Frag. 238 Kock）

West M. L. West, *Iambi et elegi graeci*（威斯特：《希腊抑扬格诗选》。缩写形式如 Frag. 236 West）

目　　录

第一卷

第二卷

第三卷

附　　录

第一卷

一、关于哲学的主要区别

［1］当人们研究任何事物时，可能得到的结果，或是有所发现，或是否定发现并承认它的不可理解性，或是继续研究。［2］同样，就哲学所研究的问题，一些人声称已经发现了真理，一些人表明真理是不可理解的，一些人则继续他们的研究。［3］那些被专门称作独断论者（dogmatikoi）①的人，如亚里士多德、伊壁鸠鲁、斯多亚主义者以及其他人，他们认为已经发现了真理，科雷托马科②、卡尔内亚德③及学园派的其他一些人表明真理是不可理解的，而怀疑论者则继续研究。［4］因此，有充分理由认为存在着三种主要哲学：独断论的、学园派的和怀疑论的。其他哲学由其他人去讲是

① dogmatikoi 源于动词 dogmatizein，指“持有信念”、“断定”、“相信”。

② 科雷托马科（Cleitomachus，公元前187/186—前110/109年），迦太基人，第三代学园派代表，卡尔内亚德（Carneades）的学生，于公元前 129/128 年主持学园。写有 400 卷著述，阐发卡尔内亚德的怀疑论，这些观点为西塞罗、普鲁塔克和塞克斯都所引用。迦太基被罗马攻陷后，写有告慰同胞书。参见 *PH* 1. 220, 230。

③ 卡尔内亚德（Carneades，公元前214/213—前129/128年），居勒尼人，第三代学园派领袖。复兴第二代学园派领袖阿尔克西劳（Arcesilaus）的怀疑论，主张“可信性”学说。公元前 155 年代表雅典出使罗马，展示赞同自然正义和反驳自然正义的正反论证。他追随阿尔克西劳和苏格拉底之风，没有留下任何著述。参见 *PH* 1. 220, 230。

恰当的，我们当下则概括性地[1]探讨怀疑学派[2]，但首先需要说明的是，没有任何一种将要讨论的东西我们可以确切地肯定它们绝对就像我们所说的那样，而是根据当下向我们的显现，像史学那样清楚准确地[3]报告[4]每种情况。

二、关于怀疑论的论述

［5］怀疑论哲学的一部分论述被称为一般性的（katholou），一部分则被称为特殊性的（eidikos）。[5]在一般性的论述中，我们提出怀疑论的基本特征何在，讲述它的概念是什么，缘起是什么，论证是什么，标准是什么，目的是什么，达致存疑的论式是什么，我们如何理解怀疑论者的表述以及怀疑论同相近哲学的区别。［6］在特殊意义的论述中，我们将针对所谓的哲学的每个组成部分进行反驳。让我们首先从怀疑学派的名称出发，讨论一般意义的论证。

① 本书名称为hupotupōsis（概要），塞克斯都时常使用副词hupotupōtikōs（概括性地），强调本书论述的简明性，参见*PH* 1. 206, 222, 239; 2. 1, 79, 185, 194; 3. 1, 114, 167, 279。

② 根据不同语境，agogēs可理解为“原则”、“体系”、“学派”、“方法”、“规训”。

③ historikōs（清楚准确地），其动词形式historeō，指“书写”、“记录”、“历史地叙述”。

④ apaggellō（记述、报告）表明怀疑论仅做叙述、不持有信念的立场，参见*PH* 1. 15, 197, 203。

⑤ 参见*M* 7. 1。一般性论述指第一卷内容，特殊性论述指第二卷、第三卷内容。

三、关于怀疑论的命名[1]

[7] 那么，怀疑派（skeptikē）[2]或出于追问和探究方面的活动而被称作“追问派”（zētētikē）[3]，或出于探究者在追问之后所产生的感受而被称作“存疑派”（ephektikē）[4]，或如某些人所说的那样，出于对一切事物的疑惑（aporein）和追问，或出于对肯定或否定的茫然无措（amēchanein）而被称作“疑惑派”（aporētikē）[5]，或因皮浪对我们来说似乎比其他任何前人都更为全身心地、更为显著地致力于怀疑论而被称作“皮浪派”。

① 有关怀疑论的命名，第欧根尼·拉尔修也做了相应记载，参见 DL 9. 69-70。

② skeptikē，原形动词 skeptesthai，指“探究”、“追寻”、“调查”。相关的名词 skeptikē 和 skepsis，分别指“怀疑派”和“怀疑”。“怀疑”一词的词源意义即为“探究”。

③ zētētikē，原形动词 zētein，表示“追问”、“研究”、“质疑”。衍生名词 zetoumenon，视语境可理解为“问题”、“有待于研究的问题”、“研究对象”。

④ ephektikē，原形动词 epechein，指“抓住”、“阻止”、“停止”。衍生名词 epochē，常见英译为 withholding of assent、suspension of judgement，本书译为“存疑”，取“存而不论”、“悬而不决”之意。这里塞克斯都强调“存疑”是一种追问之后的“感受”（pathos）。

⑤ aporētikē，动词形式 aporein，指“犹疑”、“疑惑”、“困惑”，相关形容词为 aporos。

四、什么是怀疑论？

［8］怀疑论是一种把现象（phainomenōn）和思想（nooumenōn）以任何一种方式相互对立起来的能力[①]，由之而来的是，因为被对立起来的东西和论证之间的等效性，我们首先进入存疑，随后达致宁静。［9］我们称之为“能力”，并非出于刻意雕琢，而仅仅出于“能够”这种简单意义。[②]所谓“现象”（phainomena）[③]，我们当下理解为“感觉对象”（ta aisthēta），由此我们把它同“思想对象”（ta noēta）对立起来。所谓“以任何一种方式”[④]，或可以与“能力”一词搭配，以便我们像前面所说的那样在简单意义上理解“能力”一词；或可以同短语“把现象和思想相互对立起来”进行

① 可与 DL 9. 78 比较。

② 这里塞克斯都强调，“能力”（dunamis）一词仅仅是“能够”（kata to dunasthai）这种“简单的”（haplōs）日常用语，并非独断论所精心雕琢的（kata to periergon）专门术语，以此表明怀疑是一种把现象与思想对立起来从而达致心灵宁静的能力，这种能力可以为怀疑者所切身感受，与亚里士多德的“潜能”不同，因为它们是“非显明之物”（ta adēla）。

③ 动词形式为phainesthai，指“显得是”、“似乎是”，在本书与“显明之物”（ta dēla）、“自明之物”（ta prodēla）、“感觉对象”（ta aisthēta）意思相近。

④ “以任何一种方式”（kath' hoiondēpote tropon）表明，怀疑论在处理现象与思想的对立上的“简单性”，即并非精心研究这些东西的实在性，而是通过对立的设置及其论证达致等效。以下塞克斯都解释了“以任何一种方式”的三种搭配形式，参见 *PH* 1. 31-32. *M* 8. 46。

搭配，因为我们可以按多种方式设置对立：或现象对现象，或思想对思想，或两者交叉对立，我们使用“以任何一种方式”一语正是为了涵盖所有对立形式。还可以把“以任何一种方式”一语与“现象和思想”搭配，以表明我们不去研究现象如何显现（pōs phainetai），思想如何被思想（pōs noeitai），而是简单地理解这些东西。[10] 至于“被对立起来的论证”[①]，我们不是在绝对否定或肯定的意义上，而是在等同于“相互矛盾的论证”的意义上简单理解的。“等效性”（isostheneia）[②]，我们是指在可信性与不可信性方面效力相等（isotēta），表明相互矛盾的论证在可信性的比较上任何一方不比另一方更具优先性（prokeisthai）。“存疑”（epochē）[③] 是心灵的

① 塞克斯都这里强调，“被对立起来的论证”（antikeimenon logon）与“相互矛盾的论证”（machomenon logon）是同义词，指论证之间的排斥性，而不是对这些论证做出否定或肯定，参见 *PH* 1. 190, 198, 202。

② “等效性”指对立的论证之间的可信性势均力敌，塞克斯都常用“不比什么更”或“并非甚于”（ou mallon）一类的短语来描述这种状态。

③ “存疑”（epochē）一词，在日常表达中指“制止”、“休止”、“保留”、“保持”、“定时”、“定位”之意；在医学上指“停滞”、“固位”；在天文学上指日食和月食发生时，光的暂时缺失，或指天体在星云图上的固定位置。（LS 677）该词在希腊化时代为皮浪派和学园派广泛使用。阿尔克西劳将之引入学园派，他认为“存疑”的方法是将苏格拉底的“疑惑”（aporētikē）推向极端的产物。按西塞罗的说法，阿尔克西劳的方法在于为论证的两个方面建立具有同等说服力的论据，使听众对任何一方都不会赞同（adsensio）。（Cicero, *Acad* 1. 45）卡尔内亚德则推而广之，用“存疑”消解一切信念，奠定了“存疑”在辩证法中的唯一地位。他把“存疑”比喻为“拳击手的防御措施”，又比喻为“驾车人的勒马急停”（Cicero, *ad Att* 13. 21），科雷托马科说：“当卡尔内亚德祛除了我们心中的赞同，即那些像野蛮凶残的妖魔一样的信念和鲁莽时，他完成了赫拉克勒斯般的伟业。”（Cicero, *Acad* 2. 108）塞克斯都这里把“存疑”比喻为心灵的“站立”（stasis），刻画出怀疑论者在对立的论证之间处于一种无所倾向、无从选择、止于判断的状态。

一种“站立”状态，因之我们既不否弃也不确定任何东西[①]。“宁静”（ataraxia）[②]是灵魂不受烦扰和平静淡定的状态。至于宁静如何伴随存疑而来，我们将在目的一节中予以讨论。

五、关于怀疑论者

［11］在怀疑论学派的概念中，皮浪主义哲学家的内涵也被同时揭示出来：他正是一个具有这种能力的人。

六、怀疑论的缘起[③]

［12］我们说，怀疑论的起因正是对于宁静的向往。那些才

① 这里“否弃”（airō）原意指“举起”、“拿走”、“消除”等，“确定”（tithēmi）原意指“确立”、“设立”、“放下”等。根据语境也可理解为“否定”和“肯定”。

② ataraxia，动词形式为atarakteō，指“不受干扰”、“保持平静”。这里塞克斯都用了 aoklēsia 和 galēnotēs 两个同义词来描述。

③ 本节解释了怀疑论最初的研究动机和达致宁静的心路历程。根据本节内容，这里把 archē 一词译为“缘起”、“起因”，而不是英译者通常译作的 principles（原则、原理）。

华卓著的人，为事物中的矛盾所烦恼（tarassomenoi），对更应该赞同哪一方犹疑不决（aporountes），于是他们研究事物中什么是真的，什么是假的，并希望通过对这些矛盾的判定来获得宁静（ataraktēsontes）。怀疑论的基本缘起主要在于确立“对于每个论证都有一个对立的等效论证”[①]，我们认为，正是出于这个原因我们停止判断（katalēgein），进入不持有任何信念的状态（eis to mē dogmatizein）。

七、怀疑论者持有信念吗？

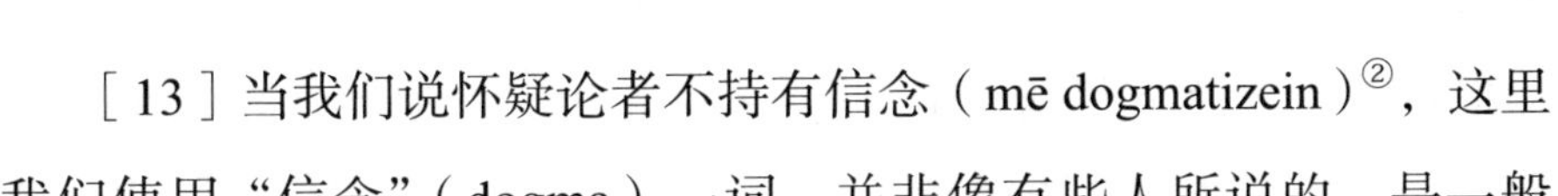

［13］当我们说怀疑论者不持有信念（mē dogmatizein）[②]，这里我们使用“信念”（dogma）一词，并非像有些人所说的，是一般

① panti logōi logon ison antikeistha，这是怀疑论使用的典型短语，参见 *PH* 1. 202-205。

② 动词dogmatizein译为“持有信念”或“做出断定”，该词源于dokein（认为、相信）。相关名词为dogma（观念、信念），或许柏拉图是第一位使用dogma一词的哲学家。另有相关名词dogmitikos（独断论者），衍生副词dogmatikōs可根据语境译为“在持有信念的意义上”或“独断地”。据统计，塞克斯都使用dogma有25次，dogmatizein 30次，dogmitikos 200次，dogmatikōs 20次。其中在《概要》中使用次数接近一半（约140次），尽管《反学问家》的篇幅是《概要》的三倍。参见J. Barnes, “The Belief of a Pyrrhonist,” in M. F. Burnyeat and M. Fred (eds.), *The Original Sceptics. A Controversy*, Indianapolis, 1997, pp. 58-91。

意义上对某种东西的“认可”（to eudokein），因为怀疑论者认同那些基于表象的必然性的感受[①]，比如，当他感到热或冷，他不会说“我认为不热或不冷”。我们说怀疑论者不持有信念，这里的“信念”是指某些人所声称的，对某种知识研究领域的非显明之物的认同，因为皮浪主义者从不认同任何非显明的东西。[②][14]再者，他们甚至在提出怀疑论者的那些涉及非显明之物的用语时也不持有信念，如“不比什么更”、“我不做确定”及其他任何一个后面将要讨论的用语。[③]持有信念的人（dogmatizōn）把他所声称的可信之物作为真实存在的东西加以肯定，而怀疑论者从不把自己的用语确定为绝对真实存在的东西。因为他明白，像“一切都是假的”这个用语，在说其他东西是假的同时也说自己是假的，“没有东西是真的”也是如此，“不比什么更”表明自己和其他东西一样也是“不比什么更”，因此它连同其他东西一起消除（superigraphei）自己[④]。我们说，怀疑论者的其他用语同样如此。[15]如果持有信念者把他所相信的对象作为真实存在的东西来确定，而怀疑论者却把自己的

① 参见 *PH* 1. 29, 193, 229-230; 2. 10。

② *PH* 1. 13-14 区别了两种不同意义的“信念”（dogma）和“认同”或“赞同”（sugkatatithetai）。一种是怀疑论对基于表象的必然性感受的认同，这是一种日常意义的“认可”、“承认”（eudokein），怀疑论者承认这种意义的信念。而对某种知识研究领域的非显明之物，怀疑论者则是不认同的。这里的“知识研究领域”（kata tas epistemas），指各种独断论哲学所研究的东西。存疑的对象正是这种非显明之物。参见 *PH* 1. 16, 193, 197。

③ 参见 *PH* 1. 187-208。

④ “一起消除自己”意味着怀疑论的所有表述都可以在语义上自我指涉，最终都要自我否定、自我消解和自我扬弃。它表明怀疑论者对一切事物，包括自己的话语，保持存疑的立场。有关怀疑论表述的自我消除，参见 *PH* 1. 206。

用语作为能被自身所消除的东西来表述，那么他在表述这些用语时就不能被说成是持有信念的。最为重要的是，在表述这些用语时，他说的是显现给他的东西，是在不持有信念的意义上（adoxastōs）述说或报告自己的感受，没有对外部存在物[①]做出任何确切的肯定。

八、怀疑论者拥有体系吗？[②]

［16］我们采用同样的方式回答怀疑论者是否拥有体系这个疑问。如果有人声称“体系”依赖于一系列彼此之间以及同现象之间具有融贯性或一致性的[③]信念，并把信念说成是对某种非显明之物的认同，那么我们说怀疑论者没有体系。［17］如果有人说“体系”是某种基于现象、遵循一系列论证（logōi）得到的规训（agōgē），而这些论证表明过一种正当生活何以可能（这里“正当”一词不能

① “外部存在物”（eksthōen hupokeimenōn）一词，有时使用 ton ekton。hupokeimenōn 来自动词 huparchō，本书根据语境一般译为“存在”、“实在”、“是”、“真实存在”等。

② 本节讨论怀疑论是不是一个“体系”（airesis）。英译本常把这里的 airesis 一词理解为“学派”、“学校”、“原则”等。根据本节内容，我们认为该词译为“体系”更为恰当。

③ akolouthian。动词为 akolouthein，另有相关的几个动词 katakolouthein、parakolouthein、hepesthai 等，英文常译为 cohere with、follow，我们根据语境一般译为“融贯”、“一致”、“符合”、“遵循”、“按照”等；涉及逻辑论证时，常译为“推出”、“得出”、“蕴涵”等。

仅从“德性”上，而应从更为宽泛的意义上去理解）[①]，并能驱使人们达致存疑，那么我们说怀疑论者拥有体系。因为我们遵循一系列论证，这些论证基于现象，为我们指明一种与自己城邦的习俗、法律、规训和私人情感相契合的生活。

九、怀疑论者从事自然研究吗？

［18］在怀疑论者是否可以从事自然研究[②]这个问题上，我们以同样的方式回答。一方面，如果为了确信无疑地表明某些在自然研究方面被独断判定的东西（dogmatizomenōn），那我们不从事自然研究。另一方面，如果为了“对于每个论证都有一个对立的等效论证”和心灵的宁静，我们则致力于自然研究。这也是我们处理所谓的哲学的逻辑学部分和伦理学部分的方式。

① 这里意味着怀疑论者对行为是否“正当”的判定理据并非依赖于“德性”这种在他们看来属于被怀疑的、非显明的东西，而是取决于是否与法律、习俗、规训等显明之物一致。所以，怀疑论不是生活与行动的弃绝者，而是日常生活世界的守护者。

② phusiologei。名词形式为 phusiologia，即“物理学”或“自然哲学”。

十、怀疑论者否弃现象吗?①

[19]那些声称怀疑论者否弃(anairousi)现象的人,在我看来,他们似乎没有听到过我们所讲的东西。正如前面所说,我们不会推翻那些基于感受印象、自觉不自觉地引导我们给予认同的东西,这些东西就是现象。当我们质疑存在物(to hupokeimenon)是否像它所显现的那样(hopoion phainetai),我们承认它显现这个事实,我们质疑的不是现象而是对现象做出的那些解释,这与质疑现象本身是有区别的。[20]例如,蜂蜜对我们显得似乎是甜的,这点我们承认,因为通过感官我们可以感知到甜。但就推证而言(epi tōi logōi)② 蜂蜜究竟是不是甜的,这是我们要质疑的。因为这不是现象,而是关于现象的解释(legomenon)。即使采用的推证直接与现象相悖,我们也并不是因为想要否弃现象而提出这些推证,而是在于揭露独断论者的鲁莽。因为如果推证是一个窃贼,几乎在我们的眼皮底下把现象偷走,难道我们还不应该在非显明的东西上对它仔细审查,从而避免跟着它鲁莽行事吗?

① 本节可与 DL 9. 103-104 比较。

② 这里,logos 一词显然是与感觉相对的,故理解成“推证”或“推理”。

十一、怀疑论的标准

［21］我们诉诸现象，这点从我们谈到的有关怀疑派的标准来看是十分明显的。标准有两种含义，一种是用来提供有关存在或不存在的可信性的标准，这个含义我们将在反驳标准一节中予以讨论。另一种是指行动的标准，通过诉诸这种标准，我们在日常生活中完成这些活动而非那些活动。有关这种标准正是当下我们要讨论的。[①]［22］我们说，怀疑学派的标准是现象，在内涵上也可称之为表象（phantasia），因为它系于被动的和非自愿的感受，所以它是不受质疑的。[②] 因此我认为，或许没人会对存在物这样或那样显现产生争议，人们质疑的是存在物是否就像它所显现的那样。

［23］[③] 因此，通过诉诸现象，我们可以按照生活准则不持有任何信念地（adoxastōs）活着，因为我们不可能完全失去活动。[④] 生活准则（biōtikētērēsis）似乎有四个方面：一方面在于自然的引导，

---

① 两种含义的标准参见 *M* 7. 29-31。“标准”（kritrēion）的动词形式为 krinō，指“判断”。

② 据第欧根尼·拉尔修，这个观点属于埃奈西德穆，参见 DL 9. 106。

③ 这里 *PH* 1. 23-24 可与 *PH* 1. 237-239 比较。另外，《概要》中集中反映怀疑论生活准则的段落，可参见 *PH* 1. 226, 231; 2. 102, 246, 254; 3. 2, 119, 151, 235。

④ 有关怀疑论者是否能够生活的问题，参见 *M* 11. 162-166. DL 9. 104-105. *PE* 14. 18. 25-26。

一方面在于感受的驱迫，一方面在于法律与习惯的传承，一方面在于技艺的教化。[24]由自然的引导，我们能够自然地感觉和思想；由感受的驱迫，我们饥则趋向食物，渴则趋向饮料；由习惯和法律的传承，我们在生活上视虔敬为善，视不敬为恶；由技艺的教化，我们在所接受的技艺中不能不有所作为。对所有这些东西，我们是在不持有信念的意义上（adoxastōs）谈论的。

十二、怀疑论的目的是什么？

[25]接下来我们将要探讨怀疑派的目的。目的是万物为之而行（prattetai）或为之而思（theōreitai），它本身不为他者而行或不为他者而思的东西，或目的是愿望趋向的终极目标。① 直到目前为止，我们依然要说怀疑论的目的在观念上是宁静，在不可避免的事情上则是节制。②[26]怀疑论者开始从事哲学是为了判定表象，理解何者为真何者为假从而获得宁静，但却陷入同等力量的分歧，由

① 这里塞克斯都援引的是希腊哲学有关“目的”的主流观点。“目的”一词不仅指一切事物所达致的“终极”目标，而且指事物潜在德性的完全实现。有关该词的界定，参见 Cicero, *Fin* 1. 12. 42 及 Stobaeus, *Ecl* 2. 77. 16-17, 131. 2-4。

② 塞克斯都这里用“直到目前为止”（achri nun）一语，在于强调怀疑论的“目的”自“老一代”至“新一代”一以贯之、不曾改变。“不可避免的事情”（katēnagkasmenos）指“必然遭受的东西”。“节制”（metriopatheia）一词，原意指“适度影响”或“适度感受”。

于无法做出判断所以保持存疑。随着进入存疑，观念上的宁静不期而至。[①]［27］[②]因为，凡认为事物在本性上是好的或坏的人将永远不得安宁。当那些他所认为的好东西尚未到手时，便相信自己被本性上坏的东西所纠缠，从而去追逐那些自以为好的东西。一旦得到这些东西，由于极度兴奋、忘乎所以（para logon），因而陷入更大烦扰，同时担心物易其手，便殚精竭虑地去避免丢掉他所认为的好东西。［28］而那些对什么是本性上好的或坏的东西不做任何判定的人，他们既不竭力规避什么，也不刻意追求什么，因而可以免受烦扰之苦。

实际上，有关画家阿帕勒斯[③]的传说同样适合于怀疑论者的情况。他们说，一次阿帕勒斯正在画一匹马，想在画面上再现马嘴的泡沫，但屡试不果以致放弃了尝试，便把一块经常用来擦拭画笔染料的海绵甩向画面，当海绵碰到画面便造出了嘴角泡沫的形象。［29］同样，怀疑论者渴望通过判定现象和思想中的不一致性以求得宁静，但做到这点是不可能的，因而保持存疑。一旦保持存疑，宁静便随之不期而至，如影随形。[④]然而，我们认为怀疑论者并非

① 本句原文为 epischonti de auōti tuchikōs parekolouthēsen he en tois doxastois ataraxia。这里有两个关键词：一是动词 parekolouthēsen（随着、跟随），二是副词 tuchikōs（偶然、碰巧）。这句话描述了宁静的达致乃是跟随存疑的"不期而至"的收获，并非刻意追求而得。这个意思与下面 28 和 29 两段里关于画家阿帕勒斯的比喻吻合呼应。

② 本段参照 *PH* 3. 237-238. *M* 11. 112-118, 145-146。

③ 阿帕勒斯（Apelles，约公元前 350—前 300 年），亚历山大大帝的宫廷画师。

④ 这里用了两个短语修饰动词 parēkolouthesen（跟着、紧随），即 oion tuchikōs（恰似偶然）和 hōs skia sōmati（如影随形），借此表达了宁静的获得在于放弃对独断信念的判定的那一瞬，既恰似偶然，又自然而然。比较 *PH* 1. 26, 205 及 DL 9. 107。

完全不被打扰，但我们说他只会被不可避免的东西打扰，因为我们承认他有时会冷，有时会渴，还会有其他一些同类的感受。[30] 即使在这个方面，普通人要受两种状况的影响，一是受感受本身的影响，一是少不了受相信（dokein）这种状况本性上是恶的这个观念的影响。怀疑论者则通过祛除“所有这些东西本性上是恶的”这种附加观念（to prosdoxazein），可以比较适度地（metriōteron）从这些东西中超脱出来。因此我们说，怀疑论者的目的在观念上是宁静，在不可避免的事情上则是节制。而某些知名的怀疑论者又加了一个目的：在研究方面保持存疑。①

十三、关于存疑的一般论式

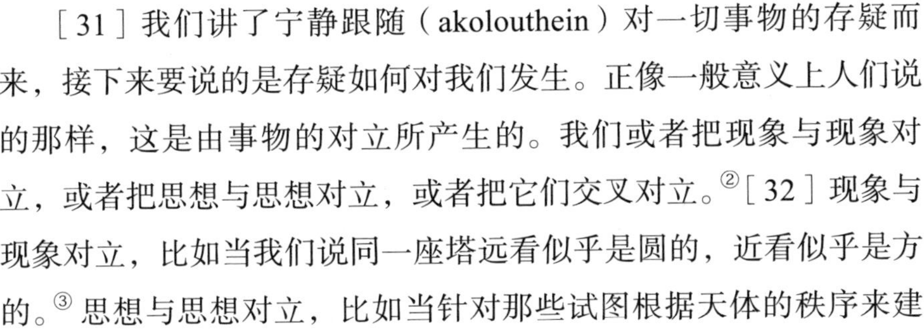

[31] 我们讲了宁静跟随（akolouthein）对一切事物的存疑而来，接下来要说的是存疑如何对我们发生。正像一般意义上人们说的那样，这是由事物的对立所产生的。我们或者把现象与现象对立，或者把思想与思想对立，或者把它们交叉对立。②[32] 现象与现象对立，比如当我们说同一座塔远看似乎是圆的，近看似乎是方的。③ 思想与思想对立，比如当针对那些试图根据天体的秩序来建

① 根据第欧根尼·拉尔修，这个观点属于提蒙和埃奈西德穆，参见 DL 9. 107。

② 参见 *PH* 1. 8-9。

③ 该事例见 *PH* 1. 118; 2. 55. *M* 7. 208, 414 及 Lucritius, *DRN* 4. 353-363。

构神意存在的人，我们提出反驳：通常好人过得糟糕而坏人活得尚好，由此得出神意是不存在的。[1]［33］思想与现象对立，比如阿那克萨戈拉针对雪是白的提出反驳：雪是冻结的水，水是黑色的，所以雪是黑色的。[2] 根据不同目的，我们有时把当下的事情与当下的事情对立，如上所述，有时又把当下的事情与过去或未来的事情对立起来。比如，当有人向我们提出我们不能反驳的论证时，［34］我们可以这样对他说："在你所追随的学说的创始人出生之前，你持有的论证尽管本性上的确是有效的，但尚未显现出它的有效性。同样，与你目前提出的相反的论证尽管对我们尚未显现出它的有效性，但本性上可能真的是有效的。因此我们不应当赞同那些目前似乎是铿锵有力的论证。"

［35］为了更为准确地理解这些对立形式，我将提出由之达致存疑的种种论式，但对其数目和效力不做确切的肯定，因为它们可能是无效的，也可能多于我所给出的数目。

① 参见 *PH* 1. 151。

② 参见 *PH* 2. 244。

十四、十大论式[①]

[36] 通常说来，从老一代怀疑论者[②]那里传承下来的，被认为可以由之达致存疑的论式（tropos）的数目有十个，他们还在同义词的意义上称之为“论证”（logos）和“论题”（topos）。这些论式如下：第一，基于动物的多样性。第二，基于人的差异。第三，基于感官构造的差异。第四，基于境况。第五，基于位置、距离和场所。第六，基于混合。[37] 第七，基于存在物的量和构成。第八，基于相对性。第九，基于发生的经常性或罕见性。第十，基于规训、习俗、法律、神话的信仰和独断的假说。[③][38] 另外，我们采用的这个顺序是随意安排的（thetikōs）。

这些论式的更高一级的分类形式有三个：一是出于判断者，一是出于被判断者，一是出于这两者。十个论式的前四个隶属判断

① 对古代文本有关“论式”的比较分析和系统性研究，参见J. Annas and J. Barnes, *The Modes of Scepticism*, Cambridge: Cambridge University Press, 1985。

② 提出十大论式的“老一代”怀疑论者究竟指谁，这里并不清楚。但在《反学问家》中，塞克斯都把十大论式的提出者归于埃奈西德穆，参见 *M* 7. 345。

③ 除本书之外，记载十大论式名称的古代文本另有三种：DL 9. 78-79 和 Philo, *Ebr* 169-170 以及 Eusebius, *PE* 14. 18. 11-12 中辑录的亚里士多克勒斯（Aristocles）的残篇。有关十大论式顺序排列的比较研究，参见 D. N. Sedley, “Diogenes Laertius on the Ten Pyrrhonist Modes,” in *Pyrrhonian Skepticism in Diogenes Laertius*, edited by Katia Maria Voget, Tübingen: Mohr Siebeck, 2015, pp. 171-185。

者（因为判断者或是动物，或是人，或是感官，或是处于某种境况）。第七和第十论式归为被判断者，第五、第六、第八和第九论式归为两者。[39] 再者，这三个上位论式又可归为相对性，因此相对性是最高的“属”，三个论式是“种”，十个论式则是低一级的“种”。我们就论式的数目尽可能地做了解释，下面谈谈它们的效力（dunameis）。

[40][①] 我们说，第一个论证在于相同的表象由于动物间的差异，不会自同一个对象产生。这点我们可以从动物生成的差异性和肉体构造的多样性进行推证。[41] 就生成方面，一些动物是无性生殖的，另一些则是有性生殖的。无性生殖物当中，有些从火中生成，如火炉中出现的小生物。有些从腐水中生成，如蚊蝇。有些从变酸的酒中生成，如蚂蚁。有些从土中生成，〈如……〉[②]。有些从沼泽中生成，如青蛙。有些从泥中生成，如蠕虫。有些从毛驴身上生成，如甲壳虫。有些从蔬菜中生成，如毛虫。有些从水果中生成，如野无花果里的虫瘿。有些从腐烂的动物中生成，如来自牛身上的蜜蜂，来自马身上的黄蜂。[42] 有性生殖物当中，有些生自同种，如大多数动物。有些生自异类，如骡子。一般说来，动物有些像人一样胎生，有些像鸟一样卵生，有些则像熊一样以肉块方式生成。[43] 因此有可能，动物有关生成方面的不一致和差异性极大程度地造成相互矛盾的感受方式，导致其不相容性、不和谐性和冲突性。

① *PH* 1. 40-79是关于第一个论式“基于动物多样性”的讨论，参照DL 9. 79-80及Philo, *Ebr* 171-175。

② 此处明显缺失，有的校勘本补为“蚱蜢”（tettiges）或“田鼠”（mus）。

［44］动物躯体中最重要的部分，尤其是本性上用于判断和感知的那些部分的差异，能够造成表象上的极大冲突。黄疸病人可以把那些对我们显现为白的东西说成是黄的[①]，眼睛充血的人则说成是血红色的。既然有些动物的眼睛是黄色的，有些是红色的，有些是白色的，有些是其他颜色的，我认为，它们对颜色的把握[②]可能是有区别的。［45］当我们长时间地凝视太阳而后俯首阅读，字母对我们似乎金光闪烁、转动不已。既然有些动物眼睛里面具有某些天然的光亮，由之发出精微而易动的光束，乃至夜间可以看见东西，因此我们有理由认为外部对象（ta ektos）不会给我们和它们造成相同的印象[③]。［46］再者，魔术师通过在灯芯上涂抹铜锈和墨汁，把侧立者一会显现为铜色，一会显现为黑色，这不过是由混合物的少许喷洒所致。因此，我们有更多的理由相信，由于动物的眼睛里面混合有不同的液汁（chumos）[④]，因而它们所得到的存在物的表象是有差异的。［47］另外，当我们把眼睛往一侧挤压时，所见物体的形式、形状和大小显得变长和变窄。因此有可能所有具有斜长眼球的动物，如山羊、猫等，它们以不同的方式反映存在物，不像具有圆眼球的动物所感知的那样。［48］镜子由于其构造不同，有时把

---

① 有关黄疸病人看东西是黄色的这一事例，又见 *PH* 1. 101, 126; 2. 51。

② antilēpsis 及其动词形式 antilambanō，本书译为“把握”或“感知”。而与之相近的一个词 katalēpsis，则译为“理解”。

③ “造成印象”对译 hupopiptō 一词，该词原意为“影响”、“作用”、“发生”、“形成”等，本书根据语境情况一般译为“对某某造成印象”、“作用于某某形成印象”。

④ 希腊医学有主张四种体液的理论，认为人体中的血液（aima）、黏液（phlegma）、黄胆液（xanthē cholē）和黑胆液（melaina cholē）构成体内最重要的质料，决定着身心状态。《概要》提及“液汁”之处又见 *PH* 1. 51, 52, 71, 80, 102, 128。

外部存在物呈现得很小，如凹面镜。有时则呈现得长而细，如凸面镜。有些镜子则把镜中人照得头足倒置。[49] 同样，有的视觉器官因其凸显性而完全突出于肉体表面，有的比较内凹一些，有的处于肉体平面上，因此表象有可能发生异变，狗、鱼、狮子、人、蝗虫及其他动物也有可能把同一个东西看得并非大小相等、形状相同，它们所看到的东西取决于接受现象的视觉器官所造成的每种印象。

[50] 同样的解释也适用于其他感官。人们怎么能说在触觉上那些有壳的、肉质的、长刺的、有羽毛的、有鳞的动物会以相同的方式感受对象？人们怎么能说在听觉上那些听道狭窄和极为宽阔的耳朵，或者那些毛发浓密的和光滑无毛的耳朵会以相同的方式捕捉声音？即使就我们而言，当耳朵堵塞时听起来是一种感受，当像平常一样使用耳朵时则是另一种感受。[51] 嗅觉也会因为动物的多样性而有所不同。因为，如果当我们受寒发冷、体内黏液（phlegma）淤积过剩时，是一种感受；而当我们头部充斥过多的血液，对别人以为是香的东西产生反感，并认为自己深受其苦时，则是另外一种感受。既然有些动物天生孱弱无力、黏液丰富，有些动物血液充沛，有些动物黄色胆液（xanthē cholē）或黑色胆液（melaina cholē）数量居多并起决定作用，那么出于这个原因，我们有充分理由认为在每种情况下它们所嗅到的东西应当显得不同。[52] 对于味觉对象同样如此。因为一些动物生有粗劣干燥的舌头，另一些动物则生有非常湿润的舌头。对于我们也是这样，当发烧时舌头较干，认为提供给我们的食物粗糙、难吃、苦涩，我们获得这种感受是由所谓体内液汁的主导力量的差异所导致。既然动物具有

不同的味觉器官，其中集聚着大量不同的液汁，因此可以得到存在物的不同的味觉表象。[53]就像同一种营养进行分配时，在一处生成静脉，在一处生成动脉，在一处生成骨头，在一处生成肌腱及其他各种东西，根据接受营养的肉体部分的差异展示出不同的潜能。又如同一股水系分布于树木之中，在一处生成树干，在一处生成树枝，在一处生成果实，最终结出无花果、石榴及其他各种果实。[54]再如乐手吹入笛中的同一股气息，在一处生成高音，在另一处生成低音。按在琴弦上的同一种压力，在一处造成低调，在一处造成高调。同样可能，由于动物接受表象的器官构造不同，因而外部存在物显得不同。

[55]由动物的选择和规避行为，人们可以更加清楚地认识这点。香膏对人来说似乎是快乐的，对甲虫和蜜蜂则是难以忍受的。橄榄油对人有益，但一旦泼到黄蜂和蜜蜂身上则会使其毙命。海水对人来说一旦饮入是不快乐的和有毒的，但对鱼来说则是快乐无比的、可以畅饮的。[56]猪乐于在臭气刺鼻的污泥中，也不愿在清澈洁净的水中洗澡。动物中有些是吃草的，有些是吃灌木的，有些是以树木为生的，有些是吃种子的，有些是吃肉的，有些是吃奶的。动物中有的喜欢腐败的食物，有的喜欢新鲜的食物，有的喜欢生食，有的喜欢熟食。总体说来，对一些动物是快乐的东西，对另一些动物则是不快乐的，要躲避的，乃至是致命的。[57]毒芹喂肥鹌鹑，莨菪催肥猪。猪爱吃蝾螈，正像鹿爱吃有毒的生物和燕子爱吃小昆虫。蚂蚁和蚊蝇一旦被人吞食，会引起不快和胃绞痛。熊发现自己病弱无力时，通过舔舐恢复体力。[58]蝰蛇只要轻触橡树枝子便被麻醉，正如蝙蝠接触悬铃木叶子。大象躲避公羊，狮子

躲避公鸡，海兽躲避燃豆的噼啪声，老虎躲避擂鼓声。不是为了避免显得过于冗长，我们还会给出更多的例子。如果同样的东西对一些动物是不快乐的，对另一些动物是快乐的，而快乐与不快乐系于表象，那么在动物中间由存在物所生成的表象则是有差别的。

［59］如果由于动物的多样性同一事物显现得并非一致，那么我们能够说存在物就像我们所感知（theōreitai）的那样，但存在物本性上（pros tēn phusin）究竟如何我们将保持存疑。我们不能在自己和动物的表象之间做出判定，因为我们是分歧的一方，因此需要另外一个判定者，而不能自己来判断[①]。［60］此外，无论给出证明还是没有给出证明（apodeixis）[②]，我们都不能倾向于选择（prokrinō）[③] 自己的表象而不倾向于选择非理性的动物所生成的表象。除了如我们后面将要表明的，证明或许是不存在的，所谓的证明对我们来说或是显明的，或不是显明的。如果证明不是显明的，我们就不会信心十足地接受它们；如果证明对我们是显明的，那么既然对动物而言有关显明之物是有待于研究的，而证明对作为动物的我们又是显明的，因此证明本身究竟是不是真实有效的，正如是不是显明的一样，是有待于研究的。［61］然而，试图通过“有待于研究的问题”（dia tou zētoumenou）来建立“有待于研究的问题”

① 这里“判定”（epikrinō）和“判断”（krinō）两个词干相同，但语义略有区别。前者指高于争论的第三方对分歧观点的决断或判定，后者往往指争论的一方对于问题的判断。

② apodeixis，本书根据希腊逻辑学的通常理解，一般译作“证明”（argument、demonstration）而非“证据”（proof）。

③ prokrinō，源于krinō，相当于英文prefer，指“倾向于”、“喜欢”、“优先”、“宁愿”等意。这里我们译为“倾向于选择”或“优先选择”。

（to zētoumenon）的论证是荒谬的。因为这种情况下，同一种东西将既是可信的又是不可信的。可信，在于试图给出证明；不可信，在于自身又要被证明。然而这是不可能的。因此，我们不会得到这样一种证明，可以据之倾向于选择自己的表象而不倾向于选择所谓非理性的动物所生成的表象。如果由于动物的多样性其生成的表象是有差异的，而对这些表象做出判定是不可能的，那么对外部存在保持存疑则是必然的。

［62］出于补充之需[①]，我们在表象方面把所谓的非理性动物同人进行比较。在完成实质性的论证之后，我们并不排斥对独断论者，那些虚浮和自夸之辈，进行一番调侃（katapaizein）。我们怀疑派习惯于把非理性的动物批量地同人进行比较，［63］而独断论者却吹毛求疵地说这种比较是不公平的，因此出于补充之需，进而继续调侃下去，我们把论证建立在唯一一种动物身上，比如狗——如果你愿意的话——这种被认为是最低贱的动物。我们发现即便是这种我们所讨论的动物，在其获得的表象的可信性方面并不比我们逊色多少。

［64］独断论者承认，这种动物在感觉能力上远胜过我们。因为在嗅觉上其分辨力比我们更加灵敏，由之可以追踪它所看不见的野兽。在视觉上它比我们更加迅捷地看到猎物，在听觉上也比我们更加敏锐地感知它们。［65］现在，就让我们转到理性上来。理性一种是内在的（endiathetos），另一种是表达的（prophorikos）。[②]

---

① ek periousias。该短语可译为“出于补充之需”或“出于额外考虑”。该方式作为主要论证的补充说明，本书经常出现，参见 *PH* 1. 63, 76; 2. 47, 96, 192, 193; 3. 273。

② 即思想为“内在理性”，语言为“外在理性”，参见 *M* 8. 275。

我们首先思考内在理性。根据独断论者，我们当下最主要的对手，即来自斯多亚派的那些人的说法，内在理性似乎系于（saleuein）[①] 下列事实：对熟知亲近之物[②]的选择和陌生异己之物的规避，对投身其中的各种技艺的认知，对与本性相契合的德性以及那些关乎感受的东西的把握。[66] 狗，那种我们认为可以以之为例建立论证的动物，的确选择熟悉的东西，规避有害的东西，因为它一方面追逐食物，另一方面却躲避举起的皮鞭。另外，它还拥有谋生的技艺，即狩猎。[67] 它也并不缺乏德性。如果正义是按其价值（kat'axian）分配给每个人的东西，那么狗，这种取悦并保护熟人和友好者、驱赶生人和不良者的动物，就不会没有正义。[68] 如果它具备这种德性，而德性在于相生相随[③]，那么它就同时具备所有其他德性，而这些德性智者声称是多数人所不具备的。它是勇敢的，如我们看到它发起攻击时那样。它是聪明的，如荷马所印证的那样，他吟咏的奥德赛（Odysseus），未被所有的家乡人认出，却被一只叫阿耳戈斯（Argus）的狗认出[④]，它没有被男主人体貌的变

---

① saleuein，原指船在海上"漂泊"、"摇动"，引申为"泊于"、"系于"、"抛锚于"等。

② tōn oikeiōn。这里 oikeios，原意指"与家务、家乡、城邦内部有关的"，引申为"内部的"、"熟悉的"、"亲近的"、"适合的"、"契合的"。斯多亚派使用该词描述理性和德性发展中的内在自然倾向，如下面一句"与本性相契合的德性"（tōn kata tēn oikeian phusin aretōn）。

③ "德性是相生相随的"（tōn aretōn antakolouthousōn）是斯多亚派的观点，参见 DL 7. 125 及 Plutarch, *Stoic Rep* 1046E。

④ 参见 Homer, *Odyssey*, 17. 300。

化所欺骗，没有丢失“可理解的表象”[1]，在这个方面显然狗比人保持得更好。[69]根据科律西波[2]——一个对非理性动物尤为感兴趣的人——的说法，狗甚至可以分享他们著名的辩证法。刚才提到的这个人声称，当狗到达三岔路口时便专心思考不证自明的复杂三段论的第五式。[3]在搜寻了两条路口、没有发现野兽路过的迹象后，无需再去搜寻便直接冲到第三条路口。这个先前提到的人声称，这里蕴含着下列推理：“野兽或经过这条路，或这条路，或这条路；不是这条路，也不是这条路；所以是这条路。”[70]再者，狗对自己的感受是能够理解和抚慰的。当芒刺扎入，它会把爪子在地面上来回摩擦或借助牙齿立即祛除芒刺。如果哪里受伤，由于不洁的创伤难以愈合而干净的伤口容易愈合，它会轻柔地舔舐滋生的脓水。[71]它会很好地恪守希波克拉底（Hippocrates）的疗法：治疗脚伤在于休养。一旦爪子受伤，它会抬起来，尽可能小心翼翼地使之不受伤害。当它被不适之液困扰便会吃草，通过吐出不适之物（to anoikeion）以恢复健康。[72]如果业已表明，那种我们以之为例来建立论证的动物，选择熟悉的东西和规避令其不安的东西，拥有可供谋生的技艺，能够理解和抚慰自己的感受，不会游离于德性之外，而这一切都系于内在理性之完善，那么在这个方面狗是完美无

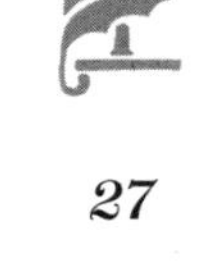

① katēlptikē phantasia，斯多亚派术语，即来自真实存在物并与真实存在物保持一致的印记或印象，参见 *PH* 2. 4; 3. 241 及 *M* 8. 397。

② 科律西波（Chrysippus，约公元前281—前208年），公元前230/229年主持斯多亚派，第三代斯多亚派领袖。写过700多卷著作，最主要贡献是斯多亚的命题逻辑和决定论，其影响远胜过芝诺、科莱安特（Cleanthes）等其他斯多亚派代表。

③ 有关不证自明式，参见 *PH* 2. 157-158。

缺的。我想，这就是为什么某些哲学家[①]以这种动物的名字来夸耀自己的原因。

[73] 对于表达的理性当下没有必要进行研究，因为某些独断论者将之贬低为有碍于德性获得的东西，这就是他们为什么在学习期间经常练习沉默的原因。[②]此外，即便假设一个人是哑巴，也没人会说他是非理性的。暂且不论这点，尤需注意的是，我们观察到那些我们所论及的动物可以发出类似人一样的叫声，如松鸦及其他动物。[74] 也暂且不论这个，即使我们不明白所谓非理性动物发出的叫声，它们是在对话，这不是完全不可能的，只是我们不理解这些声音罢了。当听到蛮族人说话时，我们的确不懂，但我们相信它是一套话语。[75] 我们听到狗在攻击他人时发出一种声音，在嚎叫时发出一种声音，在挨打时发出一种声音，而在讨好时发出一种十分不同的声音。一般说来，如果有人仔细考察这一问题，就会发现这种及其他动物在不同环境下的各种复杂多样的声音。由于这个原因，我们似乎能够说，所谓非理性动物也有表达的理性。[76] 如果在感觉的敏锐性上，在内在的理性上，进一步说，在表达的理性上，它们都不逊色于人类，那么它们在表象上就不会比我们缺少可信性。[77] 通过把论证建立在每种非理性的动物上来证明这一点或许是可能的。比如，谁不称道鸟儿那非凡的灵动和对表达理性的运用？它们不仅知道过去的事情而且还知道未来的事情，通过制造各种信号和提前发出鸣叫，向能理解它们的人预示这些事情。

① 指犬儒派。“犬儒”（oi kunikoi）来自“狗”（kuōn）一词，参见 DL 6. 13。

② 这里塞克斯都似乎是指毕达戈拉派的沉默教规（echemuthia），参见 DL 8. 10。

［78］如前所述，我已通过额外补充的例子做了比较，我想，这足以表明我们不可能倾向于选择自己的表象而不倾向于选择非理性动物生成的表象。因此，如果对于表象的判断非理性动物并不比我们缺乏可信性，如果由于动物的复杂多样性而导致表象的差异性，那么我只能说每一种存在物对我显现得如何，至于存在物本性上究竟如何，基于上述原因，我不得不保持存疑[①]。

［79］[②]这就是达致存疑的第一个论式。我们说，第二个乃是基于人的差异的论式。即便出于假设，承认人类比非理性动物更加可信，我们发现，就我们人类自身的差异性来看，同样也会导致存疑。据称，人类由之构成的东西有两个，即灵魂和躯体，正是根据这两者我们相互区别开来。比如在躯体方面，我们的外貌和体质[③]相互有别。［80］在外貌上印度人的躯体有别于西徐亚人（Scythians）的躯体，据说，正是体内起决定作用的液汁的差异造成体貌的复杂多样性。由于起决定作用的液汁的差异性，表象也成为有差异的，正如我们在第一个论证所确立的那样。由于这些液汁，人们在对外部事物的选择和规避上存在着若干差异。因此，印度人喜好某些东西，而我们这里的人则喜好另一些东西。喜好的差异表明我们从存在物那里获得复杂多样的表象。［81］在体质上我们存在着如此程度的差异，以至于有的人消化牛肉比岩生小鱼还要

① 塞克斯都常用 anagkasthēsomai 一词，表明保持存疑的被动性和不自觉性。

② 这里 *PH* 1. 79-90 可与 DL 9. 80-81 以及 Philo, *Ebr* 176-177 比较。

③ “体质”对译的是 idiosugkrisia，由前缀 idio（特殊的、个体的）和词干 sugkrisia（混合、结合）构成。该词系希腊医学术语，指由体内液汁混合而成的特殊体质，参见 Galen, *MM* 10. 209。

容易得多，有的人来一点列斯堡（Lesbos）的低度酒就上吐下泻。据说，有位阿提卡的老妇安然无恙地吞下三十个单位（holkas）的毒芹液，吕西斯（Lysis）则毫无痛苦地喝下了四个单位的罂粟汁。[82]德莫丰（Demophon），亚历山大的御厨，在太阳下和浴室中常常寒战，在阴凉处感到温暖。阿尔戈斯（Argos）的雅典那戈拉斯（Athenagoras）被蝎子和蜘蛛咬了不受其害，人们所说的普叙拉伊阿人（Psyllaeans）被毒蛇和角蝰咬了没有危险。[83]埃及的特恩图利泰人（Tentyritae）也不会被鳄鱼伤害。再者，那些居住在阿斯塔普丝（Astapous）河畔、莫罗爱（Meroe）湖对面的埃塞俄比亚人，可以毫无痛苦地吃下蝎子、蛇以及此类动物。卡尔西斯（Chalcis）的鲁菲诺斯人（Rufinus）喝下藜芦汁后，既不呕吐，也完全无腹泻之苦，就像食用和消化平常的东西一样。[84]希罗菲勒人（Herophilean）克鲁塞尔莫斯（Chrysermus）一吃胡椒就犯心脏病，医生苏特利科斯（Soterichus）一闻到烹河鱼的味道就闹腹泻。阿尔戈斯的安德隆（Andron）可以忍受干渴，在滴水未进的情况下穿越整个干旱缺水的利比亚。提伯里乌斯·凯撒能在晚上看见东西。亚里士多德记载，某位色雷斯人认为总有一个人影在眼前游荡①。

[85]在人的躯体方面就有如此之多的复杂性，我们仅由独断论者所搜集的大量事例选取一二，就足以说明这个问题。而就灵魂本身，人们相互区别开来也是可能的。因为正如观相术②所表明的

① 参见 Aristotle, *Meteorology*, 373a35-b10。

② hē phusiognōmonikē sophia，或译为“面相术”，参见 *PH* 2. 101 及 *M* 8. 155, 173。

那样，躯体是灵魂的一种印记或图式（tupos）。在人的心智方面无限多样差异性的最为突出的例证在于独断论者所说的，有关哪些东西应当选择，哪些东西应该规避以及其他方面的种种分歧。[86]诗人们恰好谈到了这点。品达说：

有人为四蹄生风的马上荣光和桂冠乐此不疲，
有人为活在流金溢彩的殿堂心醉神迷，
有人为驾起快船掠过惊涛骇浪欢快无比。[1]

另有诗人说：

不同的人喜欢做不同的事。[2]

悲剧中也到处是这样的话，比如：

如果美好和智慧本性上人皆有之，
在人们中间就不会有纠葛纷争。[3]

又说：

奇怪的是，同一件事让一些人高兴，

① 参见 Sandys, *Pindar*, in Loeb Library, p. 610。

② Homer, *Odyssey*, 14. 228.

③ 欧里庇得斯的诗句，参见 Euripides, *Phoenissae*, 499-500。

让一些人愤怒。[①]

[87] 既然选择和规避系于快乐与不快乐，快乐与不快乐又系于感觉和表象，一旦同一个东西有人选择而有人规避，我们就可以合乎逻辑地得出结论：同一个东西不会对人们产生同样的影响，否则人们就会同样地选择或规避同一个东西。如果基于人的差异同一个东西对人们产生不同的影响，因此就有充分理由达致存疑。因为我们或许能说每个存在物相对于人的每种差异情况显得是什么，但我们不能表明每个存在物在其本性上究竟是什么。[88] 因为，我们或者相信所有人，或者相信某些人。如果相信所有人，我们将尝试不可能的事情并承认自相矛盾；如果相信某些人，那就告诉我们应当赞同谁的意见。因为柏拉图派的人会说柏拉图的，伊壁鸠鲁派的人会说伊壁鸠鲁的，其他学派也会同样如此。那么，由于这些无法判定的（anepikritōs）学派纷争，他们将重新把我们带入存疑状态。[②][89] 再者，那些声称我们应该赞同大多数意见的人，无疑提出了一个幼稚的建议。因为无人能够遍访查证所有的人，精确解释什么东西会让多数人喜欢。[③] 也许可能存在着某些不为我们所知的族群，在我们这里罕见的事情在他们那里则是司空见惯的，在我们多数人身上发生的事情在他们身上却是十分少有的。例如，他们多数人被蜘蛛咬后并不觉得痛苦，尽管少数人偶尔会感到疼痛，上面

① 无名诗句，参见 Frag. 462 Nauck。

② 这里“重新带入”用了 peristēsousin 一词，原意“转圈”、“绕道”、“站在周边”等。

③ 这一论证形式参见 *PH* 2. 45，又见 Cicero, *Nat Deorum* 1. 23, 62。

提到的其他体质上的事例同样如此。因此，由人们之间的差异达致存疑则是必然的（anagkaion）。

［90］当独断论者，一些自负之辈（philautoi），声称在对事物的判断上应当优先选择自己而非他人的观点时，我们认为他们的主张是荒谬的，因为他们本身是争执的一方，如果在判断现象时他们优先选择自己的观点，那就意味着他们因为相信自己的判断从而在判断开始之前就把有待于研究的问题确立为前提了[①]。［91］[②]即便把我们的论证建立在一个人的基础之上，比如他们梦想出来的“智者”[③]，我们也能达致存疑，为此我们提出排序第三的论式。

我们说，这是一个基于感觉的差异性的论式。［92］感觉之间相互有别是显而易见的。画面对视觉似乎是凹凸不平的，但对触觉并非如此。蜂蜜对某些人的舌头似乎是快乐的，但对眼睛却是不快乐的。所以，不能说它本身是绝对快乐的还是不快乐的。至于香膏同样如此：它使嗅觉愉悦，使味觉不快。［93］再者，大戟类植物[④]的液汁对眼睛是痛苦不堪的，但对肉体的所有其他部分并无痛苦，

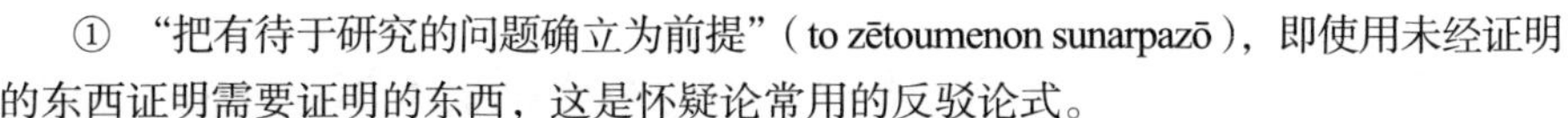

① “把有待于研究的问题确立为前提”（to zētoumenon sunarpazō），即使用未经证明的东西证明需要证明的东西，这是怀疑论常用的反驳论式。

② 这里 *PH* 1. 91-99 有关第三个论式，可与 DL 9. 81 比较。

③ “智者”（sophos）是独断论者尤其是斯多亚派虚构的一位具有理想人格的人物，他集一切美德于一身，是人性完美的化身。与之相对的是“愚者”（phaulos）。在斯多亚派看来，人要么是智者，完美无缺；要么是愚者，一无是处。德性无数量标准，一善俱善，一恶俱恶。有关“智者”这一概念见 *PH* 2. 38, 83; 3. 240。这一概念又见 H. von Arnim (ed.), *SVF* 3. 544-684。

④ to euphorbion，原意“易活的”、“易养的”。英译为 spurge，一类有酸性和乳状液汁的植物。

因此就其本性而言，我们不能说它对肉体是绝对无痛苦的还是痛苦的。雨水对眼睛有益，但对气管和肺却粗糙难忍，橄榄油也是如此，尽管可以润滑皮肤。海生鳐鱼一旦食用过量就会导致麻醉，但对肉体的其他部分无害。因此，我们不能说每个事物在本性上究竟如何，只能说每个事物在某个时刻显得如何。

［94］本可以给出更多的事例，但出于既定的写作目标，为了不浪费时间，我们就谈这些。每种作用于我们感官的现象似乎是复杂多样的，比如，苹果似乎是光滑的、芳香的、甘甜的、黄色的。但实际上苹果是否只有这些性质，或是否只有一种性质，不过是因为感官构造的差异而显得不同，或是否具有比显现出来的更多的性质，其中有些无法作用于我们的感官，这些都是不清楚的。［95］苹果只存在一种性质，或许由前面我们讲过的有关营养被肉体吸收，水分被树木汲取，气息呼入笛子、风笛或其他此类管道的实例可以推论出来。同样，苹果可能只有唯一一种性质，因为感知从中发生的感官之间的差异而被感觉成有差异的。［96］苹果或许可能具有比显现给我们的更多的性质，可由以下方式推论。让我们想象某个人，生来具有触觉、嗅觉和味觉，但不能听也不能看。那么这个人就会认为可以看的东西或可以听的东西是根本不存在的，只存在他能够把握的那三种性质。［97］或许因为我们只有五种感官，只能从苹果的性质当中把握那些我们能够把握的性质。尽管其他性质是有可能存在的，但因为它们作用于另外一些我们不具备的感官，所以我们无法把握与之相应的感觉对象。

［98］然而，或许有人会说，自然（phusis）使感官与感觉

的对象相匹配（sunemētresato）。[1]何种自然？因为在独断论者之间有关自然的真实性存在着太多的无法判定的争议。凡对“自然是否存在？”进行判定的人，如果是门外汉，他的意见是不会被相信的；如果是哲学家，他将是争论的一方，他本身是被判断者（krinomenos）而非判断者（kritēs）。[99] 如果以下情况都是可能的，即只有这些我们似乎可以把握的性质存在于苹果中，或还有比这些更多的性质存在于苹果中，或并非是这些作用于我们感官的性质存在于苹果中，那么对我们来说苹果究竟是什么则是不清楚的。同样的论述也可适用于其他感觉对象。如果感觉无法理解外部对象〈因为它的引导是失败的〉[2]，心灵也就不能理解。基于这个论证，似乎我们可以达致对外部存在物的存疑这一结论[3]。

[100][4] 通过把论证建立在每种单一的感觉上，或暂时不考虑这些感觉，我们都能止乎存疑[5]。为了这一目的，我们采用第四种论式。这个论式基于所谓的“境况”（peristasis），而“境况”则被说成是某种“状态”（diathesis）。我们说，人们总是被观察到或处于某种自然的或非自然的状态，或醒着或睡着，或在某个年龄段，或

① 参见 *M* 9. 94。该句似乎引述色诺芬，参见 Xenphon, *Memorabilia*, 1. 4. 2。

② ton hodegon autes sphalloimenon。根据 H. Mutschmann and J. Mau, *Sexti Empirici Opera*, vol. 1: *Pyrroneion hypotyposeon libros tres continens* (Teubner, Leipzig, 1958) 补缀。参见 *PH* 1. 128; 2. 63。比较德谟克里特，参见 Frag. 125 DK。

③ 这里“达致某某结论”对译动词 sunagō，该词常用于表达逻辑推论得出结论。

④ 这里 *PH* 1. 100-117 可与 DL 9. 82 以及 Philo, *Ebr* 178-180 比较。

⑤ “止乎存疑”对译 katalēgein eis tēn epochēn。这里 katalēgein，指“离开”、“停止”等。我们译为“止乎存疑”，表达“停止判断，进入存疑”这个意思。该语句搭配又见 *PH* 1. 12。

运动或静止，或憎恨或热爱，或缺乏或满足，或沉醉或清醒，或处于某种事先状态，或勇敢或怯懦，或悲伤或喜悦。①［101］例如，根据人们所处的自然的或非自然的状态，事物可以形成不同的印象，因为那些精神狂乱的人和神灵附体的人②相信他们听到灵异的声音，但我们却听不到。同样他们常说他们可以感受到安息香或乳香之类以及其他东西的气味，而我们感受不到。同样的水当泼到高温之处似乎感到很热，对我们则冷热合适。同样一件外衣，对眼睛充血的人显得是橘黄色的，对我们则并非如此。同样的蜂蜜对我们似乎是甜的，对黄疸病人似乎是苦的。［102］如果有人说，正是由于体内某种液汁的混合使处于非自然状态下的人从存在物中获得不合适的（anoikeios）③表象，我们则应当回答，外部存在物本性上可能就像它显现给所谓处于非自然状态下的人那样，但健康人也有混合的液汁，或许正是这些液汁能够使外部存在物对健康人显现得截然不同。［103］把改变存在物的能力赋予一些人的液汁而不赋予另一些人的液汁乃是纯粹虚构的。因为，正如健康人之于健康是自然的而之于疾病则是不自然的，同样病人之于健康是不自然的而之于疾病则是自然的，因此他们应当是可信的，因为相对而言他们也是处于一种自然状态。

［104］根据睡着和醒着的状态可以生成有差异的表象，因为在醒着时我们无法想象睡着时我们所想象的东西，在睡着时我们也无

① 这里的表述在*PH* 2. 51-56中重复出现。另外，在*PH* 1. 218-219和*M* 7. 61-64中，塞克斯都用同样的材料解释普罗塔戈拉的观点。

② theophoroumenoi，原意为“被神抓住的人”。

③ 参见 *PH* 1. 71“不适之物”（to anoikeion）。

法想象醒着时所想象的东西。因此表象是存在的还是不存在的，不是绝对的而是相对的，相对于睡着还是醒着的状态。在睡着时我们或许可以看到在清醒状态下并非真实存在的东西，当然不是绝对不真实，因为它们的确存在于梦中，正像醒着时看到的生动真切的表象（ta hupar）确实存在一样，尽管它们不在梦中存在。

［105］根据年龄也会生成有差异的表象。同样的空气对于老年人似乎是寒冷的，对于青壮年似乎是温和的；同样的色彩对于年纪大的人显得暗淡无光，对于青壮年显得强烈生动；同样，相同的声音对于前者似乎模糊不清，对于后者似乎清晰可辨。［106］再者，不同年龄的人们在选择和规避方面也会形成不同的倾向。比如，儿童热衷于球类和铁环，而青壮年另有他好，老年人也有自己的选择。由此可以得出结论，因为年龄的差别，由相同的存在物可以生成不同的表象。

［107］基于运动或静止，事物显得不同。一些东西，在我们静立时看上去是不动的，当我们驾船经过时似乎又是运动的。［108］基于热爱或憎恨也是如此，例如对于猪肉有些人唯恐避之不及，有些人则非常乐于享用。又如，米南德[①]说道：

看上去那是一幅怎样的嘴脸，
自他变成这样以后！什么动物啊！

① 米南德（Menandros，公元前344/343—前292/291年），希腊"新喜剧"作家。对罗马喜剧作家普劳图斯（Plautus）和泰伦斯（Terence）产生深刻影响。仅有一部完整的作品和少量残篇流传下来。

举止端正，让我们觉得美在身边。①

许多交有丑陋女友的人会认为她们是最妩媚动人的。[109] 基于缺乏或满足的事例：同样的食物对饥肠辘辘的人似乎是快乐无比的，对吃饱了的人似乎是不快乐的。基于沉醉或清醒的事例：在清醒时我们认为是羞耻的事情，在醉后对我们似乎并非是羞耻的。[110] 基于某种事先状态的事例：同样的葡萄酒对事先食用了大枣或无花果的人似乎是酸的，对吃了坚果或豌豆的人似乎是甜的。浴室的门厅让外面进来的人感到热，让里面出去的人感到冷，如果他在里面逗留一段时间的话。[111] 基于怯懦或勇敢的事例：同样的东西对胆小的人似乎是可怕的和恐惧的，对胆大的人则并非如此。基于悲伤和喜悦的事例：同一件事对悲伤者是一种负担，对喜悦者则是轻松愉快的。

[112] 既然基于各种状态就有如此多的不一致性，人们在不同时间处于不同状态，因此也许很容易说每个存在物对每个人显得如何，但不能说每个存在物本身究竟如何，因为其不一致性是不可判定的。凡任何判定者或处于上述各种状态中，或根本不在任何状态中。但要说他完全不在任何状态中，比如，既不健康又不生病，既不运动又不静止，不在任何一个具体的年龄段，与其他所有状态剥离开来，这无疑是荒唐透顶的。如果他在判断表象时处于某种状态，他将是争论的一方。[113] 再者，由于受其所处的特定状态的影响干扰，他不会是外部存在物的纯粹的判断者。因此，醒着的人

① 诗句似乎是一位女性对其浪子回头的恋人的溢美之词，参见 Frag. 518 Kock。

不能用醒着的人的表象同睡着的人的表象做比较，健康人也不能用健康人的表象同病人的表象做比较，因为我们更容易赞同当下的东西和当下打动我们的东西胜于非当下的东西。

［114］从另外一种论证方式来说，表象的不一致性也是不可判定的。凡倾向于选择一种表象和境况而非另一种表象和境况的人，他做出这个选择或者未经判断和证明，或者经过判断和证明。但他既不能未经判断和证明就做出选择（因为这是不可信的），他也不能通过判断和证明来做出选择。因为如果他要判断表象，就得借助标准去判断。［115］那么他就要说明这个标准或者为真或者为假。如果标准为假，则是不可信的。如果声称标准是真的，他就要说明标准为真或者未经证明，或者经过证明。但如果未经证明，将是不可信的；如果经过证明，那就必然需要证明本身也要为真，否则将是不可信的。那么，当他声称这个被用来确保标准之可信性的证明本身为真时，他是经过了判断还是未经判断？［116］如果未经判断，则是不可信的。如果经过判断，显然他会说是借助某个标准做出判断的。那么我们会追问这个标准的证明，接着又会追问这个证明的标准。证明永远需要标准以求确证，标准则永远需要证明以求揭示自己为真。如果没有为真的标准的预先存在（proüparchontos），证明不可能有效；如果没有证明的预先确信（propepistōmenēs），标准也不可能为真。［117］因此，标准和证明两者陷入了循环推理[①]，从而两者被发现都是不可信的：因为任何一方的可信性都有待于另外一方来确证，所以任何一方和另外一方

① 有关循环推理论式，参见 *PH* 1. 169，同时可比较 *M* 7. 341。

都同样是不可信的。如果一个人既不能不通过证明和标准，也不能通过证明和标准来选择一种表象而非另一种表象，那么基于有差异的状态所生成的有差异的表象则是不可判定的。因此，就这一论式而言，也会把我们引向（eisagetai）对外部存在物的本性的存疑。

［118］[①] 第五个论式基于位置、距离和场所，根据每种情况同一个事物显得不同。例如，同一排柱廊从端头看似乎逐渐变细[②]，从中间看则完全对称和谐。同一艘船远看似乎是小的和静止的，近看似乎是大的和运动的。同一座塔远眺似乎是圆的，近观似乎是方的。

［119］这些是基于距离的事例。基于场所的事例，如灯火在太阳下显得暗淡，在黑暗处则显得明亮；同一支船桨在水中似乎是弯的，在水外似乎是直的；蛋在鸟的体内似乎是软的，在空气中似乎是硬的；猞猁石[③] 在猞猁体内似乎是液态的，在空气中似乎是硬的；珊瑚在海里似乎是软的，在空气中似乎是硬的；声音从笛子中奏出来，从风笛中奏出来，以及单纯从空气中生成，显得各有特点。

［120］基于位置的事例，如同一幅画平放时显得光滑，斜靠在某个支点上则显得有些凹凸不平。鸽子的脖子在色彩上根据朝向的不同显得有所差异。

［121］既然所有现象都是或于某个场所，或从某种距离，或由某个位置来被观察的，而每种情况都会造成表象上的复杂多样性，

---

① 这里 *PH* 1. 118-123 可与 DL 9. 85-86 及 Philo, *Ebr* 181-183 比较。

② muouros，原意为“鼠尾状的”、“逐渐减小的”。

③ to luggourion，原意是猞猁（lugkos）的尿液（ouron）的结晶，是希腊人的一个传说。

如前所述，由这个论式我们将被迫达致（katantan）存疑。因为任何试图选择某种表象的人实际是在尝试不可能的东西。[122] 如果他只是在简单的意义上未经证明就做出这个表明，则是不可信的；如果他试图使用证明，而如果声称证明为假则会推翻自己[①]，如果声称证明为真就会被追问“证明为真”的证明，以及“证明为真”的证明的证明，因为它也必须为真，如此直至无限。然而建立无限的证明是不可能的。[②][123] 因此，不能通过证明选择一种表象而非另一种表象。如果既不能未经证明，也不能通过证明来选择上述表象，那么一定会得出存疑的结论（sunageitai）。或许我们能够说每个事物在某个位置、由某种距离和在某种场所显现得如何，但基于上述原因我们不能表明事物在本性上究竟如何。

[124][③] 第六个论式基于混合。据此我们得出结论：既然任何存在物都不会由自身而总是与某种东西一起作用于我们的感官，因此或许我们能够说，由外部存在物和随之一起被感觉的东西所共同构成的混合物是怎样的，但我们不能单纯地说外部存在物自身是怎样的。外部存在物不会由自身而总是与某种东西一起作用于我们的感官，并且因此看上去（theōreitai）复杂多样，我认为，这点是十分明显的。[125] 比如，我们自己的肤色在暖空气中看起来是一种情况，在冷空气中则是另一种情况。因此我们不能说我们的肤色本性上究竟如何，只能说同每种与之混合的东西一起看上去如何。同样

① “推翻自己”、“自我反驳”或“自我指涉”，希腊语是peritropē，该词反复出现在本书中，参见 *PH* 1. 139, 200; 2. 64, 76, 88, 91, 128, 133, 179, 185, 188; 3. 19, 28。

② 有关“无穷后退不可能”论式，参见 *PH* 1. 166。

③ 这里 *PH* 1. 124-128 可比较 DL 9. 84-85 以及 Philo, *Ebr* 189-192。

的声音与稀薄的空气一起显得是一种情况，与浓厚的空气一起显得是另一种情况。气味在浴室中和在太阳底下比在冷空气中更为浓烈刺鼻。身体浸在水中则轻，处在空气中则重。

［126］把外部的混合问题暂放一边。我们的眼睛自身包含了眼膜和液体。没有这些东西，视觉对象是不会被看到的，也是不能被清晰把握的。正是这种混合作用我们才会感知，因此黄疸病人把所有东西看成黄色的，眼睛充血的人则看成是血红色的。同样的声音在开阔的场所和在狭窄弯曲的场所显得不同，在洁净的空气中和在污浊的空气中显得也有差异，因此我们可能无法在纯粹意义上把握声音。因为我们的耳朵通道弯曲而狭窄，且被那些据说是由大脑区域分泌出来的气态流溢物所侵染。［127］再者，在鼻腔和味觉器官区域也存在着一些物质，我们正是连同这些物质一起，并不是在纯粹意义上把握所尝和所嗅的东西的。因此，由于这种混合作用，我们的感官无法确切地把握外部存在物究竟如何。

［128］心灵也无法做到，最主要是因为作为其向导（hodēgoi）的感官是失败的（sphallontai）。另外心灵还有可能把自己的某种特殊混合物加给感官所报道的内容。因为在独断论者认为“灵魂中枢”[1]所在的每个地方，不管是在大脑还是在心脏，或是在动物其他可以安置的地方，我们都会发现某些液汁的存在。根据这一论式我们看到，关于外部存在物的本性我们不可能说出任何东西，我们不

① hēgemonikon，斯多亚派哲学术语，原意为“灵魂中起主导作用的部分”。本书统一译为“灵魂中枢”或“中枢”。比较*PH* 2. 32, 58, 70-71; 3. 169, 188及*M* 7. 313; 9. 119。

得不保持存疑。

[129][1] 我们说过，第七个论式基于存在物的数量和构成。这里的“构成”通常意味着“聚合”。显然，根据这个论式我们对事物的本性不得不保持存疑。例如，羊角的碎屑在单一情况下或在没有聚合的状态下观察似乎是白的，当被组合为一支实体性的羊角时看起来是黑的。银屑的碎屑仅凭自身显得发黑，但结成一个整块会给我们造成白色的印象。[130] 泰那利亚[2] 的石头碎片在被刨光时看起来是白的，但作为完整的石块显得发黄。沙子四处分布显得粗糙，聚集成丘则会柔和地作用于感官。藜芦以精粉服用可以造成窒息，粗一点服用则不会出现这种情况。[131] 酒喝得适量可以让我们强壮，饮用过度则会使身体虚弱。同样，食物根据摄入的数量展现其不同的效能。比如因食用过量而导致的消化不良和腹泻常常可以让身体垮掉。[132] 因此，我们能够说羊角的细屑如何，来自许多细屑的结合物如何；银子的微粒如何，来自许多微粒的结合物如何；泰那利亚石头的碎片如何，来自许多细小碎片的结合物如何。同样对于沙粒、藜芦、酒、食物，我们只能说它们在相对意义上如何，但因为由聚合造成的表象的不一致性，我们不能说事物自身的本性究竟如何。

[133] 普遍说来，有益的东西一旦用量过当，似乎可以变成有害的东西；在过量的情况下似乎是有害的东西，如果微量使用则不会有害。关于这一论述的最佳例证莫过于我们在医药的效果方面所

---

① 这里 *PH* 1. 129-134 可与 DL 9. 86 及 Philo, *Ebr* 184-185 比较。

② 泰那利亚（Taenarum），拉哥尼亚最南端的地区，盛产黄绿色（蟒蛇色）的大理石。

看到的情况。这里，对单一药物的精准混合可以使混成物成为有益的东西，但有时在称量中微不足道的一点疏忽，其结果不仅不是有益的，而且是极其有害的，甚至是毁灭性的。[134]由此，基于数量和构成的论证使外部存在物的真实存在变得含混不清。因此，这一论式同样可能让我们达致存疑，因为我们无法在纯粹意义上（eilikrinōs）说清外部存在物的本性。

[135][①]第八个论式基于相对性，由之我们得出结论：既然所有事物都是相对的，我们对事物绝对是什么，本性是什么将保持存疑。我们必须认识到，在这里以及在其他地方，我们使用“是”（esti）替代了“显得是”（phainetai），但实际意思是说“一切显得是相对的”。这一表述有两重含义。一是相对于判断者（作为被判断的外部存在物相对于判断者显得如何），一是相对于被一起观察的东西，如右相对于左。[136]实际我们前面已经论述了“一切都是相对的”这一问题，涉及判断者，例如相对于某种动物、某种人、某种感官和某种境况，每个事物显得如何；涉及被一起观察的东西（suntheōroumena），例如相对于某种混合、某种方式、某种聚合、某种数量和某种位置，每个事物显得如何。

[137]另外，通过下面这种特殊论证方法推得“一切都是相对的”这一结论也是可能的。“基于差别存在的东西”[②]同“相对存在的东西”（ton pros ti）有没有差别？如果没有差别，那么“基于差别存在的东西”就是相对的；如果有差别，而一切有差别的东

① 这里 *PH* 1. 135-140 可与 DL 9. 87-88 及 Philo, *Ebr* 186-188 比较。

② “基于差别存在的东西”（ta kata diaphoran），即绝对存在或独立存在的东西，参见 *M* 8. 161-162; 10. 263-265 及 Simplicius, *in Cat* 165. 32-166. 30。

西总是相对的（因为它被说成是相对于那个与之有别的东西），那么“基于差别存在的东西”也是相对的。[138] 另外，按独断论者的说法，某些存在是最高的属（anōtatō genē），某些是最低的种（eschata eidē），某些既是属又是种，但所有这些东西都是相对的。再者按他们所说，某些存在是自明的，另一些则是非显明的。现象是能表明的东西（sēmainonta），非显明之物是被现象所表明的东西（sēmainomena）。根据他们的说法，现象乃是非显明之物的“眼睛”（opsis）。[①] 但能表明的东西和被表明的东西是相对的，因此一切都是相对的。[139] 此外，有些存在是相似的有些是不相似的，有些是相等的有些是不相等的，而这些东西是相对的，所以一切都是相对的。即便有人声称并非一切都是相对的，实际上他已确证一切都是相对的。因为通过反驳我们，他已表明“并非一切都是相对的”这一论断本身只是相对于我们而言，并不是绝对普遍的。[②]

[140] 既然我们建立了一切都是相对的这一结论，剩下的事情十分明显，我们不能说每个外部存在物在自己的本性上和在纯粹意义上究竟如何，只能说它相对于某种东西显得如何。其结果是，对存在物的本性我们必须保持存疑。

[141][③] 根据事物发生的经常性或罕见性的论式，即在顺序上我们称之为第九的那个论式，我们将做如下讨论。太阳或许比彗星更加令人惊诧，但因为我们经常看到太阳，而彗星并不多见，所以彗星足以让我们感到惊异，乃至认为是某种征兆，而太阳则全然不

---

① 阿那克萨戈拉的观点，参见 Frag. 21a DK，又参见 *PH* 3. 78。

② 这里是典型的“自我指涉”论证，参见 *PH* 1. 122。

③ 这里 *PH* 1. 141-144 可与 DL 9. 87 比较。

会引起这样的感觉。假如我们设想太阳东升西沉实属罕见，刹那间照亮万物，又把万物突然抛入阴影，我们会从中感到极大的震惊。[142]地震不会同等程度地打扰首次经历的人和生来就习以为常的人。大海对于第一次看到的人是多么的震撼！人体之美如果初次目睹，一定比司空见惯更能让我们动心。[143]稀罕之物常被认为是有价值的，而为我们所熟悉的和容易得到的东西则完全不是这样。假如我们想象水是罕见的，那么水对我们似乎就会比所有被认为有价值的东西大得多！或者，如果我们想象地面上的金子多得几乎像石头一样到处乱滚，我们认为，有谁还会发现它是有价值的以至于收藏囤积呢？

[144]既然同一事物基于发生的经常性和罕见性有时似乎是让人惊诧或珍视的，有时似乎又并非如此，由此得出结论：我们或许能够说每个事物伴随发生的经常性或罕见性显得如何，但不能说每个外部存在物在纯粹意义究竟如何。因此，根据这一论式我们对之保持存疑。

[145][1]第十个论式主要涉及伦理问题，基于规训、习俗、法律、神话的信念以及独断的假说。规训（agōgē）是一种日常生活的选择，或是某种为一人或众人所习得的行为，比如，为第欧根尼[2]或拉哥尼亚人（Laconians）所习得的行为。[146]法律是一种城邦人之间所共同达成的成文契约（eggraphos sunthēkē），践踏者将受到惩罚。风俗（ethos）或习惯（sunētheia）（两者没有区

① 这里 *PH* 1. 145-163 可与 *PH* 3. 198-234. DL 9. 83-84. Philo, *Ebr* 193-202 比较。

② 这里指犬儒派哲学家第欧根尼。

别）是众人对某种行为的共同接受，僭越者并非必然受到惩罚。比如，法律禁止通奸，我们的风俗则不允许在公众场所与妇女性交。［147］神话信念是对没有发生过的和虚构的东西的接受，比如，有关克洛诺斯（Cronos）的传说就是一个很好的例子，它让很多人深信不疑。独断的假说是对似乎通过归纳或某种证明所确立的结论的接受，比如“原子”，或“同素体”，或“最小的单元”，或其他东西是存在物的基本元素。[①]

［148］我们有时把上述每种情况与它自身对立起来，有时把它与所有其他情况对立起来。比如风俗与风俗的对立，某些埃塞俄比亚人给他们的孩子文身，而我们不这样做；波斯人认为衣着华丽、袍长及足是得体的，而我们认为是不得体的；印度人与自己的女人在公众场所性交，而绝大多数其他部族认为是可耻的；［149］我们把法律与法律对立，比如在罗马人那里凡放弃父产的人不必支付父债，但在罗德斯岛人那里都得支付；在西徐亚（Scythia）的陶洛人（Tauri）那里有一条法律，要用陌生人向阿尔忒弥斯（Artemis）献祭，但对我们来说杀人祭祀是被禁止的。［150］规训与规训的对立，比如我们把第欧根尼的与阿里斯提波[②]的对立起来，把拉哥尼亚人的与意大利人的对立起来。神话信念与神话信念的对立，如我们说在某个地方凡人和诸神之父被传唱成宙斯，在另一地方则被传

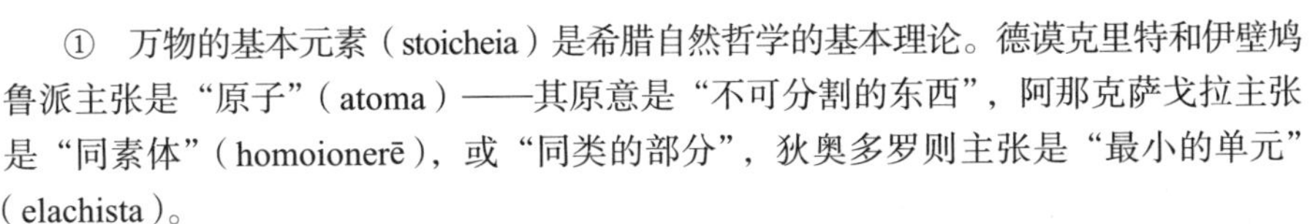

① 万物的基本元素（stoicheia）是希腊自然哲学的基本理论。德谟克里特和伊壁鸠鲁派主张是“原子”（atoma）——其原意是“不可分割的东西”，阿那克萨戈拉主张是“同素体”（homoionerē），或“同类的部分”，狄奥多罗则主张是“最小的单元”（elachista）。

② 阿里斯提波（Aristippus，约公元前420—前350年），苏格拉底的学生，居勒尼人。践行非德性的极端快乐主义，被认为是居勒尼派的创始人。

唱成奥克阿诺斯（Oceanos）。有诗云：

奥克阿诺斯，诸神之祖，特梯斯，诸神之母。[1]

［151］我们把独断的假说相互对立，比如我们说一些人声称只存在一种元素，一些人声称存在无限多的元素；一些人声称灵魂是有死的，一些人声称灵魂是不死的；一些人声称我们的事务由神意所支配，一些人声称没有神意支配。

［152］我们把风俗同其他东西，比如同法律对立起来。我们说在波斯人那里沉溺于鸡奸是一种风俗，在罗马人那里这种行为是被法律所禁止的；在我们这里通奸是不允许的，在马萨戈塔人[2]那里，正如科尼多斯（Cnidus）的欧多克索斯[3]在其游记的第一卷所记载的那样，是一种因袭下来的无所谓的风俗；在我们这里与母亲发生性关系是被禁止的，而对波斯人娶母为妻是最重要的风俗；在埃及人那里兄妹可以通婚，在我们这里则是被法律所禁止的。［153］把风俗与规训对立，比如大多数人与自己的妻子在私密处同房，而克拉特[4]则与希帕尔茜亚（Hipparchia）在大庭广众下性交；第欧根尼身穿无袖短衫四处游走，我们则按常规着装。［154］风俗与神话信念的对立，比如神话说克洛诺斯吞掉自己的孩子，而监护供养子

① 荷马诗句。Homer, *Iliad*, 14. 201.

② 马萨戈塔人（Massagetae），古代波斯边境周边的一个部族。

③ 欧多克索斯（Eudoxus），公元前 2 世纪人，著名的天文学家、几何学家、法学家。

④ 克拉特（Crates，约公元前 385—前 285 年），忒拜人，犬儒派领袖。

女则是我们的风俗；在我们这里把神作为善的和不受恶的影响的东西来敬奉是一种习惯，但神被诗人说成是可以受伤和相互嫉妒的。[155]把风俗与独断的假说对立，比如向神祈愿美好的东西是我们的一种风俗，而伊壁鸠鲁则声称神意是不会眷顾我们的；再者，阿里斯提波认为穿女人衣服是一件无所谓的事，而我们认为这是令人羞耻的。

[156]我们把规训同法律对立，比如尽管存在着禁止殴打自由人或出身高贵的人的法律，拳击手或摔跤手因为自己所遵循的生活规训仍然可以相互击打对方；再如，尽管杀人是被禁止的，但角斗士出于同样的原因可以相互杀戮。[157]我们把神话信念同规训对立起来，比如当我们说，神话讲述赫拉克勒斯（Heracles）在翁法勒（Omphale）家中“梳羊毛、受奴役”①，做那些哪怕是再轻快也无人愿做的苦差事，而赫拉克勒斯的生活规训原本是无比高贵的。[158]我们把规训同独断的假说对立起来，比如运动员把荣耀作为好的东西来追求，因为这个东西他们选择了充满艰辛的生活规训，而许多哲学家则认为荣耀是毫无价值的东西。[159]我们把法律同神话信念对立，比如诗人们说诸神染指通奸和鸡奸，而我们的法律则禁止此类行为；[160]把法律同独断的假说对立，比如科律西波说同母亲或姐妹性交是无所谓的，而法律则禁止这种事情。[161]我们把神话信念同独断的假说对立，比如诗人们说宙斯下凡同有死的少女交媾，而独断论者认为这种事情是不可能的；[162]再者诗人们说宙斯因为对萨尔佩冬（Sarpedon）的悲伤，“于是在大地上

① 荷马诗句。Homer, *Odyssey*, 22. 423.

下起了血雨”[①]，而神意无情是哲学家们的信念。再者，他们通过把“马人”作为非真实存在的事例提供给我们，从而否定了“马人”的神话。

［163］就上面提及的每种对立形式，我们可以找到很多其他的事例，但出于论述的简明性，这些已经足够。既然通过这一论式事物中如此众多的不一致性被揭示了出来，我们便不能说存在物在本性上究竟如何，只能说相对于某种规训，或某种法律，或某种风俗，或其他每种不同情况显得如何。因此由于这个论式，我们对外部存在物的本性必然保持存疑。因此通过所有十个论式，我们最终止于存疑[②]。

十五、五大论式[③]

［164］新一代的怀疑论者[④]传习下来五个有关存疑的论式。第一个是基于分歧，第二个是陷入无穷后退，第三个是基于相对

① 荷马诗句。Homer, *Iliad*, 16. 459.

② 再次出现“止于存疑”（katalēgomen eis ten epochen）这一短语，参见 *PH* 1. 100, 165。

③ 有关五大论式，可与 DL 9. 88-89 比较。

④ “新一代”怀疑论者相对于“老一代”怀疑论者而言（参见 *PH* 1. 36），第欧根尼·拉尔修认为是指阿格里帕（Agrippa）。对阿格里帕，除了知道他提出五大论式和晚于埃奈西德穆之外，其他一无所知。

性，第四个是假设，第五个是循环推理。[165] 基于分歧（apo tēs diaphōnias）这一论式，我们由之可以发现，在日常生活中以及在哲学家当中，对给出的有关问题存在着无法判定的争议，由于这个原因我们既不能选择也不能否弃任何东西，所以我们止于存疑。[166] 基于陷入无穷后退（apo tēs eis apeiron ekptōseōs）这一论式我们是说，其中用来保证所提出的问题之可信性的东西，需要另外的东西来保证自己的可信性，另外的东西又需要其他另外的东西，直至无穷，因为我们没有一个开始建立论证的立足点，结果只能是存疑。[167] 基于相对性（apo tou pros ti）的论式，如前所述，在于外部对象相对于判断者和一起被观察的东西显得是这样的或那样的，但就其本性是怎样的我们保持存疑。[168] 基于假设（eks hupotheseōs）的论式在于，当独断论者因迫于无穷后退，便把某种东西设定为出发点，而这种东西未经任何确证，只是简单地，在没有证明的情况下，作为人人同意的东西被理所当然地接受下来。[169] 循环推理的（dialēllos）论式在于本当用来保证研究对象之可信性的东西，反过来需要由研究对象来保证自己的可信性，因为拿任何一方来确证另外一方都是不可能的，所以对于两者我们保持存疑。

[170] 每个研究对象都可归于这些论式，接下来我们简要表明这点。所提出的东西或为感觉对象，或为思想对象，但无论哪一种都是充满分歧的。因为一些人说只有感觉对象是真的，一些人说只有思想对象是真的，还有些人说某些感觉对象和某些思想对象是真的。那么，他们将说明这些分歧是可判定的还是不可判定的？如果是不可判定的，那我们就得承认应当保持存疑。因为澄清不可判定

的分歧是不可能的；如果是可判定的，我们就要追问如何进行判定。[171] 比如，感觉对象（因为我们首先以之为基础建立论证）是由感觉对象判定还是由思想对象判定？如果由感觉对象判定，而我们正在研究感觉对象，它本身需要另外的东西确证其可信性。如果另外的东西也是感觉对象，那它同样也需要其他另外的东西确证其可信性，以此直至无穷。[172] 如果感觉对象需要由思想对象来判定，而思想对象也是充满分歧的，作为思想对象，它也需要经由判断和获得可信性。那么由何处得到这种可信性？如果由思想对象，同样也会陷入无穷后退。如果由感觉对象，既然思想对象被用来确证感觉对象的可信性，感觉对象又被用来确证思想对象的可信性，那就会导致循环推理。

[173] 假如为了逃避这个结局，我们的对手出于一致同意，在未经证明的情况下，把某种东西拿来设定为后续一系列证明的前提，那就会陷入假设这一论式，此外无路可走（aporos）[①]。[②] 因为，如果提出假设的人是可信的，那么一旦我们提出相反的假设，我们的可信性将永远不会比他更小。再者，如果提出假设的人假定某物为真，他无疑会引起怀疑，因为他是根据假设而非经由论证来设定的；如果假定某物为假，其论证赖以建立的根基就会垮掉。[174] 再者，如果假设可以导致某种东西的可信性，那就直接假设研究对象本身好了，不必假设另外某种东西，由之来确证所论述的对象。

---

① 这里用的是aporos 的词源意义，在不同语境引申为“困惑的”、“疑难的”、“犹疑的”。

② 以下论证形式可与 *M* 8. 369-378 及 *M* 3. 6-17 比较。

如果假设研究对象是荒谬的，那么假设它所依赖的前提[①]也是荒谬的。

［175］显然，所有感觉对象都是相对的，相对于感觉它们的人。无论呈现给我们什么样的感觉对象，都可以很容易地被归为五大论式，这点也是十分明显的。关于思想对象我们做出同样的论证。如果有关思想对象的分歧被说成是无法判定的，那就得承认我们必须对它们保持存疑。［176］如果分歧是可以判定的，那么如果通过思想对象来判定，则会陷入无穷回退；如果通过感觉对象来判定，则会导致循环推理。因为感觉对象也是充满分歧的，鉴于无穷后退它不可能通过自身来判定，所以感觉对象需要思想对象，一如思想对象需要感觉对象。［177］由于上述原因，凡试图通过假设来设定某种东西为前提的人将再次陷入荒谬境地。此外，思想对象也是相对的，它是相对于思想者而言的，如果它在本性上就是像它被说成的那样，就不会存在种种分歧了。[②]于是，思想对象也被归于五大论式，因此我们对所有提出来的东西不得不保持存疑。

这就是从新一代怀疑论者那里传习下来的五大论式。他们提出这些论式并非在于放弃十大论式，而是为了同十大论式携起手来，更加丰富多样地揭露独断论者的鲁莽。

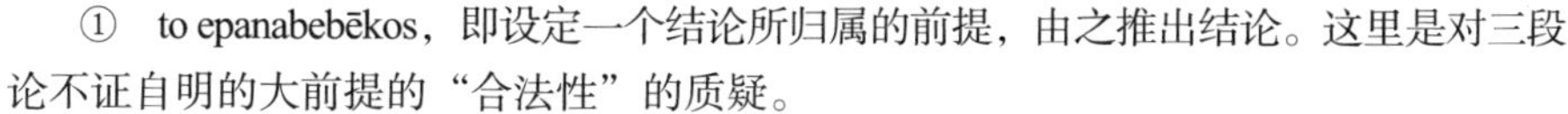

① to epanabebēkos，即设定一个结论所归属的前提，由之推出结论。这里是对三段论不证自明的大前提的“合法性”的质疑。

② 有关“如果本性如此就不会存在分歧”这一论点，参见*PH* 3. 193, 222, 226及*M* 8. 322-324。

十六、两大论式[①]

[178] 他们还传习下来另外两个有关存疑的论式。所有被理解的东西似乎或由自身或由他物来理解，通过表明任何东西既不能由自身也不能由他物来理解，他们似乎对一切事物采取犹疑态度(aporian)。他们说，任何东西不能由自身来理解，这点从发生在自然哲学家那里的关于所有感觉对象和思想对象的分歧来看，是十分清楚的，而这些争议，我认为是不可判定的，因为我们既不能用感觉的标准，也不能用思想的标准，所有我们所采用的标准都是充满争议的，因此是不可信的。[179] 出于以下原因，他们也不承认任何东西能由他物来理解。一方面，如果某物由之被理解的东西本身总是需要由他物来理解，就会陷入循环推理或无穷后退。另一方面，如果有人试图把他物由之被理解的东西设定为由自身来理解的东西，那么由于上面提到的原因，就会与“任何东西不能由自身来理解”这一结论相冲突。因此，对于充满争议的事物何以能由自身或由他物来理解，我们终究茫然无知，因为，正像我们在下一卷将要表明的那样，真理或理解的标准不是显明的，另外不只是证明，

① 有关两大论式的分析，参见 J. Barnes, *The Toils of Scepticism*, Cambridge: Cambridge University Press, 1990, pp. 116-119。

记号也会被推翻。[①]

有关存疑的这些论式，目前已充分进行了讨论。

十七、推翻原因论者的某些论式

［180］正像我们传习有关达致存疑的论式，同样某些怀疑论者针对特殊的原因论（aitiologia）也提出了一些论式，通过对这些东西进行诘难（diaporountes），我们可以痛斥独断论者，因为他们在这个方面表现出极大的自负。埃奈西德穆[②]传习了八个论式，他认为根据这些论式可以反驳和揭露所有独断论者原因学说的错谬。［181］他说，根据其中第一个论式，整个原因论涉足非显明之域，所以不具备人人同意的显明的证据[③]。根据第二个论式，尽管对所研究的问题通常存在着如此丰富的解释空间，以至于可以做出多种解释，但某些人只用一种方式进行解释。［182］根据第三个论式，他

① 斯多亚派认为，证明或作为某种证明形式的记号是揭示非显明之物的手段；而在怀疑派看来，这些东西是不存在的。参见 *PH* 2. 104-133。

② 埃奈西德穆（Aenesidemus，公元前1世纪），诺索斯（Cnossus）人。他离开学园派，打起皮浪的旗帜，开创了彻底的怀疑论运动，是十大论式的提出者。他的《皮浪派的论证》成为塞克斯都、第欧根尼·拉尔修研究怀疑论和撰写有关怀疑论的著述的主要文献来源，此外他对赫拉克利特哲学也表现出极大的兴趣。有关埃奈西德穆文献的最新评注本，参见 R. Polito, *Aenesidemus of Cnossus: Testimonia*, Cambridge: Cambridge University Press, 2014。

③ epimarturēsia。该词来自动词epimartō，指“目击”、“证实”、“确证”、“明证”。

们对有序发生的事情给予根本显示不出任何秩序的原因解释。根据第四个论式，当他们把握了现象如何发生，便认为已经把握了非显现的东西如何发生，但非显现的东西实现自己（epiteloumenōn）的方式或许和现象相同，或许并不相同而有自己的特殊方式。[183]根据第五个论式，实际上几乎所有人都是根据自己关于元素的特殊假设，而不是根据共同一致的路径做出原因解释。根据第六个论式，他们通常只接受那些被自己的特殊假设所发现的东西（ta phōrata），而摒弃那些与之相矛盾的，但具有同等可信性的东西。[184]根据第七个论式，他们通常给出的原因，不仅与现象，而且也与自己的特殊假设发生冲突。根据第八个论式，通常情况下，当似乎显明的东西同所研究的对象同样可疑时，他们以同样可疑的东西创立有关同样可疑的东西的说教（didaskalia）。①[185]另外埃奈西德穆还说，基于上述这些东西的某种混合论式来挫败某些人的原因说，这并非是不可能的。

对原因论的反驳，或许有关存疑的五大论式已经足够。如果有人给出某个原因，那么这个原因或与所有哲学体系、怀疑论和现象共同一致，或与这些东西并非共同一致。但共同一致或许是不可能的，因为无论现象还是非显明之物都是充满分歧的话题。如果给出的这个原因与所有这些东西存在分歧，他就要被追问这个原因的原因。如果把现象拿来解释现象，或把非显明之物拿来解释非显明之物，则会陷入无穷后退。如果以交叉方式进行原因解释，则会导致

① 这里第八个论式是说，原因论者“以惑解惑”，论据与论题同等可疑，论证不成立。didaskalia 一词指“教导”、“原理”、“原则”等意，这里译为“说教”。

循环推理。[186] 如果试图在某处立足，那么他或者声称这个原因仅就他所说的东西而言是成立的，但这会导致原因的相对性而消除其独立存在性；或者通过假设把某种东西设定为原因，但这会导致存疑（epischethēstai）。因此，通过这些论式揭露独断论者在原因论方面的鲁莽是可能的。

十八、关于怀疑论者的短语[①]

[187] 当我们使用每种关乎存疑的论式时，说出一些短语（phonē），表明怀疑论者的态度（diathesis）和我们心灵的感受（pathos）。例如我们说，“不比什么更”、“任何东西都不应确定”及其他的短语。接下来的任务是依次讨论这些东西，首先从“不比什么更”开始。

① 有关这些短语可与 DL 9. 74-76 比较。

十九、关于短语"不比什么更"

[188] 有时我们以前面谈到的这种形式，有时我们则以"绝不比什么更"的形式使用这一短语。但我们不像有些人所理解的那样，在特殊研究上采用"不比什么更"(ou mallon)，在一般研究上采用"绝不比什么更"(ouden mallon)[①]，而是在无差别的意义上使用"不比什么更"和"绝不比什么更"，现在我们把它们作为同一个短语进行讨论。这个短语是省略形式。正像当我们说"两个"时，意思是说"两个炉灶"；当我们说"宽阔"时，意思是说"宽阔大道"。同样，当我们说"不比什么更"时，意思是说"这个不比那个更"、"上不比下更"。[189] 有些怀疑论者用"何以这个比那个更"这种形式来替代"不"，这里"何以"(to ti)指代原因，因此这句话的意思是说"为什么(dia ti)这个比那个更？"以疑问句代替直陈句是常见用法，例如：

还有哪个凡人不知道宙斯的妻子？[②]

---

① 这里ouden是比ou的否定程度更高的副词，相当于英语nowise、in no way等。这个短语除了译为"(绝)不比什么更"，还根据原文语境和汉语习惯译为"并非甚于"。

② 出自欧里庇得斯。Euripides, *Hercules Furens*, I.

再者，也可以用直陈句代替疑问句，如“我正在探寻迪翁住在什么地方”，又如“我要问出于什么原因人们应当敬仰诗人”。另外，用“何以”代替“为什么”可从米南德的诗句中找到例证：

我何以被抛在后面？

[190]“这个不比那个更”这一短语表明我们的感受：由于对立事物之间的等效性，我们止于无倾向状态。“等效性”是指仅就事物显现给我们的可信性来说它们是均等的，“对立”是指一般意义上的矛盾冲突，“无倾向状态”是指不赞同任何一方。[①]

[191] 至于短语“绝不比什么更”，尽管通常可以表达赞同或否定这些判断特征，但我们不是这样使用的，而是在无倾向性差别的意义上（adiaphorōs）和非准确意义上[②]使用的，无论是用它指代疑问句，还是指代“我不知道哪个应当赞同，哪个不应当赞同”这样的直陈句。我们的意图在于表明显现给我们的东西，至于我们借以表明这些东西的短语本身，对我们来说是没有任何倾向性差别的（adiaphoroumen）。这点应当认识到，即当我们说出“绝不比什么

① 这一段再次典型地刻画出怀疑论者的基本立场，短语表达的是一种“感受”（pathos），一种基于矛盾对立双方的“等效性”（isostheneia）而达致的“观念的缺失”或“无倾向”的状态（arrepsia）。注意：这里塞克斯都用 arrepsia 替代了 epochē，说明两者可以通用，另第欧根尼·拉尔修也用过 arrepsia 这个词，可比较 DL 9. 74。

② katachrēstikōs。该词原意为“错用”，引申为“非准确地使用”、“非严格地使用”。塞克斯都这里是指，怀疑论并非在日常准确意义上使用该词，即并非涉及肯定或否定这些判断特征，而是借之表达怀疑论者观念的缺失，或无倾向、无差异的心灵感受。

更”这一短语时，我们并没有确切地肯定它本身绝对是真实的和确切的，只是就显现给我们的东西做了表述。

二十、关于“不可说”

［192］关于“不可说”我们做出如下说明。“说”（phasis）一词有两种用法：一般的和特殊的。一般意义上，“说”是一种表达肯定或否定的短语，如“这是白天”、“这不是白天”。特殊意义上，“说”只表达肯定，在这个意义上否定不被称为“说”。“不可说”（aphasia）一般说来是“说”的一种缺失或离场（apostasis），可以说其中既包含了肯定也包含了否定，因此“不可说”是我们的一种感受（pathos），因为这种感受我们既不说肯定什么，也不说否定什么。［193］显然，我们使用“不可说”一词，并非指事物存在这样的本性，以至于可以绝对地使我们“不可说”，而是意在表明我们在当下，在说出这一短语的此时此刻，对所研究的问题具有这样一种感受。同时还应记住，就有关非显明之物的那些独断的说法，我们既不说肯定，也不说否定，因为我们遵从（eikomen）那些在感受上驱使我们和必然引导我们给予赞同的东西。

二十一、关于“或许”、“可能”和“大概”

［194］我们采用“或许”（tacha）和“或许不”、“可能”（exesti）和“可能不”、“大概”（endaichetai）和“大概不”来替代“或许是”和“或许不是”、“可能是”和“可能不是”、“大概是”和“大概不是”，出于简要之故我们以“可能不”取代“可能不是”，以“大概不”取代“大概不是”，以“或许不”取代“或许不是”。［195］这里重申，我们既不要去争论短语本身，也不要追问短语是否揭示事物的本性，如我所说的那样，我们是在没有倾向性差别的意义上（adiaphorōs）使用它们的。[①] 我认为，这些短语意在表明“不可说”，这点是十分明显的。如一个说“或许是”的人，意思上肯定了似乎与之相矛盾的语句，即“或许不是”，因为他不能确切地断定它就是这样。对于上述其他短语同样如此。

① 参见 *PH* 1. 191, 207。

二十二、关于"我存疑"

［196］我们使用"我存疑"（epechō）来替代"对于所提出的问题，我不能说哪个应当是可信的，哪个应当是不可信的"，表明事物在其可信性和不可信性方面对我们显得似乎是等同的（isa）。至于是否就是等同的，我们无法做出确切断定。我们能说的是当事物作用于我们时，它们向我们所显现出来的那些东西。"存疑"（hē epochē）一词由心灵"停滞"或"悬置"（epechesthai）而得名，因为研究对象之间的等效性（isostheneia），从而既无法肯定什么也无法否定什么。[①]

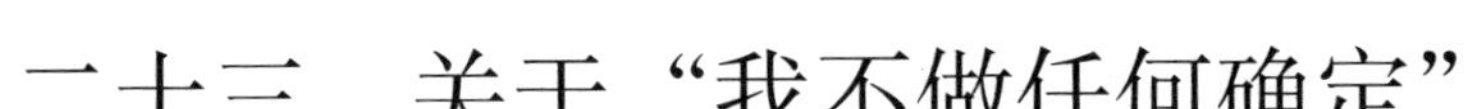

二十三、关于"我不做任何确定"

［197］关于"我不做任何确定"（ouden horizō）这一短语，我

① 塞克斯都这里对"存疑"一词的词源意义和怀疑论意义做出精确解释，参见 *PH* 1. 10。

们做如下解释。我们认为，“确定”一词并非简单地述说某件事情，而是对非显明之物赞同性地（meta sugkatatheseōs）做出表达。因此，或许可以发现怀疑论者不做任何确定，甚至对“我不做任何确定”这个短语本身也不做确定。[①] 因为它不是一种独断的假设，即对非显明之物的认同，而是表明我们的感受的一个短语。因此，当怀疑论者说“我不做任何确定”时，他的意思是说：“我当下感受到这样一种状态，以至于无法断然地（dogmatikōs）肯定或否定研究中所遇到的任何问题。”他说这句话，是以报告或记述的方式（apaggeltikōs）表达当下向他呈现出来的显明之物，并非独断地（ou dogmatikōs）做出确切的表明，而是叙述他所感受的东西。[②]

二十四、关于“一切都是不可确定的”

［198］不可确定性（aoristia）是心灵的一种感受，在这种状态下我们对以独断的方式（dogmatikōs）所研究的问题，即非显明之物，既不否定也不肯定。无论何时怀疑论者说“一切都是不可确定的”，他实际上用“是”替代了“对他似乎是”；所谓“一切”，并

① 参见 DL 9. 74, 104 及 Photius, *Bibl* 212, 170a12。

② apaggeltikōs...ou dogmatikōs，希腊文本有不同语序编排，我们采用 Mustschmann 和 Mau 校订的版本语序译出。另外，这两个副词的使用，清楚表达了怀疑论不持有独断信念，仅仅报告、叙述自己的感受的基本立场。参见 *PH* 1. 4, 200。

非意味着存在物（ta onta），而是他所考察的，为独断论者所研究的非显明之物（adelōn）；所谓“不可确定的”，意味着它们在可信性上或不可信性上，不会超过与之相对立的，或一般说来，与之相矛盾的东西。［199］正像有人说“我散步”（peripatō），意思是说“我，散步”（egō peripatō）。[①] 因此有人说“一切都是不可确定的”，按我们的理解，同样蕴含了“对我而言”或“对我似乎是”的意思。因此这句话说的是“就我所考察的为独断论所研究的这些东西，在可信性或不可信性方面对我而言似乎没有一个超过与之相矛盾的东西”。

二十五、关于“一切都是不可理解的”

［200］当我们说“一切都是不可理解的”，我们所持有的态度是相同的，因为我们对“一切”给予相同的解释，也同样提供“对我来说”的词义补充，因此这个短语所说的意思是“就我所检视（ephodeuō）的一切为独断论者所研究的非显明之物，对我来说似乎是不可理解的”。这里并不是确切地断言那些为独断论所研究的东西存在着这种不可理解的本性，而是仅仅报告（apaggellontos）

① 希腊语动词的人称由动词的人称词尾表示，比如peripatō（我散步）、peripateis（你散步），此时不需要单独写出主语就可以判明人称。当然也可以在动词前加主语，比如 egō peripatō，这时表示对主语“我”的强调。

我们自己的感受，根据这种感受声称，“我认为直到目前为止，因为相互对立的东西处于等效状态，我无法理解任何东西。因此所有提出来试图推翻我们的种种说法，对我来说似乎同我们所报告的东西（apaggellomenōn）毫不相干”[①]。

二十六、关于“我理解不了”和“我不理解”

［201］两个短语“我理解不了”（akatalēptō）和“我不理解”（ou katalambanō）同是对个人内在的感受状态的揭示，处于这种状态下，怀疑论者避免肯定或否定当下所研究的任何非显明之物，这点由我们前面谈到的其他短语来看是十分清楚的。

① 注意本段再次出现“报告”或“记述”一词，比较 *PH* 1. 4, 197, 202。

二十七、关于“对于每个论证都有一个对立的等效论证”[①]

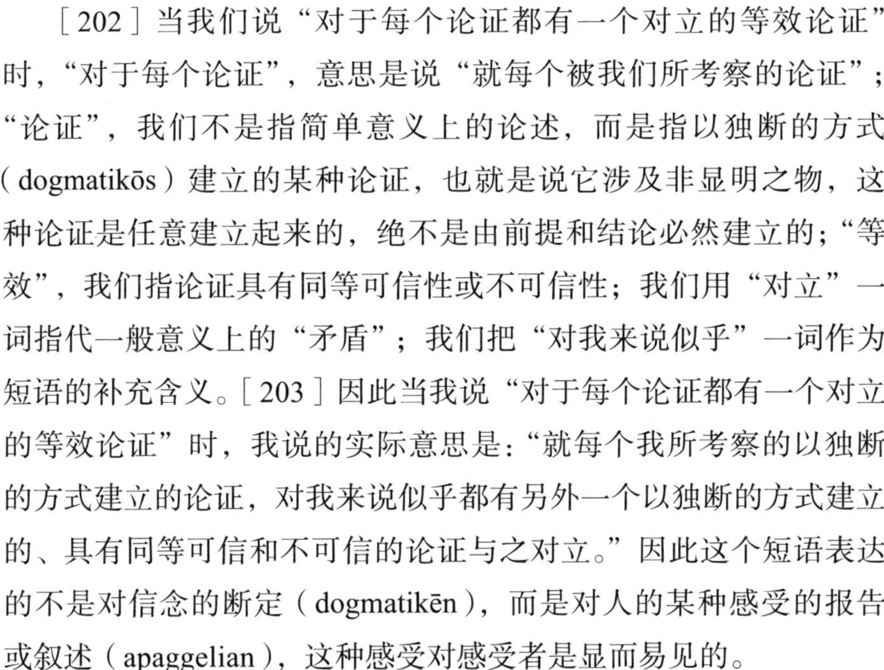

［202］当我们说“对于每个论证都有一个对立的等效论证”时，“对于每个论证”，意思是说“就每个被我们所考察的论证”；“论证”，我们不是指简单意义上的论述，而是指以独断的方式（dogmatikōs）建立的某种论证，也就是说它涉及非显明之物，这种论证是任意建立起来的，绝不是由前提和结论必然建立的；“等效”，我们指论证具有同等可信性或不可信性；我们用“对立”一词指代一般意义上的“矛盾”；我们把“对我来说似乎”一词作为短语的补充含义。［203］因此当我说“对于每个论证都有一个对立的等效论证”时，我说的实际意思是：“就每个我所考察的以独断的方式建立的论证，对我来说似乎都有另外一个以独断的方式建立的、具有同等可信和不可信的论证与之对立。”因此这个短语表达的不是对信念的断定（dogmatikēn），而是对人的某种感受的报告或叙述（apaggelian），这种感受对感受者是显而易见的。

［204］有些人还以这样的方式说出短语：“对于每个论证都有一个被对立起来的等效论证”，意在规劝的意义上（paragglmatikōs）做

① 注意：第欧根尼·拉尔修的文本中，该短语没有“等效的”（isos）一词，即tēs panti logoi logos antikeitai，参见DL 9. 76。

出要求："就每个以独断的方式建立的论证，让我们把另一个以独断的方式进行研究的、具有同等可信和不可信的、与之相矛盾的论证对立起来。"他们把这种意思赋予怀疑论者，使用不定式"被对立起来"（antikeisthai）替代了祈使句"让我们把它们对立起来"（antitithōmen）。[205] 他们给怀疑论者做出这种规劝，是为了避免受独断论者的误导而放弃自己的追问，避免因鲁莽而错失呈现给自己的宁静，如前所述，这种被认为紧随（paruphistasthai）对一切保持存疑而来的东西。

二十八、关于怀疑论者的短语的进一步说明

[206] 在这部概要里面关于短语的讨论已经相当充分，尤其重要的是，我们能够基于目前所讲的东西去解释剩下的问题。

关于怀疑论者的所有这些短语，我们必须首先明白，我们并没有确切地断言它们普遍为真，无论如何我们说它们能够被自己否定，因为它们与被述说的东西一起消除，就像泻药不仅排除体内的液汁，而且自己也随同液汁一起排掉。[1] [207] 再者我们说，我们

[1] 这是怀疑论对话语方式的"自我指涉"、"自我消解"、"自我否定"的经典解释。怀疑论常把自己对独断论的反驳比喻为"泻药"、"梯子"、"火"等，消除对手的同时也消除了自己，参见 *PH* 1. 14-15; 2. 188. *M* 8. 480. DL 9. 76. *PE* 14. 18. 21。

并非在严格意义上（ou kuriōs）使用这些短语，以阐明它们所运用的对象，而是在无差别的意义上（adiaphorōs），如果你愿意，可以说是在非准确的意义上（katachrestikōs）使用的。因为对于怀疑论者来说，争论纠缠这些语词（phōnomachein）是不恰当的[①]，此外不把这些短语说成是具有绝对意义的，而是相对的，相对于怀疑论者的东西，这对我们是有好处的。[208] 除了上述这些，我们还应记住，我们并非把这些短语普遍地用于所有事物，而是用于非显明的和以独断的方式所研究的东西；再者，我们只说对我们显现出来的东西，对外部存在物的本性不做任何确切的表达。基于这个原因，我认为，针对怀疑论者的短语的一切诡辩就能不攻自破。

[209] 通过考察怀疑论者的概念、划分、标准、目的以及达致存疑的论式，通过解释怀疑论者的短语，我们已经清楚地表明怀疑论的特征。接下来的任务，我们认为是对怀疑论和相近哲学之间的区别进行简短的辨析，目的在于比较清晰地理解存疑派的规训（ephektikē agōgē）。让我们首先从赫拉克利特哲学开始。

① 参见 *PH* 1. 191。

二十九、怀疑论者的规训同赫拉克利特哲学的区别[①]

［210］这种哲学区别于我们的规训是十分明显的。因为如前所述，赫拉克利特对许多非显明之物独断地做出表明，而我们则并非如此。埃奈西德穆及其追随者常说，怀疑论者的规训乃是通向赫拉克利特哲学之路，因为“同一事物显得是（phainesthai）对立的”可以导致“同一事物是（huparchein）对立的”。怀疑论者说同一事物显得是对立的，而赫拉克利特派则由之出发达致它实际就是对立的这一目标。针对这点我们说，同一事物显得是对立的，并非是怀疑论者的信条（dogma），而是不仅为怀疑论者，更为其他哲学家和所有人所共同经验的事实，［211］因为无人敢说蜂蜜让健康人尝起来不甜，或让黄疸病人尝起来不苦。因此赫拉克利特派正像我们，或许还有其他哲学家一样，都是由人类共同的常识

① 本节表明从人类共同的经验常识出发，赫拉克利特做出了独断的判断，认为同一事物本性上存在着对立性：蜂蜜本身既是甜的又不是甜的。而怀疑论止于经验常识，只承认蜂蜜相对于不同的感受者所显现出来的性质差异，对事物本身是否存在着对立性保持存疑。有关蜂蜜是不是甜的这一典型事例，可与下一节德谟克里特的观点比较。

（prolēpsis）[①] 出发的。因此，如果他们由怀疑论者的某几个表述，比如“一切都是不可理解的”、“我不做任何确定”或其他类似的什么表述，得到同一事物是对立的这一观念，那么他们或许能够推出他们所说的这种结论。但既然他们的出发点是某种不只为我们，而且也为其他哲学家和所有常人所共同经验的东西，既然我们所有人使用共同的材料，那为什么有人说我们的规训，而非所有其他哲学或常人的观念是通向赫拉克利特哲学之路？

［212］怀疑论者的规训不仅对赫拉克利特哲学的认识没有帮助，而且相反，是这种认识的障碍。因为怀疑论者把赫拉克利特所持有的一切信念作为鲁莽之说加以指责，反对他的“宇宙大火论”（ekpurōsis），反对他的“同一事物是对立的”这一观念，围绕着赫拉克利特所有的信条嘲弄其独断的鲁莽，不断重述着，如我前面讲过的，“我不理解”和“我不做任何确定”，而这些都是与赫拉克利特派相冲突的东西。声称有冲突的规训（agōgē）是通向与之相冲突的思想体系（airesis）[②] 之路是荒谬的，因此把怀疑论者的规训说成是通向赫拉克利特哲学之路是荒谬的。

---

① prolēpsis 的词源意义是“在理解之前”或“前理解”，指形成理性概念之前的常识性经验。英文常译为 preconception、intuitive conception、assumption、pressuppostion，这里我们译为“常识”。

② 这里 agōgē 和 airesis 两个词意思接近，都有“规训”、“体系”、“学派”、“原则”、“方式”之意。前者侧重“规训”、“方式”，后者侧重“体系”、“学派”。

三十、怀疑论的规训同德谟克里特哲学的区别之处

［213］德谟克里特哲学也被说成与怀疑论具有某些共同之处[①]，似乎像我们那样使用了相同的材料。他们说，德谟克里特从蜂蜜对某些人显得是甜的而对某些人显得是苦的，推出蜂蜜既不是甜的也不是苦的，因此说出“不比什么更”这一怀疑论的短语。然而，怀疑论者和德谟克里特派是在不同意义上使用“不比什么更”这个短语的。他们用这个短语表达两个方面都“不是”，我们则用来表达我们并不知道显现出来的东西的两个方面究竟都“是”，还是都“不是”。[②]［214］因此根据这点我们相互区别开来，两者最为明显的区别是当德谟克里特说“事实上存在着原子和虚空”[③]，这里他用“事实上”（eteēi）替代“真实地”（tou alētheiai）。尽管他从现象的不一致性出发，但当声称原子和虚空真实存在的时候便与我们区分开来，我认为，去谈论这个问题已纯属多余。

① 参见 DL 9. 72，第欧根尼·拉尔修把德谟克里特的观点归为怀疑论传统。

② 德谟克里特用原子和虚空理论解释感觉问题，认为原子的大小、形状、排列顺序以及在虚空中的运动造成了感觉的差异。因此蜂蜜既不是甜的也不是苦的，甜与苦这些感觉不是蜂蜜本身的性质，而是原子造成的主观感受。德谟克里特开启了以数量结构解释性质差异的先河。

③ eteēi de atoma kai kenon。参见 Frag. 9 DK 及 *M* 7. 135。

三十一、怀疑论同居勒尼派区别之处

［215］有人说居勒尼派与怀疑论的规训并无二致，因为他们也声称只有感受（ta pathē）才是可理解的。但他们与我们不同，因为他们声称目的是快乐和肉体的平缓运动（tēn leian kinēsin），对我们来说目的在于宁静，这同他们的目的是相矛盾的。因为无论快乐是否存在，一个确切地断言快乐就是目的的人会遭受烦扰之苦（tarachas），正如我在关于目的一节中所论述的那样。再者，就有关外部存在物的解释或论证（logos）而言，我们保持存疑，而居勒尼派则表明这些东西具有不可理解的本性。

三十二、怀疑论同普罗塔戈拉派的规训区别之处

［216］普罗塔戈拉认为人是万物的尺度，既是存在者之为存在的尺度，又是非存在者之为非存在的尺度。[①]“尺度”指的是“标

① 希腊原文：pantōn chrēmatōn einai metron ton anthrōpon, tōn men ontōn hōs estin, tōn de ouk ontōn hos ouk estin. 参见 *M* 7. 60 = Frag. 1 DK。

准"，"事物"指的是"对象"。因此他的意思是说，人是一切对象的标准，既是存在的对象之为存在的标准，又是不存在的对象之为不存在的标准。他只肯定对每个人显现出来的东西，故而导致相对性。[217] 由于这个原因，他似乎与皮浪派具有某些相同点。然而他与皮浪派的观点的确有别，一旦我们对普罗塔戈拉所思考的东西适当地做出解释，就会看到这个区别。[①]

普罗塔戈拉声称质料是流动的，因其流动性，增添物持续性地替代流溢物[②]，感觉则根据年龄和肉体的其他构成状况而转化和变更。[218] 他说，所有现象的"逻各斯"(logos)[③] 存在于质料中，因此质料仅就自身就能够是对所有人所显现出来的所有东西。他说，人根据自己不同状态、不同时间把握不同东西。自然状态下的人把握那些存在于质料中的、能对自然状态下的人显现出来的东西，非自然状态下的人则把握那些能对非自然状态下的人显现出来的东西。[219] 对于年龄、睡眠和清醒以及每种类型的状态，可做同样的解释。[④] 因此按照他的说法，人成为存在者的标准。所有对人显现的东西存在，不对任何人显现的东西则不存在。

我们看到，他对质料是流动的，对存在于所有现象中的"逻各斯"做出独断的判定，而这些东西是我们对之保持存疑的非显明之物。

---

① 以下有关普罗塔戈拉的讨论可与 *M* 7. 60-64 比较。

② 参见 *PH* 3. 82。

③ 存在于质料中的logos，即规定质料流变的理据、尺度、原则，它是造成一切现象和感觉变化的决定性原因。这里我们采用音译。

④ 参见 *PH* 1. 100，即第四个论式。

三十三、怀疑论同学园派哲学区别之处

［220］某些人说学园派哲学与怀疑论相同。因此，接下来就这一问题进行探讨。[①]

按多数人的说法存在三个时期的学园，第一个和最老的是柏拉图的学园，第二个和中间的是珀勒蒙[②]的学生阿尔克西劳的学园，第三个和新近的是卡尔内亚德和科雷托马科的学园。但有人把菲洛[③]和卡尔米达[④]的学园添列为第四个，还有人把安提奥科斯（Antiochus）的学园算作第五个。［221］让我们从最老的学园开始，看看上述这些哲学与我们的区别之处。

有些人说柏拉图是独断的，有些人说是怀疑的（aporētikon），

① 学园派与皮浪派哲学之间的关系，古代相关文献参见Photius, *bibl* 212, 169b18-170b3。新近研究文献参见Gisla Striker, *Essays on Hellenistic Epistemology and Ethics*, Cambridge: Cambridge University Press, 1996; Julia Annas, “The Heirs of Socrates,” *Phronesis* 33, 1988, pp. 100-112。

② 珀勒蒙（Polemon，约公元前350—前270/269年），雅典人，老学园哲学家，色诺克拉底（Xenocrates）的学生，后继任学园主持。安提奥科斯（Antiochus）认为，珀勒蒙是老学园时代对柏拉图伦理学和物理学进行系统化、理论化阐释的代表人物。

③ 菲洛（Philo，约公元前159—前84年），拉利萨人（Larissa），科雷托马科的学生，继任学园主持。早期接受卡尔内亚德的观点，持温和怀疑论立场，参见Cicero, *Acad* 2. 78。后在流放罗马期间著有《罗马书》，放弃并反驳怀疑论。

④ 卡尔米达（Charmidas），生平不详，怀疑论学园派的最后一代，对修辞学有较大兴趣。

还有一些人说他部分是怀疑的，部分是独断的。因为在带有训练性质的对话里[①]，苏格拉底或以调侃众人或以舌战智者的角色被引入，他们说柏拉图在这里表现出来的特征是训练性的和怀疑性的，但在以苏格拉底，或以提迈欧，或以其他人物之口严肃表达（spoudazōn）的作品中则是独断的。[222] 对那些声称柏拉图是独断的，或部分是独断的而部分是怀疑的人，这里再说什么实属多余，因为他们自己承认柏拉图同我们的区别。关于柏拉图是不是纯粹的怀疑论者，我们会在提要[②]那一部分更为详尽地讨论，现在我们在这部概要中针对美诺多图斯[③]和埃奈西德穆（因为他们是这一观点的主要倡导者）进行简短的反驳。当柏拉图表明理念或神意是存在的，或表明有德性的生活比恶的生活更加值得选择的时候，如果他把这些东西作为真实存在予以赞同，那他就持有独断的信念（dogmatizei）；如果他把这些东西作为更具可信性的东西予以肯定，那他就背弃了怀疑论者的特征，因为在可信性或不可信性上他对某一方做出了倾向性选择。由以上所述，这些东西与我们有别是显而易见的。

[223] 即便柏拉图的确像某些人所说的那样，在进行训练时以怀疑的方式表达了某些东西，这也不足以使之成为一个怀疑论者。

① 有古代文献把柏拉图的某些著作如《曼诺篇》和《泰阿泰德篇》划分成训练性质的（gumnastikon），参见 DL 3. 49。gumnastikon，原指“体训的”、“锻炼的”。

② 塞克斯都多次提及的“提要”（hupomnēma），但究竟是指哪一部分，是《反学问家》的一部分，还是遗失了著述的一部分，尚不清楚。现代学者倾向于认为是指《反学问家》中的后五卷（*M* 7-11）。

③ 美诺多图斯（Menodotus），来自尼各美狄亚（Nicomedia），公元2世纪经验派医生，著有大量哲学著作。

因为一个哪怕对唯一一种东西持有独断信念的人，或一个在可信性或不可信性方面倾向于选择一种表象而非另一种表象的人，或一个对非显明之物做出表达的人，本身就有独断论的特征。这点恰如提蒙在他谈论克塞诺芬尼[①]的作品中所表明的那样。［224］他在许多段落对克塞诺芬尼赞誉有加，甚至还把自己的《讽刺诗》（sillos）献给他，并以挽歌形式为之代言，说道：

> 假如我碰巧也有一个充满智慧的心灵，
> 可以同时观看两边。但我还是被邪恶之路欺骗，
> 因我如此年迈，无心任何探究[②]。
> 无论我把心灵转向何方，万物归于同一个一[③]。永恒存在的万物，
> 被从四面八方收回，确立为一个相同的本性。

出于这个原因，他把克塞诺芬尼说成是“半虚夸的”（hupatuphon），因为还没有完全不虚夸。于是他说：

> 半虚夸的克塞诺芬尼，荷马骗术的嘲笑者，
> 形塑了游离于人类之外的神，各方相等，

① 克塞诺芬尼（Xenophanes，约公元前570—前478年），科勒封（Colophon）人，诗人和哲学家，被后代怀疑论者视为其思想先驱。

② skeptosunēs。这里不译作“怀疑论的”，取其本意“探究的”。

③ eis en tauto。“同一个一”，相当于英文 One and the Same，强调一的同质性。

静止不动，不受伤害，比思想更像是思想[①]。

称其为“半虚夸的人”，因为他在某些方面不自负；称为“荷马骗术的（homērapatēs）嘲笑者”，因为他蔑视荷马惯用的骗人伎俩。［225］克塞诺芬尼同其他所有人的既有观念相悖，独断地判定万物是一，神与万物自然地生长在一起[②]，是球形的、无感受的、不变化的和理性的，那么这就很容易显示出克塞诺芬尼同我们之间的区别。[③]因此基于以上所述，十分清楚，即使柏拉图在某些事情上犹疑不决，他也不可能是一个怀疑论者，因为有时他似乎表明了非显明之物的真实性，在可信性方面对非显明之物做出了倾向性选择。

［226］[④]来自新学园派的那些人，即便他们声称一切都是不可理解的，甚至说“一切都是不可理解的”这句话本身，也是有别于怀疑派的，因为他们对之做出了确切的断言，而怀疑派则希望某些事物是有可能被理解的；另外，他们在对善和恶的东西的判断上也明显区别于我们。学园派不像我们那样去说某些东西是善的和恶的，而是充满自信地表明，他们称之为善的东西比与之相反的东西更加可能是善的。恶的东西同样如此。但当我们说某种东西是善的或恶的时，并不认为我们所说的东西就是可信的，而是不持有任何独断

① noerōteron ēe noēma。

② “生长在一起”（sunphuō）一词，由前缀sun（共同，一起）和动词phuō（生长）构成。动词 phuō 演化出名词 phusia（自然），因此“自然”在希腊语即为“生长”。该句我们把“自然地”这一词源意义译出，强调克塞诺芬尼具有自然神论倾向的观点。

③ 作为怀疑派的克塞诺芬尼问题，可以比较 *M* 7. 49-52。

④ 这里 *PH* 1. 226-228 三段有关新学园派的怀疑论思想，可比较 *M* 7. 159-189。

信念地（adoxastōs）遵循生活经验，以至于我们不会无所作为。[1][227]再者，我们说表象就其理据（logos）而言，在可信或不可信方面是等效的；他们则声称有些表象是可信的，有些则是不可信的。

在可信的表象（ton pithanon）[2]当中他们进行了区分。他们认为，有些表象仅仅是可信的（pithanē haplōs），有些表象是可信的和查证了的（periodeumenē），有些表象是可信的、查证了的和不可动摇的（aperispastos）。比如，一条绳索随意盘卷在黑暗屋子的一角，对于刚从外面匆忙进来的人来说，由之生成了好像是一条蛇这种“仅仅是可信的表象”。[228]但是对于做过仔细检视和查证有关特征的人来说，比如它是不动的，具有什么颜色及其他个别特征，基于这些可信的和查证了的表象，它似乎是一条绳索。不可动摇的表象是这样的。据说，在阿尔克斯提斯（Alcestis）死后，赫拉克勒斯把她从冥神哈德斯那里带回并呈现给阿德墨托斯（Admetus），阿德墨托斯曾经获得过关于阿尔克斯提斯的可信的和查证了的表象。他知道她已死去，因而他的心灵迷惑不解，难以确定，倾向于认为（eklinen）这是不可信的。[3][229]因此来自新学园派的那些人，他们倾向于选择可信的和查证了的表象甚于仅仅可

① 参见 *PH* 1. 23。

② 这里，pithanos 一词的动词形式为 peithō（说服、信服、相信），过去英译常误译为 probable（可能的）（参见 Loeb 丛书的 Bury 译本），后来基本译为 plausible（似乎可信的、貌似有理的）。

③ 塞克斯都引用的这个例子似乎没有解释“不可动摇的”表象（aperispastos），而是关于不可信的、犹疑不定的表象。这个例子同样出现在 *M* 7. 254-256。另一个有关墨涅拉俄斯（Menelaus）怀疑海伦的表象的相似例子出现在 *M* 7. 180-181。

信的表象，倾向于选择可信的、验证了的和不可动摇的表象甚于前两者。

即便来自新学园派和怀疑派的人都说他们相信某些东西，两种哲学在这个问题上的区别也是十分明显的。[230]“相信”（to peithesthai）一词有不同的意思。一则意味着没有抗拒，只是简单地遵从，无强烈的倾向和意愿，就像一个孩子被说成是相信他的教师那样；有时则意味着基于某种强烈愿望，伴随某种选择和类似于一种同感（hoionei sumpatheias）去赞同某个东西，犹如放荡不羁之徒相信奢靡生活的鼓吹者。因此，既然卡尔内亚德和科雷托马科一派声称他们伴有强烈倾向地相信某物，声称这些东西是可信的，而我们仅仅在没有任何意愿、简单跟从（eikein）的意义上说相信某物，那么在这个方面我们也与之有别。

[231]再者，在有关目的问题上我们有别于新学园派。那些声称归属这一学派的人，把“可信性”原则运用于他们的生活。我们则遵从自己的法律、习俗和自然的感受，从而不持有独断信念地生活。[1]如果不是为了概要这一写作目标，关于两者的区别还会谈得更多。

[232]阿尔克西劳[2]，我们称之为中期学园派的创建人和领头人，对我来说似乎与皮浪学说拥有共同之处，其规训与我们的几乎是一样的。因为我们没有发现他对任何事物的真实性或非真实性做

① 参见 *PH* 1. 23-24。

② 阿尔克西劳（Arcesilaus，公元前316/315—前241/240年），皮坦（Pitane）人，于公元前268/7年接任学园主持。他延续了苏格拉底传统，提出了存疑的方法，揭露对手的信念的不确定性，主张知识的不可把握性，使学园派的哲学彻底转向怀疑论。

出表明，也没有在可信性或不可信性方面倾向于选择一方甚于另一方，而是对一切东西保持存疑。他说存疑是目的，宁静随之而来，像我们所说的那样。[233] 他还说对于某些特殊事物的存疑是好的，对于某些特殊事物的赞同是不好的，但无论怎么说，我们是基于显现给我们的东西来谈论这些问题的，并非确切地肯定，但他谈论这些问题涉及事物的本性，因为他说存疑本身是好的，赞同本身是不好的。[234] 如果人们应当相信他所谈论的这东西，那么可以说，他表面上显得似乎是一个皮浪派的人，但实质上却是一个独断论者。既然他常用诘难的方法（aporetikes）来考验学员，看看他们是否具备获得柏拉图基本信念的良好天分，那么他似乎是有怀疑倾向的；但对学员中那些天分优异者，他便着手传授柏拉图的学说。因此，阿里斯图[1]这样谈论他：

柏拉图的头，皮浪的尾，狄奥多罗的身子。

因为尽管他使用了狄奥多罗[2]的辩证法，然而他却是一个十足的柏拉图主义者。

---

① 阿里斯图（Ariston，约公元前320—前240年），开俄斯（Chios）人，芝诺的学生，斯多亚派哲学家。其思想被认为是非正统的，受到后继者科律西波（Chrysippus）的批判。曾与阿尔克西劳论战，捍卫斯多亚派的知识论。

② 狄奥多罗（Diodorus，约公元前350—前283年），辩证法家（麦加拉派的一个分支），其辩证法受到芝诺和阿尔克西劳的关注。发展了诸如连锁推理（sorites）、反运动等逻辑悖论。

［235］[①] 追随菲洛的人声称，就斯多亚派的标准，即“能理解的表象”而言，事物是不可理解的；就事物自身的本性而言，则是可理解的。另外，安提奥科斯[②] 把斯多亚学说搬进了学园，因此他被说成在学园里做着斯多亚的哲学，因为他试图指出，斯多亚的信念内在于柏拉图的哲学之中。因此，怀疑派的规训与所谓的第四和第五学园派之间的区别是十分明显的。

三十四、医学经验论与怀疑论是否相同？

［236］有些人声称怀疑派的哲学与医学中的经验论相同。必须认识到，只要经验论（empeiria）[③] 对非显明之物的不可理解性做出

① 有关菲洛和安提奥科斯的研究，参见 Harold Tarrant, *Scepticism or Platonism?* Cambridge: Cambridge University Press, 1996。

② 安提奥科斯（Antiochus，约公元前130—前68年），阿斯卡罗（Ascalon）人，学园派菲洛的学生。约公元前 95 年创建自己的学派，他回归“老学园”和漫步派，同时大量吸收斯多亚派的伦理学和认识论思想以矫正旧传统。在亚历山大利亚时期著有《索苏斯》（*Sosus*）一书，以回应菲洛的《罗马书》。后在雅典教学，西塞罗于公元前 79 年听过他的演讲。

③ 有关塞克斯都的职业是不是医生，以及他的名字“恩披里柯”（Empiricus）与“经验论”（empeiria）的关系，历史上多有猜想。第欧根尼·拉尔修记载，塞克斯都是经验论派医生。（参见 DL 9. 116）塞克斯都本人的表达似乎也有矛盾。在《反学问家》中他曾提及怀疑论与经验论有关（参见 *M* 8. 191），但在本段塞克斯都认为，与其说怀疑论与经验论相似，不如说与方法论更为接近。有学者推测，或许塞克斯都在后期写《反学问家》时观点有所改变。

确切的断言，那它就不会与怀疑论相同，对怀疑论者来说接受这派学说也是不恰当的。对我而言，怀疑派似乎更有可能采纳所谓的“方法论”（methodos）一说。[237] 因为方法论似乎是医学中唯一一个对非显明之物未做鲁莽判断的学派，没有自以为是地声称这些东西是可理解的或是不可理解的，而是按照怀疑论者的做法，跟随显明之物，从中选取似乎有益的东西。我们前面已经谈到，怀疑论者所遵循的共同生活准则有四个方面：系于自然的引导，系于感受的迫使，系于法律与习惯的传承，系于技艺的教化。①[238] 正像怀疑论者根据感受之必然性，渴则饮，饥则食，其他感受也是如此；同样，方法论者（ho methodikos）也由肉体的感受导向相应的疗法。一是由“收缩”导向“扩张”，如某人找寻热源以解除因受寒引起的高度紧张；一是由“流溢”导向“流溢的制止”（epi tēn epochēn）②，如对一个身处浴室、大汗淋漓、四肢疲软的人来说，为了制止这种情况便迅速躲到冷空气中。显然，自然本性的异常必然迫使我们找到相应的缓解，即便是一条狗在扎了刺的时候也要想法拔除。[239] 为了避免在谈论每种事例时超出概要的书写要求，我认为，所有方法论者所说的这些事例，不管是自然状态的还是非自然状态的，都可以归结为“出于感受的必然性”这一类型。

再者，语词使用的非独断性和无差别性也是两个学派的共同点。[240] 正如前面所讲，怀疑论者在不持有独断信念的意义上使用“我不做任何确定”、“我不理解”，同样方法论者也是在简单的

① 参见 *PH* 1. 23-24。

② 这里“制止”（epochē）一词就是“存疑”的词源意义。

或非专门的意义上表述“共通性”、“弥漫性”（diēkein）以及其他语词的。他还在不持有信念的意义上使用“指征”（tēs endeixeōs）一词，意在由显明的感受，无论是自然的还是非自然的，导向似乎相应的疗法，正如我前面提到的有关渴者、饥者的感受以及其他什么感受。[241]因此根据这些和其他类似的表征判断，我们应当说，并非绝对地，而是与其他医学派别比较而言，医学方法论派的规训同怀疑论之间具有某种近似性。①

与怀疑论者的规训似乎比较接近的哲学我们讨论了如此之多，到此为止我们完成怀疑论的一般性论述和《概要》的第一卷。

① 有关方法论派及希腊医学哲学的研究，参见 Michael Frede, *Essays in Ancient Pilosophy*, Minneapolis: Unirersity of Minnesota Press, 1987。

第二卷

一、怀疑论者能够研究独断论者所谈论的东西吗？

［1］既然我们意在研究独断论者的有关问题，那就让我们以概要的方式简要地考察一下所谓的哲学的每个组成部分，在此之前，我们首先对那些总是喋喋不休于怀疑论者既不能研究，也不能完全思考他们所持有的独断信念的人予以回答。［2］他们声称，怀疑论者或理解或不理解独断论者所说的东西。如果他理解这些东西，那他何以对自己声称已经理解的东西疑惑不解呢？如果他不理解这些东西，那他就不知道如何去谈论他所不理解的东西。［3］比如，正像一个不知道“自我否定”[①]或“具有两个复杂前提的定理”[②]为何物的人是根本无法谈论这些东西的那样，一个对独断论者所谈论的所有东西没有任何认识的人，就不可能去研究那些他所不知道的东西。因此，怀疑论者完全不可能研究独断论者所谈论的东西。

① to kath ho periairoumenou。这一论证形式再未出现在其他地方，或许是斯多亚派的某一“自我否定”或“自我指涉”的逻辑悖论。

② to dia duo tropikon theorema。指斯多亚派的具有两个复杂前提的假言三段论，其证明形式为：如果第一，那么第二；如果第一，那么并非第二；所以，并非第一。这条定理倍受斯多亚派推崇，被古代权威作家所提及，参见 Origen, *Contra Celsum*, 7. 15。对这条定理的分析，参见威廉·涅尔、玛莎·涅尔：《逻辑学的发展》，张家龙、洪汉鼎译，商务印书馆 1982 年版，第 222—223 页。

［4］让那些声称这一观点的人回答我们，他们这里是如何使用“理解”一词的，是仅仅意味着“简单地思想”（to noein haplōs），并未对我们所论述的东西的实在性做出确切断言，还是含有对我们讨论的东西的实在性做出的某种肯定。如果他们声称在其论述中“理解”一词意味着赞同“可理解的表象”，而“可理解的表象”来自真实存在的东西（to huparchon），是与真实存在的东西本身相一致的印记和印象，不会由非真实存在的东西生成[①]，那么他们大概不愿意承认自己不能够研究这种意义上尚未被理解的东西。［5］比如，当一个斯多亚派的人针对伊壁鸠鲁派所说的东西，即“实体（ousia）是可分的”、“神并不预见（pronoei）宇宙中的事物”、“快乐是善”[②]进行研究时，他究竟理解了还是没有理解这些东西？如果理解了，那么由于他论及了这些东西的实在性，他就完全否弃了斯多亚派的观点；如果没有理解，他就不可能去谈论任何与自己对立的观点。

［6］我们可以使用类似的方法反驳来自其他任何学派的人，只要他们想研究持有异己信念的人的（heterodoxos）观点，因此他们针对彼此的观点是不可能做出任何研究的。如果说得严肃一点，只要承认不可能研究这种意义上尚未被理解的东西，可以说，整个独断论将一败涂地，而怀疑派哲学则坚如磐石。［7］因为凡是对某种

① 这一段是对斯多亚派“可理解的表象”（katēlptikē phantasia）这一术语的典型解释，另参见 *M* 7. 248, 402, 426 及 DL 7. 46。

② 这三点是伊壁鸠鲁哲学的基本信条。这里，“实体”指的是存在物（参见 *PH* 3. 2），“实体”的可分性是指事物可以分成无限多的原子和虚空。神的预知问题，参见 *PH* 1. 151，快乐问题参见 *PH* 3. 181。

非显明之物做出表达和持有信念的人就要说明，他做出有关这种东西的表达，或已经理解，或没有理解。如果没有理解，他的表达则是不可信的；如果已经理解，就要说明他或是直接地，由事物自身，通过作用于他的清楚明白的印象来理解的，或是通过某种探索或研究来理解的。[8] 如果他声称非显明之物通过自身清楚明白地作用于他，并以这种方式为他所理解，那么这样它就不是非显明的，而是对所有人同样都是显明的、一致同意的和没有分歧的。然而，在人们中间每种非显明之物都存在着无尽的分歧，因此那些对非显明之物的实在性做出确切断言和表达的独断论者，是不可能通过非显明之物自身直接作用于他所产生的清楚明白的印象来理解这种东西的。[9] 如果声称是称借助某种探索来理解的，那么基于当下的假设，他在准确理解这个东西之前如何能够研究？因为任何研究都需要首先已清楚地理解所要研究的东西，然后再来进行研究。而对所要研究的东西的理解，反过来又需要对这种理解完全做出研究。因此根据怀疑的循环推理论式，就独断论者而言，对非显明之物做出研究和持有信念是不可能的。如果有人愿意把“理解”作为论证的出发点，我们就迫使他们明白，在理解之前必须首先对所要理解的东西做出研究；如果愿意把“研究”作为论证的出发点，我们就迫使他们明白，在研究之前必须已理解所要研究的东西。由于这个原因，他们既不能理解非显明之物，也不能确切地表达它们。我认为，由之可以直接得出结论：独断论的诡辩伎俩不攻自破，存疑的哲学将会引入。

[10] 如果他们声称，他们认为可以达致研究的并非是这种意义上的理解，而是一种“简单的思想”(noēsia haplōs)，那么对于

那些在非显明之物的实在性上保持存疑的人来说，研究就不是不可能的了。我认为，怀疑论者是不会止步于（apeirgetai）[①] 思想的，如果这些思想是由打动他的感受印象和清楚地显现给他的东西生成的，而且完全不涉及思想对象的实在性的话——因为按他们的说法，我们不仅可以思想真实存在的东西，而且可以思想非真实存在的东西。因此存疑者在研究和思想的过程中始终保持怀疑的状态（en tēi skeptikēi）。因为显然，他只赞同那些，仅就向他显现出来而言的，打动他的感受印象。[11] 我们看看，当前这种情况下独断论者会不会止步于研究。因为对事物持续不断的研究同那些不知道事物在本性上究竟是什么的人并非不相容（anakolouthon），只与那些自认为已经准确地认识了事物的本性的人相排斥。因为对后者，正像他们所认为的那样，研究已经达致终点（epi peras），而对前者，所有研究赖以建立的出发点（akmē），即尚未发现结果的认识，依然存在。[②]

[12] 当前我们必须简要地研究一下所谓哲学的每个组成部分。关于哲学的部分在独断论者当中存在着诸多分歧，有的声称只有一个部分，有的声称有两个部分，有的声称有三个部分。[③] 当下详尽讨论这些东西不太合适，我们只把那些似乎讲得比较系统的观点整体提出来，据之展开我们的论述。

---

① apeirgetai，原意指“受制”、“阻碍”。

② 这里强调，独断论者因其“理解”涉及事物的实在性，对这些非显明的东西做出独断的判定，终结了真理，因而止步于研究；而怀疑论者仅仅赞同那些显现给他的感受印象，其思想一直处于存疑状态，因此可以持续性地研究，真理对他们永远是一个开放的过程而非终点。参见 *PH* 1. 2-3。

③ 有关哲学构成部分的争论，参见 *M* 7. 1-19. DL 7. 39-41. Plutarch, *Stoic Rep* 1035a。

二、对独断论者的研究应当从何处开始?

[13] 斯多亚派和其他某些学派声称哲学有三个部分：逻辑学、物理学和伦理学。他们以逻辑学为起点开始传授，尽管应从何处开始一直存在着诸多争论。[①] 我们以不持有任何信念的方式（adoksastōs）跟随着他们讨论。既然所要探讨的三个部分中的内容都需要判断和标准，而有关标准的论述似乎包含在逻辑学这一部分中，那就让我们从有关标准的论述和逻辑学部分开始谈起。

三、关于标准

[14][②] 首先需要说明，“标准”（kritērion）一词既被他们说成是用以判断实在性和非实在性的东西，也被说成是用以引导生活的东西，当前我们意在讨论所谓真理的标准，而标准的其他意思在有关

① 参见 *M* 7. 20-23。

② 参见 *M* 7. 29-30。

怀疑论的论述中已经讨论。[①]

［15］[②] 我们的论述所涉及的标准有三种意思：一般的、特殊的和最特殊的。一般的标准是指所有用来理解事物的尺度，在这种意义上甚至自然物，如视觉，也被称为标准。特殊的标准是指所有用来理解事物的技艺性的尺度，如尺子和罗盘。最特殊的标准是指所有用来理解非显明之物的技艺性的尺度，在这个意义上生活用物（ta biōtika）不被说成是标准，只有逻辑的和独断论者用来判断真理的东西才被说成是标准。［16］因此我们说，我们将主要探讨这种逻辑的标准。而逻辑的标准也有三种意思："被什么"（to huph hou）、"由什么"（to di hou）和"根据什么"（to kath ho）[③]。比如，"被什么"可以是人，"由什么"可以是感官或心灵，"根据什么"是指表象的运用（prosbolē），人们可以根据这种东西，由上面提到的任何一种手段进行判断。

［17］或许首先谈谈上述这些概念是恰当的，以便我们可以充分认识到我们所论述的东西究竟是什么。接下来，让我们着手反驳那些鲁莽地声称已经理解真理标准的人。我们就从现有的种种分歧开始谈起。

① 参见 *PH* 1. 21-24。

② 参见 *M* 7. 31-33。

③ 这里使用了三个介词短语。to huph hou（被什么），指被人、动物等判断的主体；to di hou（由什么或通过什么），指通过感官或心灵这些判断的手段；to kath ho（根据什么或按照什么），指以什么为判断的依据，有时表述为"表象的运用"，或"运用"。参见 *M* 7. 33-37。

四、真理的标准存在吗?

[18][①] 在讨论标准问题的人当中，有些表明标准是存在的，如斯多亚派和其他一些人，另有一些则声称标准是不存在的，如科林斯的克塞尼亚德[②]和科勒封的克塞诺芬尼，后者声称“观念支配(tetuktai)万物”[③]，而我们对标准是否存在则保持存疑。[19][④] 他们要回答，这些分歧是可判定的还是不可判定的。如果是不可判定的，他们就得直接承认我们必须保持存疑；如果是可判定的，就让他们告诉我们是用什么判定的，因为我们既不具备一致同意的标准，也全然不知道它是否存在，而是正在研究这个问题。[20] 此外，为了对有关标准问题的分歧做出判定，我们必须具有一致同意的、能够由之判断这些分歧的标准；而为了具备一致同意的标准，关于标准的这些分歧必须首先得以判定，因此一旦陷入循环论式，标准的发现便无路可走(aporos)，因为我们不允许他们通过假设

---

① 参见 *M* 7. 47-54。

② 克塞尼亚德(Chseniades)，科林斯人，生平不详，大概略早于德谟克里特。古代文献中似乎只有塞克斯都记载了这位哲人。其人主张“万物为假，即一切表象和信念都是假的”，参见 *PH* 2. 76, 85 及 *M* 7. 53。

③ 克塞诺芬尼的这句话的出处见 *M* 7. 40-52。

④ 这里 *PH* 2. 19-20 展示了关于阿格里帕的论式的运用：假设—循环推证—假设—无穷后退。参见 *PH* 1. 164-169。

来设定标准，如果他们想通过标准来判断标准，我们则迫使他们陷入无穷后退。再者，既然证明需要已被证明的标准，而标准又需要已被判断的证明，他们不得不陷入循环论式。

［21］我们认为，以上所述已充分揭露独断论者在标准论证方面的鲁莽，但为了使我们的批判更为详尽，在这一话题上占用一点时间并非不当。然而，我们并不打算对有关标准的每个观点逐一反驳，因为其分歧是一言难尽的（amuthetos），而且这样做势必会导致我们的论证杂乱无章。既然我们正在研究的标准似乎归为三类，即“被什么”、“由什么”和“根据什么”，我们将依次进行讨论，从而确立标准的不可理解性。这样，我们的论述将有序而完整。让我们从“被什么”开始，因为其余两类标准，在某种程度上似乎可以随之一起受到诘难（sunaporeisthai）。[1]

五、关于“被什么”

［22］“人”这一概念，仅就独断论者所谈的内容，对我来说似乎不仅是不可理解的，而且是无法想象的。无论如何我们听说，柏拉图〈笔下〉的苏格拉底曾坦白地承认他不知道自己究竟是人还是其他什么东西。当独断论者试图建立这一概念时，首先是众说纷

① 参见 *M* 7. 263。sunaporeisthai，指“一起受到怀疑、诘难”。

纭，其次是不可理喻。

［23］德谟克里特声称，“人是我们所有人都认识的东西”[①]。按这个说法，我们根本无法认识人，因为我们都认识狗，所以狗也就是人。某些人我们并不认识，所以他们将不是人。更有甚者，如按这一概念，没有一个人是人。因为，如果德谟克里特说人必须被所有人认识，但没有一个人可以被所有人认识，所以按他的说法，没有一个人是人。［24］显而易见，我们不是在诡辩意义上（sophizomenoi），而是根据他自己的观点来谈论这些东西的。因为他说只有原子和虚空是真实存在的，而这些东西，他声称，不仅属于动物，而且属于所有构成物。[②]就这种说法而言，我们无法想象人的个体特征（idiotēta），因为它们与万物相同。除此而外，由于不存在其他东西，因此我们没有任何办法，能够由之把人同其他动物区分开来，并形成清晰的概念。

［25］[③]再者，伊壁鸠鲁声称人是一个拥有生命的“如此这般的”形状（to toioutoi morphōma）。按他的观点，人是通过指示（deixis）被呈现出来的，凡不被指示的人就不是人。如果指示的是女人，男人就不是人；如果指示的是男人，女人也不是人。我们可以基于有关境况的差异，即我们已知的达致存疑的第四个论式进行同样的反驳。[④]

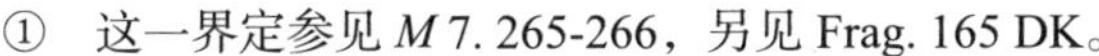

① 这一界定参见 *M* 7. 265-266，另见 Frag. 165 DK。

② 参见 *PH* 1. 214. Plutarch, *adv Col* 1110E. Frag. 125 DK。

③ 参见 *M* 7. 267-268。

④ 这里的意思是说，根据第四个论式，如果指示的是醒者，则醉者就不是人；如果指示的是健康者，则病人就不是人。参见 *PH* 1. 100-117。

［26］另一些人[①]曾说，人是能思想和接受知识的、理性的有死的动物。在有关存疑的第一个论式中我们已经表明，没有任何动物是非理性的，所有动物都能思想和接受知识，就他们所说的而言，我们无法明白他们究竟表达什么。［27］再者，定义中的那些属性或是根据“现实”（energeia）意义，或是根据“潜能”（dunamis）意义来述说的。如果根据现实意义，人就不是人，除非他已掌握完备的知识，理性上臻于完善，也即进入死亡状态（因为这就是现实意义上有死的人的意思）；如果根据潜能意义，那么凡具备完善理性的人，已获得思想能力和知识的人将不是人，这个结论比前者更为荒谬。

由这种方式表明，有关人的概念是无法形成的。［28］当柏拉图说“人是能接受政治学知识的、无羽毛的、两足的和宽爪的动物”[②]时，甚至他自己也并未声称可以确切地肯定这个定义。因为，如果按照他的观点[③]，人是一种生成的东西（ton ginomenōn），但永远不会是真实存在的东西（ontōs oudēpote ontōn），如果按照他的说法，对永远不是真实存在的东西做出确切的表明是不可能的，那么柏拉图就会声明，他不是在确切意义上提出这个定义的，而是在习惯的意义上（eiōthen），根据似乎可信的东西（kata to pithanon）进行述说的。

① 这里或指漫步派（例如Aristotle, *Topics*, 133b2），或指斯多亚派（例如Seneca, *Ep* 1. 26. 9-10）。

② 参见 *PH* 2. 211. *M* 7. 281. DL 6. 40。

③ 参见 *PH* 3. 54. Plato, *Theaetetus*, 152D. *Timaeus*, 27E。

［29］但是，即使我们出于让步承认人是能够被想象的，也会发现人是不可理解的。因为人是由灵魂和肉体构成的，或许肉体和灵魂都是不可理解的，因此人是不可理解的。［30］肉体之不可理解性可由下列事实清楚地表明。[①] 某物的属性（ta sumbebēkonta）同它所归属之物（hōi sumbebēken）是有差别的。当颜色或某种类似的东西给我们造成印象时，或许正是物体的颜色给我们造成印象而不是物体本身。他们说，物体是以三个向度延展的。因此为了理解物体，我们不得不理解长、宽、高。〈但我们无法理解高。〉[②] 因为假如高这种东西可以作用于我们形成印象，我们就能辨认金箔银屑（hupargura chrusia）的外表下究竟为何物了。[③] 因此，物体是不可理解的。

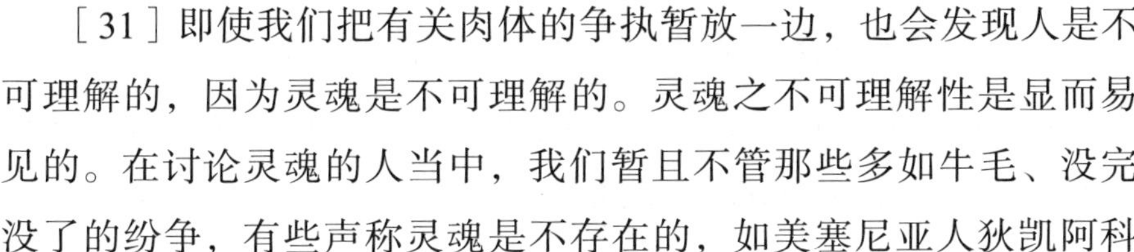

［31］即使我们把有关肉体的争执暂放一边，也会发现人是不可理解的，因为灵魂是不可理解的。灵魂之不可理解性是显而易见的。在讨论灵魂的人当中，我们暂且不管那些多如牛毛、没完没了的纷争，有些声称灵魂是不存在的，如美塞尼亚人狄凯阿科

① 参见 *M* 7. 294-295。论一般意义的物体（肉体），参见 *PH* 3. 38-49 及 *M* 9. 359-440。

② 希腊文本此处似有缺失。此处根据 H. Mutschmann and J. Mau, *Sexti Empirici Opera*, vol. 1: *Pyrroneion hypotyposeon libros tres continens* (Teubner, Leipzig, 1958) 本补 oude ge to bathos katalambanomen（但我们无法理解高）。

③ 参见 *M* 7. 299。长、宽、高这些量度不会像颜色那样直接作用于我们形成印象，我们无法看见颜色下的量度，所以物体是不可理解的。这里似乎触及洛克的“两种性质”问题。

斯[①]，有些声称灵魂存在，有些则保持存疑。[32] 如果独断论者声称这些分歧是不可判定的，他们将直接承认灵魂的不可理解性；如果声称是可以判定的，那就告诉我们，他们是用什么判定的。他们不可能用感官判定，因为灵魂被他们说成是思想的对象；如果他们声称是用心灵（dianoia）[②] 判定的，我们将回答，正像那些在灵魂的存在上认识一致，但在心灵问题上却意见纷纭的人所表明的那样，心灵是灵魂中最不显明的部分。[33] 如果他们试图用心灵来理解灵魂，判定有关灵魂的分歧，他们则是想用"更加成问题的东西"（toi mallon zētoumenoi）来判定和建立"成问题的东西"（zētoumenon）[③]，这是荒谬的。有关灵魂的分歧是无法通过心灵来判定的，所以也就没有任何用来判定的东西。如果这个结论成立，灵魂就是不可理解的。因此，人也就是不可理解的。

[34][④] 即使承认人是可理解的，我们也不可能表明事物应当被人判断。因为凡声称事物应当被人判断的人，他说出这句话或是没有证明（aneu apodeixeōs），或是拥有证明（meta apodeixeōs）。拥

① 狄凯阿科斯（Dicaearchus，约公元前375—前300年），美塞尼亚（Messene）人，亚里士多德的学生，持否定灵魂的存在的观点。参见 *M* 7. 349 及 Cicero, *Tusc* 1. 10. 21。

② 斯多亚派认为，心灵（dianoia）是灵魂（psuchē）占主导地位的部分或"中枢"（hēgemonikon），由之把握思想的对象（noēton），形成知识（epistemē）。亚里士多德派则称之为"主动的灵魂"。dianoia 在斯多亚派哲学中是有形的东西（sōma），是流动性的气（pneuma），不只是一种功能。因此我们这里译为"心灵"，凸显其实体性，而非"理智"或"心智"这些带有功能色彩的词汇。

③ 这里 zētoumenon，我们根据不同语境译为"研究对象"、"正在研究的东西"、"成问题的东西"、"有待于研究的问题"。

④ 这里 *PH* 2. 34-36 可与 *M* 7. 315-316 及 *PH* 1. 59-61 比较。

有证明是不可能的，因为证明必须是真的和被判断了的，也就是被某种东西所判断了的。然而我们不可能共同一致地声称证明本身能被什么判断（因为我们正在研究标准“被什么”），我们不可能判定证明，由于这个原因，我们也不可能证明论证所涉及的标准。[35]如果在没有证明的情况下宣称事物应当被人判断，则是不可信的，因此我们不能确切地肯定人就是标准“被什么”。因为人是标准“被什么”本身又被什么判断？如果他们未经判断（akritōs）做出这一表述，就不会被相信；如果他们声称这是被人判断的，就会把有待于研究的问题作为当然的前提来设定；[36]如果他们声称这是被其他动物判断的，那么他们何以把这种动物用来判断人是不是标准？如果他们这样做未经任何判断，是不会被相信的；如果经过判断，则又需要被另外的东西判断。但如果被动物自己判断，同样的荒谬依然存在（通过有待于研究的问题判断有待于研究的问题）；如果被人判断，则势必导致循环论式；如果被这两者之外的某种东西判断，我们又需要这个东西的标准“被什么”，以至无穷。因此，我们不可能声称事物应当被人判断。

[37]让我们假定“事物应当被人判断”的确是这样的，是可以被相信的。既然在有关人的问题上存在着众多分歧，那就让独断论者首先达成共识，同意我们应当诉诸这样一个人（tōide tōi anthropōi），唯有这样，再来命令我们必须赞成这个人的观点。但如果他们连“细水长流、万木长荣”[①]之类的词句还要争论不休，如

① 该句出自有关弥达斯（Midas）的无名格言。弥达斯是希腊神话传说中佛律葵亚人（Phrygians）的国王。柏拉图曾援引该句（参见 Plato, *Phaedrus*, 264D），此句还出现在塞克斯都《反学问家》中，参见 *M* 8. 184 及 *M* 1. 28。

何又能迫使我们鲁莽地赞同什么人的观点呢？［38］如果他们声称我们必须相信智者[1]，我们就要问问他们究竟是什么样的智者？是伊壁鸠鲁派的，斯多亚派的，居勒尼派的，还是犬儒派的？他们不可能做出共同一致的回答。

［39］[2]如果有人要求我们应当放弃对智者的追问，仅仅简单地相信一个比目前所有人都聪明的人，那么首先他们会对谁是那个比其他人都聪明的人争论不休。其次，即使承认他们能够一致同意谁是比现在和过去所有人都聪明的那个人，他也并非值得相信。［40］因为有关聪明程度的高低宽严是复杂多样的和难以穷尽的，因此我们说，有可能生出另外一个人，他比我们所说的那个现在和过去最聪明的人还要聪明。正如我们被要求相信那个因其聪明程度而被称作比现在和过去所有人都聪明的人，因此我们更应相信那个在他之后、比他还要聪明的人。一旦这个人出生，就有理由希望下一个比他还聪明的人出生，如此下去，以至无穷。［41］就这个问题，他们究竟意见一致还是莫衷一是，则是非显明的事情。即便他们一致同意某人是过去和现在最聪明的人，我们也不可能“信之旦旦”地说，将来就没有一个比他还要聪明的人（因为这是非显明的），我们将不得不永远期待继他之后，比他还要聪明的人的判断，永远不会赞同当下这个最出众的人。

［42］退一步讲，即使承认现在、过去和将来没有一个人比假设的智者更加聪明，我们相信他也是不恰当的。因为聪明绝伦的人

① 参见 *PH* 1. 91。

② 这里 *PH* 2. 39-42 可与 *PH* 2. 61-62 比较。

在建立自己的观点时，往往喜欢玩弄虚假论证（sathros），使之显得似乎是有效的和真的[①]，因此当这个睿智的人谈论问题时，我们不明白他究竟是在如其本性地（phuseōs）描述事物，还是在把本身为假的东西呈现为真，并说服我们信之为真，既然他比所有人都聪明，因此不可能被我们识破。我们不能把他作为一个对事物进行真正判断的人给予赞同，因为我们可以认为他是在说真话，也可以认为，因其非凡的才智，他做出这些陈述意在把假的东西呈现为真。出于这个原因，在判断事物时我们不应相信被认为是所有人当中最聪明的那个人。

［43］如果有人说应当诉诸多数人共同一致的意见，我们说这是愚蠢的。首先，因为真理或许是稀有的，一个人可能比多数人更智慧。[②] 其次，对于任何标准，反对者往往比同意者多。因为凡不管接受什么标准的人，只要其标准有别于某些人似乎一致同意的标准，他们就与后者形成对立，在数量上就会远远多于意见一致者。[③]［44］[④] 此外，凡意见一致者或处于有差别的状态，或处于同一种状态。就当下所讨论的话题而言，当然不会处于有差别的状态。不然的话，对于这个问题他们如何说出一致的意见呢？如果他们处于同一种状态，而说出某种不同意见的一个人处于“一”种状态，持一致意见的所有人也处于“一”种状态，那么，就我们所置身

① 参见 *M* 7. 325。

② 参见 *M* 7. 329。

③ 参见 *M* 7. 330-332。

④ 参见 *M* 7. 333-334。

的（prosechomen）那种状态而言，在数量上是不会发现有什么差别的。[45] 所以，我们不应诉诸多数人的意见而非一个人的意见。此外，正如我们在怀疑论的第四个论式所谈到的，以人数为根据的判断上的差别是不可理解的，因为个别的人是无限多的，我们不可能考察所有人的判断，表明什么是所有人当中多数人表达的观点，什么是少数人表达的观点。根据这个原因，基于数量的判断上的优先性（prokrisis）是荒谬的。

[46] 如果我们无法诉诸数量，我们将找不到任何一个人，事物可以被他所判断，尽管我们已做出若干让步。因此，基于所有上述理由可以发现，事物“被什么”（huph hou）所判断的标准是不可理解的。

[47] 既然其他标准与这个标准相互关涉[①]，它们当中每一种或是人的部分，或是人的感受，或是人的活动，那么接下来我们或许应该进入顺序中的下一个话题的论述，因为这里对其他标准实际已经做了充分讨论。但为了避免似乎是在逃避针对每种标准进行专门反驳，我们还是额外地[②]略说两句。首先我们将讨论所谓的标准“由什么”。

① “相互关涉”（sumperigraphomenōn）一词，原意为“某物同另一物被书写或记录在一起”，这里指“一起消除”的意思，即反驳了这个标准，其他两个都随之一起反驳了。

② eks epimetrou（额外地、补充性地）这一短语反复出现，表达本书“概要”之目的。参见 *PH* 1. 62。

六、关于“由什么”

［48］[①] 在独断论者当中有关这一标准的分歧是数不胜数、几近无限的。然而鉴于讨论的系统性，我们说，既然按照他们的观点人是事物得以判断的标准，而人，正如他们所同意的那样，除了感官和心灵之外不会具有任何其他能用来判断的东西，那么，如果我们表明既不能单由感官，也不能单由心灵，也不能由感官和心灵两者来做判断，我们就可以对他们所有的特殊观点予以简明扼要的反驳，因为所有观点似乎可以归结为这三种情况。［49］让我们先从感官开始。

一些人声称感官充满虚幻的感受[②]（因为没有任何一种他们似乎把握的东西是真实存在的），一些人声称所有那些他们认为作用于感官的东西都是真实存在的，一些人声称这些东西有的是真实存在的，有的不是真实存在的[③]，我们则不知道应当赞同哪些人的观点。我们无法用感官来判定这些分歧，因为我们正在研究感官究竟是在

① 参见 *M* 7. 343。

② 这里原型动词 kenopathein，意味着“虚幻地感受”、“被虚幻地作用”。其名词形式为 kenopathia，意为“不真实的感觉”、“无真实对象的感受”。

③ 参见 *M* 8. 213, 354-355。这里塞克斯都列举的三种观点分别来自德谟克里特、伊壁鸠鲁和斯多亚派的芝诺。

虚幻地感受（kenopathei），还是在真实地理解（katalambanei）；这些分歧也不能由其他东西来判定，因为根据目前的假设，不存在其他我们应当由之判断的标准。[50] 因此，感官究竟是在虚幻地感受还是在理解某些东西，则是不可判定的和不可理解的。由之得出结论，在判断事物上我们不应单独诉诸感官，关于感官我们不能说它们究竟（tēn archēn）是否可以理解什么东西。

[51][1] 出于让步，假定感官是能够把握事物的，但无论如何也会发现，在对外部存在物的判断上它们是不可信性的。因为感官往往以相反的方式（hupenantiōs）受到外物作用，例如[2]味觉把同一块蜂蜜有时感觉成苦的，有时感觉成甜的；视觉把同一种颜色有时感觉成血红色的，有时感觉成白色的；[52] 嗅觉也自我不一致，头疼的人声称没药是难闻的，不头疼的人则说它是好闻的；神灵附体的人和精神错乱的人似乎能听到有人与之对话，我们则听不到；同样温度的水对于发高烧的人因为其极高的体温似乎感到不适，对其他人则显得温和适中。[53] 是否人们可以说所有这些表象都是真的，或一些是真的一些是假的，或所有都是假的？显然这些说法是不可能的，因为我们没有可由之判断哪些是我们将要做出选择的东西的共同一致的标准，我们也无法提供真的和已被判断的证明，因为我们至今一直在追问可由之恰当地判定真的证明的真的标准。

[54] 由于这个原因，凡要求我们相信处于自然状态的人而不是处于非自然状态的人的观点是荒谬的。如果他在没有证明的情况

① 这里 *PH* 2. 51-52 可与 *M* 7. 345-346 比较。

② 下述事例基本来自第四个论式，参见 *PH* 1. 101。

下说出这一观点则是不可信的，由于前面提到的原因，他不具备真的和已被判断的证明。[55] 即使有人承认处于自然状态的人的表象是可信的，处于非自然状态的人的表象是不可信的，也会发现仅由感官做出有关外部存在物的判断是不可能的。视觉即使在自然状态下也会把同一座塔一会说成是圆的，一会说成是方的；味觉可以把同样的食物在吃饱的情况下说成是不快的，在饥饿状态下说成是愉快的；同样，听觉可以把相同的声音在夜间感知为强的，在白天感知为弱的；[56] 嗅觉在多数人那里可以把同样的东西感知成恶臭不堪的，在皮革匠那里似乎并非如此；同样的触觉，当我们从外面走进浴室靠近门廊时感到热，从里面出来时感到冷。因此，即使处于自然状态感官也会自相矛盾，它们之间的分歧是不可判定的，因为我们不具备能够由之判断分歧的共同一致的标准，同样的疑惑必然随之而来。再者，为了建立这个结论，我们可以从前面谈过的有关存疑的论式那里援引许多其他例证。因此，单凭感官就能判断外部存在物或许并非为真。

[57] 让我们把论述转到心灵方面。凡要求我们在事物的判断上应当单独诉诸心灵的人，首先他们不能表明心灵存在是可理解的。因为当高尔基亚（Gorgias）声称无物存在时[①]，他也声称心灵是不存在的，而某些人则表明心灵是真实存在的。他们如何判定这种分歧？肯定不会由心灵来判定，因为那样他们就会把有待于研究的东西设立为当然的前提；也不会由其他什么东西来判定，因为根据目前的假设，他们声称用来判断事物的其他东西是不存在的。因

① 参见高尔基亚《论自然或非存在》有关段落，*M* 7. 65-87。

此心灵究竟存在还是不存在，将是不可判定的和不可理解的。随之而来的结论是，在对事物的判断上不应单独诉诸尚未被理解的心灵。

［58］[①] 即使承认心灵是可理解的，根据假设我们同意它是存在的，我仍要表明它不能判断事物。因为，如果它不仅无法清楚地认识自己，而且就自己的本质（ousia）、生成的方式和自己所在的位置莫衷一是，又如何能够清楚地理解其他东西呢？［59］[②] 即便承认心灵能够判断事物，我们也找不到如何由之判断的办法。因为有关心灵存在着诸多差异。高尔基亚的心灵是一个样子，按其说法无物存在；赫拉克利特的心灵则是另一个样子，因按其说法万物存在；还有一些人声称某些东西存在，某些东西不存在，他们的心灵又是一个样子。我们不知道如何判定这些分歧的心灵，也不能说遵从这个人的心灵而非那个人的心灵是恰当合理的。［60］假如我们斗胆（toluōmen）以某个心灵去判断，就会因为赞同分歧的一方而把有待于研究的东西设定为当然的前提；假如用另外的东西去判断，就会承认“应当单凭心灵判断事物”这一前提是错误的。

［61］再者，由前面谈到的有关标准“被什么”（huph hou）我们能够表明 [③]，我们不可能发现一个比所有其他心灵更加聪明的心灵；即使我们发现一个比过去和现在的心灵都要聪明的心灵，我们也不应当诉诸它，因为是否将会出现另外一个比它还要聪明的心智是非显明的。［62］即使我们假设一个其聪明程度无人企及的心灵，

① 参见 *M* 7. 348-350。

② 这里 *PH* 2. 59-60 可与 *M* 7. 351 比较。

③ 参见 *PH* 2. 39-42。

我们也不会赞同用这个心灵进行判断的人，以免担心他说假话，因他具有超凡的心灵，能够说服我们信以为真。因此我们不应单凭心灵进行判断。

[63] 剩下要说的是由感官和心灵两者进行判断，但这也是不可能的。因为感官不仅不会引导心灵达致对事物的理解，而且与之相互对立（enantiountai）。[①] 当然，由蜂蜜对有些人显得是苦的，对有些人显得是甜的这一现象，德谟克里特声称它既不是甜的又不是苦的，而赫拉克利特则声称它既是甜的又是苦的。对其他感官和感觉对象可以给予同样的解释。所以从感官出发，心灵必然做出存在差异的和相互冲突的表达。而这点同理解的标准是相背离的（allotrion）。

下面要说的是，[64] 他们或通过所有感官和心灵，或通过某些感官和心灵判断事物。如果有人声称通过所有感官和心灵判断，他将要求不可能的东西，因为在感官和心灵问题上明显存在着诸多纷争。再者，就高尔基亚的心灵所表明的“人们既不应当诉诸感官也不应当诉诸心灵”而言，上述观点就会被推翻。如果他们声称通过某些感官和心灵判断，既然他们不具备由之判定感官和心灵的分歧的共同一致的标准，那他们如何判断应当诉诸这些而非另一些感官和心灵呢？[65] 假如他们声称由心灵和感官来判断感官和心灵，他们就会把有待于研究的东西设定为当然的前提，因为我们正在研究是否有人能够由这些东西进行判断。

[66] 接下来要说，他们或由感官判断感官和心灵；或由心灵

① 参见 *PH* 1. 99。

判断感官和心灵；或由感官判断感官，由心灵判断心灵；或由感官判断心灵，由心灵判断感官。如果他们试图或由感官，或由心灵来判断这两者，他们则不是由感官和心灵，而是由当中的一个来进行判断，无论他们选择其中哪一个，前面谈到的疑惑（aporiai）将随之而来。[67] 如果他们由感官判断感官，由心灵判断心灵，因为感官与感官、心灵与心灵自相矛盾，无论他们选取哪种处于矛盾中的感官来判断其他感官，他们都将把有待于研究的东西设定为当然的前提，因为他们把争议的一方作为可信的东西拿来判定其他那些，和它一样（ep'isēs autōi），同是有待于研究的东西。对于心灵可采用同样的论证。[68] 如果他们由感官判定心灵，由心灵判定感官，就会发现循环论式，按照这种论式，为了判定感官必须首先判定心灵，为了证实心灵就需要首先证实感官。[69] 因此，同一种类的标准不能被同一种类的东西判定，两个种类的标准不能被其中一个种类的东西判定，一个种类的标准也不能被另一个种类的东西相互交叉判定，我们不能优先选择这个心灵而非那个心灵，这个感官而非那个感官。因此，我们将没有任何用以判断的东西。如果我们既不能由所有的感官和心灵判断，也不知道应当由哪一种不应当由哪一种判断，我们将不会有任何“由之”（di hou）判断事物的东西。

由于这个原因，标准“由什么”（to di hou）并非真实存在。

七、关于“根据什么”

[70][①] 接下来，让我们看看他们声称判断事物所依据的标准。对此我们首先要说，表象是不可想象的。他们声称表象是灵魂“中枢”上面的印记（tupōsin）。[②] 而灵魂和“中枢”，按他们的说法，是一种气息（pneuma）或比气息更为精细的东西，但没人能够根据凹凸活动来想象灵魂中枢上的印记，就像我们看到海豹的那种情况[③]，也没人能够根据他们所说的“神奇的变化”来想象这种印记[④]，因为灵魂无法容纳构成技艺（technēn）的大量原理（theōrēmatōn）的记忆，前面已存储的记忆经过一系列变化会被抹掉[⑤]。[71][⑥] 即使表象能被想象，也是不可理解的。既然表象是灵魂“中枢”的感受，而灵魂“中枢”是无法理解的，正像我们以前所表明的那样，因此我们也无法理解它的感受。

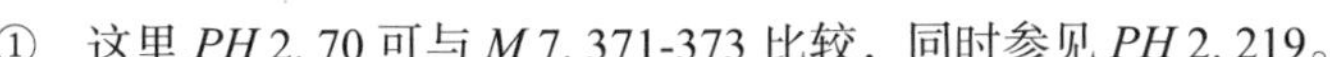

① 这里 *PH* 2. 70 可与 *M* 7. 371-373 比较，同时参见 *PH* 2. 219。

② 这里“他们”指斯多亚派；这个表述在 *PH* 3. 188 重复出现。灵魂“中枢”（ton hēgemonikon），参见 *PH* 1. 128。有关“印记”概念，参见 *M* 7. 227-241, 372-380。

③ 斯多亚派科莱安特（Cleanthes）的观点，参见 *M* 7. 228, 372。

④ 斯多亚派科律西波（Chrysippus）的观点，参见 *M* 7. 229-231, 372-373 及 DL 7. 50。

⑤ 这是斯多亚派芝诺对技艺（technē）给出的定义。他认为技艺是灵魂中各种共同练习的理解、概念、原理所构成的系统，参见 *PH* 3. 188, 241, 251. *M* 7. 373. *M* 2.10。

⑥ 参见 *M* 7. 380。

［72］假如我们承认表象是可理解的，也不能根据它来判断事物。因为如他们所说，心灵并非通过自己，而是通过感官接触外物获得表象，但感官不能理解外部存在物，如果可以，也只是对自身感受的理解。因此表象是一种感官的感受，它有别于外部存在物。蜂蜜同我“感到甜”（glukazesthai）不是一回事，苦胆与我“感到苦”（pikpazesthai）也不是一回事，它们是有区别的。［73］如果这种感受有别于外部存在物，那么表象就不属于外部存在物，而属于某种与之有别的其他东西。因此，如果心灵根据它判断，就会糟糕地（phaulōs）做出判断，而非根据存在物本身判断。因此，声称根据表象判断外物是荒谬的。

［74］[①] 再者，也不可能声称因为感官的感受同外部存在物之间存在着相似性，灵魂就可以通过感官的感受来理解外部存在物。既然心灵自身不会与外物发生作用，感官向它显示的并不是外物的本性而是自己的感受，如我们由存疑的论式所推证的那样，那么心灵如何知道感官的感受同被感觉的东西之间是否相似呢？［75］就像一个不认识苏格拉底但看过其画像的人，不会知道画像与苏格拉底本人是否相似，因此一个见过感官的感受但没有见过外物的心灵，也就不会知道感官的感受与外部存在物是否相似。因此，心灵不可能根据表象的相似性（kath homoiōsin）来判断外部存在物。

［76］[②] 退一步讲，让我们假设表象不仅是可以想象的和可以理解的，而且是能够根据它来判断事物的，我们的论证依然表明其结

① 这里 *PH* 2. 74-75 可与 *M* 7. 358 比较。另外，巴克莱在《人类知识原理》一书也使用过类似的方法，批判根据“相似性”推证外部存在的“物质主义”观点。

② 这里 *PH* 2. 76-77 可与 *M* 7. 388-390 比较。

论是完全自相矛盾的。那么，我们或相信所有表象或相信某些表象，并根据它们进行判断。如果相信所有表象，显然我们就要相信克塞尼亚德的印象，而按照他的说法所有的表象都是不可信的，那么我们的论述将会自我推翻（peritrapēsetai），就要承认并非所有表象都是可信的，以至于能够根据它们来判断事物。[77] 如果相信某些表象，我们如何判定相信这些表象而非相信那些表象是恰当的呢？因为如果他们没有借助表象做出这个判定，就会承认表象之于判断是纯粹多余的，因为他们会说没有它们事物也能得以判断；如果借助表象做出判定，那么他们何以拿他们所选取的这个表象来判断其他表象？［78］接着就会需要另外的表象判断这个表象，另外的这个表象又需要另外的表象，直至无穷。判断无限是不可能的，因此不可能发现哪一种表象我们应当用作标准，哪一种我们不应当用作标准。即使我们承认应当根据表象判断事物，然而无论我们把所有表象都确信为标准，还是把某些表象而非另一些表象确信为标准，任何一种情况我们的论述都会被推翻。因此必然得出结论，我们不应当把表象作为标准用于事物的判断。

[79] 在《概要》中，我们对所谓判断事物所依据的标准做了充分讨论。但应当看到，我们并非意在表明真理的标准是非真实存在的（因为这是独断的观点），而是说，既然独断论者貌似可信地（pithanōs）确立“真理的标准是存在的”，我们则建立与之相反的似乎也是可信的论证，既不确切肯定它们是真的，也不确切肯定它们比与之相反的论证更加可信，而正是因为这些论证与独断论者的论证之间存在着明显的同等可信性，我们由此达致存疑。

八、关于“真”与真理

［80］[①] 即使我们出于假设承认真理的标准是存在的，也会发现它是无用的和虚妄的，只要我们表明，就独断论者所谈的东西而言，真理是非真实的，“真”是不存在的。［81］[②] 我们回顾一下这些观点：“真”据称在三个方面有别于真理：本质上、构成上和潜能上。本质上，“真”是无形的（因为它是“命题”[③] 和“意谓”[④]），而真理则是有形的（因为它能够揭示所有真的知识，而知识则是处于某种状态的灵魂“中枢”，就像拳头是处于某种状态的手[⑤]，而灵魂

① 参见 *M* 8. 2-3。“真理”（he alētheia）是一个名词，“真”（to alēthes）是形容词加冠词构成的抽象名词。斯多亚派认为，真理是真实的有形的东西（sōma），而“真”则是逻辑命题（axiōma）和语词所表达的意义（lekton），是无形的（asōmaton）。塞克斯都这里使用了两个否定形容词分别陈述真理与真：真理是“非真实的”（anhuparktos），“真”是“不存在的”（anhupostaton）。两个形容词语义仅有细微区别，前者指真实性（reality），后者指本质性或实体性（essence）。

② 这里 *PH* 2. 81-83 可与 *M* 7. 38-45 比较。

③ axiōma，斯多亚派逻辑术语，相当于“判断”、“命题”、“陈述”，有简单和复杂之分。动词形式 axiō，表示“要求”、“宣称”、“申请”等意，另外，“价值”一词 axia 也由之衍生。

④ lekton，原指“所说的东西”，这里是斯多亚派逻辑术语。他们把词项分成三个部分，一是名称（nomos），一是名称所指示的外部对象（ektos），一是名称所表达的意义（lekton）。我们将后者译作“意谓”。

⑤ 参见 Alexander, *in Top* 360. 11-13。

“中枢”是有形的，因为按照他们的说法，它是一种气息[①]）。［82］构成上，“真”是单一的，如“我在与人说话”，而真理则是由许多真的认识构成的。［83］潜能上，真理系于知识，而“真”完全不是这样。因此他们说真理只存在于好人那里，而“真”在坏人那里也会存在，因为坏人也会说出某些真话。

［84］这就是独断论者谈论的观点。但鉴于本书写作的目标，我们当下只对“真”做出论述，因为真理，一种被说成是真的认识的体系，将会与“真”一起被清除（sumperigraphetai）。既然我们的论述有些是一般性的，由之可以撼动“真”的根基[②]，一些则是特殊的[③]，由之我们指出“真”不存在于语词中，不存在于“意谓”中，也不存在于心灵的运动中，因此我们认为目前只提出一般性的论述已经足够。就像墙体的地基一旦垮塌整个上面的部分就会随之一起倒掉，因此“真”的基础一旦被推翻，所有独断论者的特殊诡辩伎俩就会随之一起清除。

① 参见 *PH* 2. 70。

② 这里用了 hupostasis 一词，指“根基”、“基础”，引申为“本质”、“实体”，相当于英文 substance。

③ “特殊的”论述，参见 *M* 8. 55-139。

九、本性上有“真”这种东西吗?

[85][①] 在独断论者中间关于“真”存在着分歧，因为有些人声称有物为真，而有些人声称无物为真。判定这个分歧是不可能的，因为凡声称有物为真的人，如果在没有证明的情况下做出这个判断，由于观点的分歧，他是不会被相信的；如果他想提供证明，但又同意这个证明为假，他就不会被相信，如果声称这个证明为真，他将陷入循环论证，会被要求提供这个证明为真的证明，这个证明为真的证明的证明，以至无穷。然而证明无穷是不可能的，因此认识有物为真也是不可能的。

[86][②] 再者，“事物”（to ti），这个他们称为万物最高的“属”的东西（genikōtaton）[③]，或为真或为假，或既非为假又非为真，或既为假又为真。如果他们说“事物”为假，就将承认一切为假，正

① 参见 *M* 8. 3-10, 15-16。

② *PH* 2. 86-87 可与 *M* 8. 32-36 比较。*PH* 2. 86段表明只要前提使用了全称判断，就会推出相反的结论，即：如果一切为假，则“一切为假”本身为假或“有物为假”为假，所以无物为假；如果一切为真，则“无物为真”本身为真，所以无物为真。

③ to ti，这里是斯多亚派提出的万物最高的“属”，也即外延最大、内涵最小的范畴，相当于英文的 something、things。参见 *PH* 2. 223-225. Seneca, *Ep* 1. 8. 15. Alexander, *in Top* 301. 19-25。我们这里译为“事物”而非“某物”，因后者有具体事物的指向，而前者可以泛指一切事物。

如动物是有灵魂的东西(empseuchon),所有特殊的动物都是有灵魂的东西,因此如果万物最高的属“事物”为假,则所有特殊的东西也将为假,无物为真。由之也可以推出无物为假的结论,因为“一切为假”和“有物为假”自身包含在“一切”的范畴内,所以它们为假;如果“事物”为真,则一切为真。由之也可以推出无物为真的结论,因为这句话本身(我指的是“无物为真”),也属于“事物”,所以为真;[87]如果“事物”既为假又为真,则每种特殊之物既为假又为真。由之可以推出无物本性为真的结论,因为凡具有为真之本性的东西,绝对不会为假;如果“事物”既非为假也非为真,那就得承认所有特殊之物,因为被说成是既非为假也非为真,所以就不会为真。因此,对我们来说“真”是否存在是不清楚的。

[88][①] 此外,“真”或仅为显明的,或仅为非显明的,或当中一些是非显明的,一些是显明的。如我们将要表明的那样,没有任何一种情况是真的,所以无物为真。如果“真”仅为显明的,他们就要说明或所有显明的东西为真,或某些显明的东西为真。如果他们声称所有显明的东西为真,论证就会被推翻,因为对某些人来说无物为真似乎是显明的;如果他们声称某些显明的东西为真,那么在未经判定的情况下,没人能说这些显明的东西为真而那些为假。如果他要使用判定的标准,就得说明这个标准或是显明的或是非显明的。当然他不会说这个标准是非显明的,因为当前假设只有显明的

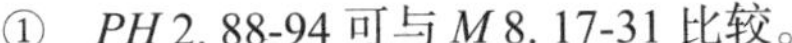

① *PH* 2. 88-94 可与 *M* 8. 17-31 比较。

东西为真。[89] 如果他说这个标准是显明的，而我们正在研究哪个显明的东西为真哪个为假，那么这个被用来判断显明的东西的显明的东西本身反过来就会需要另一个显明的标准、另一个标准的标准，直至无穷。无穷是不可判定的，因此"真"是否仅为显明的是不可理解的。

[90] 同样，凡声称只有非显明的东西为真的人，不能说所有非显明的东西都为真（因为他不能说"星星的数目为偶和为奇"[①] 都是真的）；如果说某些非显明的东西为真，我们将用什么判定这些非显明的东西为真而那些为假？当然不能用显明的东西。[②] 如果用非显明的东西，而我们正在研究哪些非显明的东西为真哪些为假，那么这个非显明的东西就会需要另一个非显明的东西来判定自己。另一个又需要另一个，直至无穷。因此"真"并非仅为非显明的。

[91] 剩下来要说，"真"一些是显明的，一些是非显明的，这是荒唐的。因为，或者所有显明的东西和所有非显明的东西为真，或者某些显明的东西和某些非显明的东西为真。如果是"所有"，论证将会被推翻，因为"无物为真"本身就会被承认是真的，"星星既为偶数又为奇数"也会被说成是真的。[92] 如果某些显明的东西和某些非显明的东西为真，我们如何判定这些显明的东西为真而那些为假？因为如果通过显明的东西，论证就被置入无穷后退；如果通过非显明的东西，而非显明的东西需要得以判断，那又由什么来判断这个非显明的东西呢？如果通过显明的东西，就要遇到循

① 斯多亚派提出的一个不可能被认识的事物的例子，参见 *PH* 2. 91, 97, 231; 3. 177 及 *M* 8. 147。

② 根据前文判断，后面应该省略了一句："因为当前假设只有非显明的东西为真。"

环论式；如果通过非显明的东西，则会陷入无穷后退。[93]关于非显明的东西我们可以做出同样的论述。因为凡是想用非显明的东西进行判断的人就会陷入无穷后退，凡是想用显明的东西进行判断的人，或者会因永远不断地寻找显明的东西而陷入无穷，或者会因转向诉诸非显明的东西而陷入循环推理。因此“真”一些是显明的，一些是非显明的这一说法为假。

[94]如果既非只有显明的东西为真，又非只有非显明的东西为真，也非某些显明的东西和某些非显明的东西为真，那就无物为真。如果无物为真，而标准为了判断似乎又需要为真之物，那么标准就是无用的和虚妄的，即便我们出于让步承认它具有实在性。如果对于是否有物为真我们不得不存疑（ephekteon），那么凡声称“辩证法是关于假和真以及既非假又非真的知识”[①]的人则是鲁莽的。

[95][②]既然关于真理的标准似乎是令人疑惑的（aporos），那么就独断论者所说的东西而言，确切地断言那些似乎是清楚明白的东西[③]和非显明的东西都是不可能的。既然独断论者认为他们可以通过清楚明白的东西来理解非显明的东西，而如果我们对所谓清楚明白的东西不得不保持存疑，那我们如何敢对非显明的东西做出表明？[96]出于补充，我们将对非显明的东西进行具体的反驳。既然非显明的东西似乎是由记号和证明来理解和强化的

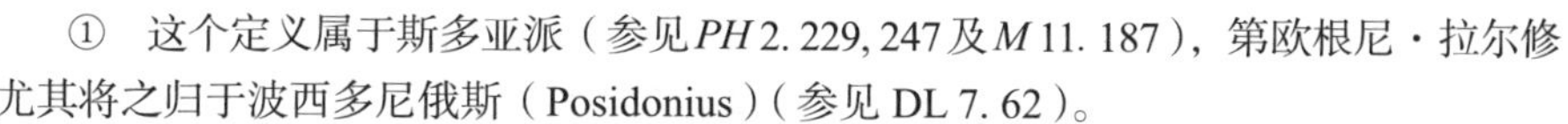

① 这个定义属于斯多亚派（参见*PH* 2. 229, 247 及*M* 11. 187），第欧根尼·拉尔修尤其将之归于波西多尼俄斯（Posidonius）（参见 DL 7. 62）。

② *PH* 2. 95-96 可与 *M* 8. 140-142 比较。

③ “清楚明白的东西”（enargon），同“显明之物”（dēla）、“现象”（phainomena）是同义词。

（kratunesthai），因此我们将简要地说明，对记号和证明保持存疑是恰当的。让我们首先从记号开始，因为证明似乎是记号[①]的一种。

十、关于记号

［97］[②]根据独断论者的观点，事物中有些是自明的（prodēla），有些是非显明的（adēla）。非显明的东西中有些是永远或绝对（kathapax）非显明的，有些是在一段时间内（pros kairon）非显明的，有些是本性上（phusei）非显明的。他们声称，自明的是那些由自身直接为我们所认识的东西，例如这是白天；永远非显明的是那些本性上无法为我们所理解的东西，就像"星星的数目为偶"；［98］一段时间内非显明的是那些尽管具有清楚的本性，但出于某种外部环境的原因，某一时间内对我来说是非显明的东西，就像当下雅典城之于我那样[③]；本性上非显明的是那些并不具备清楚地作用于我们的本性的东西，如"能被思想的毛孔"（oi noētoi poroi）[④]，因

① "记号"（sēmeion）是斯多亚派逻辑的重要组成部分，他们相信通过记号可以揭示非显明之物，参见 *PH* 2. 122, 131, 134 及 *M* 8. 277, 299。

② 这里 *PH* 2. 97-98 可与 *M* 8. 144-147, 316-320 比较。

③ 有学者推测塞克斯都写作《概要》时可能不住在雅典。

④ 即不可感知，但可通过记号或证明揭示的毛孔，参见 *PH* 2. 140, 142. *M* 8. 306. DL 9. 89。

为这些东西无论如何不会自身显现出来，如有可能，它们被认为是通过其他东西，如通过出汗及类似的东西来理解的。[99][①] 他们声称，自明的东西不需要记号，因为它们是通过自身被理解的。永远非显明的东西也不需要记号，因为它们根本是不可理解的。一段时间内非显明的东西和本性上非显明的东西需要通过记号来理解，但并非通过相同的记号，对于一段时间内非显明的东西通过记忆性或联想性记号，对于本性上非显明的东西则通过指示性记号。

[100] 按他们的观点，记号当中有些是记忆性的（hupomnē-stika），有些是指示性的（endeiktika）。他们把这样的记号称为记忆性的：这种记号曾与它所表示的东西（sēmeiōton）一起被清楚地观察到，因此当它作用于我们时，尽管它所表示的东西仍处于非显明状态，但它可以引导我们回忆起曾与它一起被观察到的、当下并未清楚地作用于我们的东西，就像烟与火的事例。[101] 如他们所说，指示性的记号乃是这样的东西：并非与它所表示的东西一起被清楚地观察到，而是通过其特殊的本性和结构来表示（sēmainei）以之为记号的东西[②]，就像肉体的运动是灵魂的记号[③]。因此，他们以下述方式界定这种记号：“指示性记号是有效条件句中能够揭示

① 这里 *PH* 2. 99-101 可与 *M* 8. 148-155 比较。

② “以之为记号的东西”（to hou esti sēmeion），即“记号所表示的东西”（sēmeiōton）的另一种表达形式。这一短语同样为第欧根尼使用，参见 DL 9. 97。

③ 参见 *PH* 1. 85。

后件的，作为真前件的一个命题。”[①][102][②]如我们所说，存在着两种不同的记号，我们并非反驳所有的记号，而仅仅反驳指示性记号，这种被认为是由独断论者编造出来的东西。因为记忆性记号为生活所信赖，一旦有人看到烟就会推测出火，看到疤痕就会说曾经有过创伤。因此，我们不仅不与生活对抗，相反，我们与生活为伍（sunagōnizometha），在不持有任何信念的意义上（adoxastōs）赞同为生活所信赖的东西，反对为独断论者所杜撰的东西。[③]

[103][④]为了澄清研究对象，事先谈谈这些东西或许是恰当的。接下来让我们着手反驳，但我们并非竭力地指出所有指示性记号完全是非真实的，而是提醒我们自己，所提出来的有关真实性和非真实性的论证存在着明显的等效性。

① 参见 *PH* 2. 104 及 *M* 8. 245。这个定义表明，指示性记号首先是一个有效三段论的命题（axiōma），而且它作为真前件（prokathēgomenon），能有效推出后件（lēgontos）。

② 参见 *M* 8. 156-158。

③ 这里塞克斯都再次强调怀疑论并非与生活对立，而是站在生活一边，参见 *PH* 1. 23。

④ 与 *M* 8. 159-160 比较。

十一 、指示性记号存在吗？

[104][①] 记号，就独断论者所谈论的这些东西而言，是不可想象的。斯多亚派，那些似乎精确地给予解释并试图确立其概念的人，声称记号是有效条件句中能够揭示后件的、作为真前件的一个命题。他们说，“命题”（axiōma）是一个就其自身而言能够直陈的、完全的“意谓”（lekton）。[②]“有效条件句”（hugies sunēmmenon）是一个并非始于真而终于假的句子。[105] 条件句或者始于真而终于真，例如“如果这是白天，则光明存在”；或者始于假而终于假，例如“如果地球会飞，则地球是有翅膀的”；或者始于真而终于假，例如“如果地球存在，则地球会飞”；或者始于假而终于真，例如“如果地球会飞，则地球存在”。他们声称，只有始于真而终于假的条件句是错误的，其他都是有效的。[106] 他们说“真前件”（prokathēgoumenon）是一个有效条件句中始于真而终于真的前

① 这里 *PH* 2. 104-106 可与 *M* 8. 244-253 比较。

② 这是斯多亚派关于命题（axiōma）的经典定义。首先，命题是一个意谓（lekton）。而意谓分为“完全的”（autoteles）和“不完全的”（allipes）。“不完全的”，即表达式是未完成的，例如“写”。“完全的”，即表达式是完成的，例如“苏格拉底写”。显然，命题属于“完全的”意谓。其次，“完全的”意谓有很多表达形式，如“反问”、“命令”、“假设”、“祈祷”、“宣誓”等，而命题则属于“直陈”形式（apophanton）的意谓。参见 DL 7. 66 及 *M* 8. 71-74。

件（hēgoumenon）。“是能够揭示后件的”（ekkaluptikon），因为在条件句“如果这个女人有奶，则她已怀孕”中，前件“如果这个女人有奶”似乎是对后件“她已怀孕”的阐明。[①]

［107］[②] 这就是他们所谈的内容。我们首先要说，“意谓”是否存在是非显明的。因为在独断论者当中伊壁鸠鲁派声称“意谓”是不存在的[③]，而斯多亚派声称“意谓”是存在的。当斯多亚派说“意谓”存在时，或只是谈论一下，或使用证明。如果只是谈论，伊壁鸠鲁派就会把自己的说法，即声称“记号不存在”与之对立起来；如果使用证明，而证明是由命题，即作为一种“意谓”的命题组成的，那么既然它由“意谓”组成，就不能被拿来确立“意谓”存在的可信性，因为一个没有承认“意谓”存在的人，怎么会承认“意谓”的组合形式存在呢？［108］因此，凡打算通过“意谓”的组合形式的存在来建立“意谓”存在的人，则是试图以正在研究的东西来确信正在研究的东西。如果既不能通过简单的谈论，也不可能通过证明来确立“意谓”存在，那么“意谓”存在则是非显明的。

有关命题是否存在同样如此，因为命题是一种“意谓”。［109］即使出于假设承认“意谓”是存在的，也会发现命题是不存在的，因为命题是由相互间并无共存性的（me sunuparchontōn）“意谓”构成的。例如，“如果这是白天，则光明存在”这一句子，当我说“这是白天”时，“光明存在”这个句子尚未存在（oudepō esti）；当我说“光明存在”时，“这是白天”这个句子已不复存在（ouketi

① 斯多亚派的这个例子见 Aristotle, *prior Analytics*, 70a13-16。

② *PH* 2. 107-108 可与 *M* 8. 258-261 比较。

③ 伊壁鸠鲁反对“意谓”的存在，参见 *M* 8. 13, 258 及 Plutarch, *adv col* 111 9F。

esti）。由某些部分组成的东西，如果其组成部分之间没有共存性，则是不可能存在的。因此，如果组成命题的部分之间并无共存性，那么命题就不会存在。

［110］[①] 即使把这一问题暂放一边，我们也会发现有效条件句是不可理解的。因为菲洛声称，有效条件句是那些并非始于真而终于假的句子。比如，当事实上这是白天并且我在谈话时，条件句"如果这是白天，则我在谈话"就是有效的。但狄奥多罗把有效条件句界定为既非过去可能又非现在可能始于真而终于假的句子。因此按照他的观点，刚才提到的条件句似乎为假，因为当事实上这是白天而我依然沉默不语时这个句子将始于真而终于假。［111］但另一个条件句"如果事物不可分割的元素不存在，那么事物不可分割的元素存在"则为真。因为根据他的说法，前件"如果事物不可分割的元素不存在"始于假，而后件"事物不可分割的元素存在"终于真。再者，那些引进"连结项"（sunartēsia）的人[②]则声称，条件句是有效的，仅当后件的矛盾命题（antikeimenon）与前件不相容（machētai）。因此按照他们的说法，前面提到的条件句是无效的，而条件句"如果这是白天，则这是白天"是真的；［112］那些通过"蕴含"（emphasis）来判断的人声称，条件句是真的，仅当后件潜在地包含于前件之中。根据他们的观点，"如果这是白天，则这是

① 这里 *PH* 2. 110-112 可与 *M* 8. 112-117, 265 比较。

② "连结项"或许是科律西波引进的，参见 DL 7. 73 及 Cicero, *Fat* 6. 12。

白天”以及所有重言式（diaphoroumenon）条件句[1]或许为假，因为任何东西自己被自己包含是不可能的。

［113］[2]或许上述这些分歧要得到判定似乎是不可能的。因为无论我们有无证明，对上述任何观点做出倾向性的选择都是不可信的。既然证明被认为是有效的，仅当其结论由其前提的组合形式推出，如同后件由前件推出，例如："如果这是白天，则光明存在；这是白天；所以光明存在。"［"如果这是白天则光明存在；这是白天且光明存在。"］[3]［114］而我们正在研究如何判断后件由前件推出，因此必然遇到循环论式。为了有关条件句的判断得到证明，如前所说，证明的结论必须由前提推出；反过来，为了确保这是可信的，条件句及其推导关系（akolouthia）必须已经得到判定，但这是荒谬的。［115］因此，有效条件句是不可理解的。

再者，"真前件"[4]也是令人疑惑的。如他们所说，"真前件"是条件句中始于真而终于真的前件。［116］如果记号是能有效揭示后件的，那么后件或是自明的，或是非显明的。如果后件是自明的，它就不需要揭示自己的前件，而是与前件一起被理解，就不会是被前件所表示的东西（sēmeiōton），因此前件也就不是后件的记号；如果后件是非显明的，而有关非显明之物何者为真，何者为

---

① 有关重言式条件句，参见 *M* 8. 108-110 及 DL 7. 68。

② 这里 *PH* 2. 113-114 可与 *M* 8. 118-123 比较。

③ 此处古代校本做出的补缀，意思并不清晰。结合下面 *PH* 2. 137 或可理解为"这是白天并且如果这是白天则光明存在，所以光明存在"。

④ 参见 *M* 8. 266-268。

假，或者在一般意义上是否有物为真，存在着无法判定的分歧，那么条件句是否归结于真则是非显明的。同时这点还意味着，条件句中的前件是否作为“真前件”也是非显明的。[117][①] 即使把上述反驳暂放一边，如果记号所表示的东西（sēmeiōton）是相对于记号（sēmeion）而存在的，并且因此是与记号一起被理解的，那么记号也就不可能揭示后件，因为相对的东西总是被一起理解的（sugkatalambanetai）。[②] 比如作为“左”的“右”，在“左”被理解之前“右”是不可能被理解的，反之亦然；其他相对之物同样如此。因此记号，作为它所表示的东西的记号，先于它所表示的东西是不可能被理解的。[118] 如果记号不可能先于它所表示的东西而被理解，那么它就不能揭示那些与之同时而非在其之后被理解的东西。

就其他一些学派所谈论的一般性观点而言，记号也是不可思想的。因为他们说记号既是相对的，又能够揭示它所表示的、被说成是相对于它的东西。[119] 如果记号是相对的，且相对于它所表示的东西，那它当然应当与它所表示的东西一起被理解，正像“左”之于“右”、“上”之于“下”，以及其他相对的东西；但是如果记号能够揭示它所表示的东西，那它当然应当在此之前已被理解，以便通过前期认识（proepignōsthen），引导我们达致由它所认识的对象的概念（ennoian）。[120] 然而，这个对象是不可思想的，因为

① *PH* 2. 117-120 可与 *M* 8. 163-165 比较。

② 参见 *PH* 2. 125, 169, 179; 3. 7 及 *M* 8. 165, 174-175。塞克斯都在本书提出“相对之物”是相互共存的（参见 *PH* 2. 126）、被一起理解的（见本节）、被一起思想的（参见 *PH* 3. 27）三条原则。

它不可能在那个必须首先被理解的东西之前就被认识。[1] 因此，思想一个既是相对存在的东西，同时又能揭示与这个被思想的东西相对存在的东西是不可能的。而他们声称记号既是相对的，又能揭示被记号表示的东西，所以记号是不可思想的。

［121］[2] 此外还要谈谈以下问题。有关指示性记号在我们的前人当中存在着种种分歧，有的说它是存在的，有的说它是不存在的。凡声称指示性记号存在的人，或纯粹地说说，简单而无任何证明地表达，或通过证明表达。如果只是纯粹地说说，他是不可信的；如果他想给出证明，就会把有待于研究的问题确立为当然的前提。［122］既然证明被说成是一种记号，而记号存在与否是有争议的，因此证明存在与否也是有争议的，正像假设我们正在研究动物是否存在，而人是否存在当然属于被研究的东西，因为人是动物的一种。然而试图通过同样是有待于研究的问题证明有待于研究的问题，或通过有待于研究的问题自身证明自身乃是荒谬的。因此，无人能够通过证明确切地肯定记号是存在的。［123］如果对于记号既不可能简单地说说，也不可能通过证明确切地表明，那么对它做出可理解的肯定性陈述[3] 则是不可能的；如果记号无法被准确地理解，它就不能被说成是可以表示什么的（sēmantikon），因为有关记号本身的意见是不一致的。因此根据这一推论，记号是非真实的和不可思想的。

---

① 原话使用两个后置定语从句，直译不符合汉语表达习惯，这里采用意译。

② *PH* 2. 121-123 可与 *M* 8. 179-181 比较。

③ apophasia。这里 apophasia 不是指一般的表述，而是指肯定的直陈句，即肯定判断。

［124］再者，还有下列问题应当讨论。[①] 记号或者只是显明的，或者只是非显明的，或者一部分是显明的，一部分是非显明的。这些情况没有一种是有效的，所以记号是不存在的。所有记号不是非显明的，可由以下论证表明。如独断论者所说，非显明的东西不会自己显现出来，而是通过他物发生作用（hupopiptei）。记号，如果是非显明的，就需要另一个非显明的记号（因为按照目前假设，没有记号是显明的），那么这个非显明的记号又会需要另一个非显明的记号，直至无穷。把握无限的记号是不可能的。所以，如果记号是非显明的，它是不可能被理解的。出于这个原因，记号是非真实存在的。因为既然它是不可理解的，它就不可能表示任何东西，也就不可能是记号。

［125］如果所有记号都是显明的，既然记号是相对的，相对于它所表示的东西，而相对的东西总是被相互一起理解的，那么所谓被它表示的东西，因为与显明的东西一起被理解，所以也是显明的。正如当"右"与"左"一起作用于我们产生印象时，不能说"右"比"左"或"左"比"右"更加显明，因此当记号与它所表示的东西被一起理解时，不应当说记号比它所表示的东西更加显明。［126］如果记号所表示的东西是显明的，它就不会是被记号表示的东西，因为它不需要任何东西来表达和揭示。就像当"右"消除就不会有"左"，当记号所表示的东西一旦消除，记号也就不可能存在，因此如果有人声称记号只是显明的，就会发现它是非真实存在的。

---

① 有关这一论证形式，参见 *PH* 2. 88-94。

［127］剩下来要说，一部分记号是显明的，一部分是非显明的，但这个方面的疑惑照样存在。如前所述，所谓被显明的记号所表示的东西将是显明的，因为不需要任何东西来表示它们，也就根本不是被记号所表示的东西；那么记号也就不是记号，因为它们不表示任何东西。［128］非显明的记号则需要其他东西来揭示。如果声称它们被非显明之物所表示，则论证陷入无穷后退，正如前面所说，会发现它们是不可理解的，因此也是非真实存在的。如果声称它们被显明之物所表示，因为它们与显明的记号一起被理解，那它们就是显明的，因此也是非真实存在的。因为不可能存在任何一个东西，在本性上既是非显明的又是显明的。就我们所论述的记号而言，只要假设它们是非显明的，根据自我指涉论证（kata tēn peritropēn tou logou）[①]，也会发现它们是显明的。

［129］如果记号既非全部是显明的或全部是非显明的，又非部分是显明的部分是非显明的，此外，如他们所言，不存在任何其他可能，那么所谓的记号就是非真实存在的。

［130］目前来讲，诸多论证中的少量几个就足以表明指示性记号是不存在的。接下来，为了建立与之相对立的论证的等效性，我们将提出记号是存在的这一假设。[②]

用来反驳记号存在的那些语句（phōnai）或表示什么，或不表示任何东西。如果它们不表示任何东西，那何以动摇（kineseian）

---

① 参见 *PH* 1. 122，又见下面 *PH* 2. 133。

② 这里再次表明怀疑论者的目的在于建立对立论证的等效性（isostheneia），参见 *PH* 2. 103。

记号的存在呢？如果它们表示什么，则记号存在。[①][131][②] 再者，那些反驳记号的论证或是可证明的，或是不可证明的。但如果是不可证明的，则它们无法证明“记号是不存在的”；如果是可证明的，而证明是用来揭示结论的，属于记号的一种，因此记号存在。这一论证可以归结为：如果记号存在，则记号存在；如果记号不存在，则记号存在（因为“记号不存在”是通过作为一种记号的证明来揭示的）；记号或者存在或者不存在，所以记号存在。[132] 这一论证可以与下面的论证相提并论（parakeitai）：如果任何记号不存在，则记号不存在；如果记号，即独断论者声称记号存在的那种记号存在，则记号不存在（因为当下所论证的记号，按其概念，就其被说成是相对的和能够揭示它所表示的东西而言，如前所述，被发现是非真实存在的）；[133] 记号或者存在或者不存在，所以记号不存在。

就那些有关记号的语句，让独断论者自己回答：它们究竟表示什么，还是不表示任何东西？如果它们不表示任何东西，则记号的存在就是不可信的；如果它们表示什么，被表示的东西就会由之推出，也就是说“记号是存在的”。而由这个前提，如我们前面提到的，根据自我指涉论证（kata ten tou logou peritropen），也会推出“记号是不存在的”。

就所给出的这些有关记号存在和不存在的貌似可信的论证，我们必须说，记号存在并非甚于（ou mallon）不存在。

---

① 参见 *M* 8. 279。这一反驳利用“表示”（sēmainei）与“记号”（sēmeion）这对同根词，承认语词表示东西就意味着承认记号的存在。

② 参见 PH 2. 185 及 *M* 8. 277-278, 281-282。

十二、关于证明

[134][1]根据以下论述，显然证明不是为人们所一致同意的东西。因为如果我们对记号保持存疑，而证明又是某种记号，那我们对证明必然保持存疑。事实上我们会发现，在记号方面提出的有关论证同样可以适用于证明，因为证明也被认为是相对的和能够揭示结果的，从中可以推得几乎所有我们在反驳记号问题上所提到的结论。[135]如果对证明还应给予特别的讨论，那么在我首先对什么是他们所说的证明进行简要解释之后，再来简短地思考有关证明的论证。

如他们所说，证明是一种由一致同意的前提，根据推理形式，揭示出非显明的结论的论证。[2]通过以下说明，可以把他们所说的意思表达得更加清楚一些。论证是由前提和结论构成的系统（sustēma）。[136]前提被说成是毫无异议地（sumphōnōs）用来建立结论的命题，而结论则是由前提所建立的命题。例如，这一论证："如果这是白天，则光明存在；这是白天；所以光明存在"，

---

① 参见 *M* 8. 299-300。

② 参见 *PH* 2. 143, 170. *M* 8. 314, 385. DL 7. 45。"前提"一词本书一般用 lēmma 或 protasis，"结论"一般用 epiphora 或 sumperasma。

“所以光明存在”是结论，其余都是前提。[137][①] 至于论证，有些是有效的（sunaktikoi），有些是无效的（asunaktoi）。[②] 如果论证是有效的，仅当始于由论证的前提所构成的联结（sumpeplegmenon）和终于其结论的条件句是有效的[③]，比如前面提到的论证是有效的，因为在条件句“这是白天并且如果这是白天则光明存在，所以光明存在”当中，其结论“所以光明存在”是由前提的联结:“这是白天并且如果这是白天则光明存在”推出的。然而，凡不具备这个条件的论证就是无效的。

[138][④] 在有效论证中，一些是真的，一些不是真的。如果论证是真的，不但如前所述，仅当由前提的联结和结论所构成的条件句是有效的，而且仅当结论和条件句中作为前件的前提的联结为真。而前提的联结为真，仅当它所包含的所有部分为真，如“这是白天并且如果这是白天则光明存在”。凡不具备这个条件的论证就不是真的。[139]“如果这是晚上，则黑暗存在；这是晚上；所以黑暗存在”这一论证是有效的，因为条件句“这是晚上并且如果这是晚上则黑暗存在，所以黑暗存在”是有效的，但在白天时论证就不是真的，因为前件的联结“这是晚上并且如果这是晚上则黑暗存在”为假，在它当中包含了假的命题“这是晚上”，因为自身包含假的命题的联结为假。所以他们声称，一个为真的论证乃是由真的前提

① 参见 *M* 8. 303-305。

② sunaktikos 来自动词sunagō，指“能推出结果的”、“有结论的”、“确定的”等，与 hugiēs 可以通用。本书中，我们把 sunaktikos 和 hugiēs 统一译为“有效的”，把 asunaktoi 译为“无效的”。

③ 参见 *PH* 2. 113, 145, 249 及 DL 7. 77。

④ *PH* 2. 138-139 可与 *M* 8. 418-421 比较。

推出真的结论的论证。[①]

[140][②] 再者，在为真的论证中有些是可证明的（apodeiktikoi），有些是不证自明的（ouk apodeiktikoi）[③]。可证明的是那些由显明的前提推出非显明的结论的论证，不证自明的论证则不具备这一特点。比如这一论证："如果这是白天，则光明存在；这是白天；所以光明存在"，它是不证自明的，因为作为结论的命题"光明存在"是自明的（prodēlon）。然而，"如果有汗自表皮渗出，则能被思想的毛孔存在；有汗自表皮渗出；所以能被思想的毛孔存在"这一论证是可证明的，因为其结论"所以能被思想的毛孔存在"是非显明的。

[141][④] 在能推出某些非显明结论的论证中，有的仅仅跟着论证过程（ephodeutikōs monon），有的既跟着论证过程，又通过揭示的方式（ekkaluptikōs）引导我们由前提达致结论。[⑤] 跟着论证过程，似乎是那些系于信念和记忆的论证，比如这个论证："如果神告诉你此人将富有，则此人将富有；这个神（假设我指的是宙斯）对你

---

① 参见 *PH* 2. 187, 248. *M* 8. 414. DL 7. 79。

② 参见 *M* 8. 305-306, 422-423。

③ ouk apodeiktikoi 一词，包含"不可证明的"和"不证自明的"两种意思。有关"不可证明式"或"不证自明式"，参见 *PH* 2. 157-158, 198-203. *M* 8. 223-227. DL 7. 79-81. Galen, *Inst Log* 6. 6。

④ 这里 *PH* 2. 141-142 可与 *M* 8. 307-309 比较。

⑤ ephodeutikōs，动词形式为 ephodeuō，意为"观察"、"查验"、"浏览"、"巡视"，这里的副词形式指"跟着某个论证，达致某个结论"（by tracing an argument, advancing to a conclusion，参见 LS 745），也就是循着论证的惯性，基于某种经验和信念，达致某个结论。这种论证并非借助揭示的方式（ekkaluptikōs），通过前提的力量发现非显明的结论。两种论证形式可以与"记忆性记号"和"指示性记号"比较。

说过此人将富有；因此他将富有。”我们对这个结论的赞同，与其说是出于前提的必然性，不如说是出于相信神的话。[142]某些论证不仅跟着论证过程，而且通过揭示的方式引导我们由前提达致结论，如下述例子：“如果有汗自表皮渗出，则能被思想的毛孔存在；因为第一；所以第二。”[①] 汗的渗出是对毛孔存在的揭示，因为人们已经理解到液体不可能穿透一个严实无缝的物体。

[143][②] 可见，证明应该是一种有效的、为真的、具有为前提的力量所揭示的非显明结论的论证。[③] 由于这个原因，证明被说成是一种由一致同意的前提，根据逻辑推导，能揭示出非显明结论的论证。这就是他们习惯上用来阐释证明这一概念的方式。

十三、证明存在吗？

[144]证明是非真实存在的，这点通过对这一概念所包含的所有要素进行反驳，由他们自己所说的东西推得。比如，论证是由命题组合而成的，而组合之物是不可能真实存在的，除非其组成部分

① 该事例见 *PH* 2. 98, 140。斯多亚称“因为第一，所以第二”是“半论证形式”（logotropoi），参见 DL 7. 77。

② 参见 *M* 8. 314。

③ 这里是斯多亚派有关证明的标准定义，涉及三个关键要素：有效的（sunaktikos）、为真的（alēthēs）和能揭示出（ekkaluptikon）非显明结论的。

相互之间可以共存，这点在“床”及其他类似事例那里是显而易见的。[①] 然而，论证的组成部分并非共存（ou sunuparchei）。因为当我们说第一前提时，第二前提和结论尚未存在；当我们说第二前提时，第一前提不复存在，而结论尚未存在；当我们说出结论时，所有的前提不复存在。因为论证的组成部分相互间并非共存，所以论证似乎是非真实存在的。

［145］[②] 此外，有效论证是不可理解的。因为如果这点是通过条件句的融贯性或一致性（akolouthia）[③] 来判断的，而条件句的融贯性存在着无法判定的分歧，或许是不可理解的，正如我们在有关记号的论述中所提到的，那么有效论证将是不可理解的。

［146］[④] 辩证法家声称，无效论证或是由于论证的“无关联性”，或是由于要素的“缺陷”，或是由于论证“以无效的形式提出”，或是由于前提的“多余性”。出于“无关联性”，仅当前提之间以及前提与结论之间不具备融贯性，如这一论证：“如果这是白天，则光明存在；麦子在市场上销售；所以迪翁在走路。”［147］出于前提的“多余性”，仅当发现前提对于逻辑推论是多余的，例如：“如果这是白天，则光明存在；这是白天并且迪翁在走路；所以光明存在。”出于论证“以无效的形式提出”，仅当论证的形式是推不出结论的。比如，他们声称一个有效推理或条件句

① 这一事例大概是说，“床”是组合物，仅当其每个组成部分是相互共存的。但命题的组成部分满足不了这个条件，所以不是真实存在的东西。

② 参见 *M* 8. 426-429。

③ akolouthia。该词指推导关系，是条件句逻辑有效性的保障，这里译成“融贯性”或“一致性”。

④ 这里 *PH* 2. 146-150 可与 *M* 8. 429-434 比较。

是这种形式：“如果这是白天，则光明存在；这是白天；所以光明存在。”“如果这是白天，则光明存在；光明不存在；所以这不是白天。”无效论证是这样的：“如果这是白天，则光明存在；光明存在；所以这是白天。”［148］因为条件句宣称，如果其前件“是”则后件“是”。同样，一旦前件被作为前提肯定[①]，则后件就会被推出。当后件被否定，前件也会被否定，因为如果前件“是”则后件“是”。但当后件被作为前提肯定，前件并非必然地被肯定，因为条件句并不保证前件由后件推出，只保证后件由前件推出。［149］因此，由条件句及其前件推出后件的论证被说成是合乎推理形式的（sullogistikos），由条件句及其后件的矛盾命题（antikeimenon）推出前件的矛盾命题的论证也是如此；但由条件句及其后件推导前件的论证则是无效的，如前面提到的例子，只要“光明存在”这句话是在夜晚灯光下说的，即便其前提为真也会推出假的结论。因为尽管条件句“如果这是白天，则光明存在”为真，小前提（proslēpsis）“光明存在”也为真，但结论“所以这是白天”为假。［150］一个论证因“缺陷”而无效，仅当论证中某个用于推出结论的要素被省掉。如他们认为，这个论证是有效的：“财富或是善的，或是恶的，或是无差别的；但它既不是恶的，也不是无所差别的；所以它是善的。”下面的论证因“缺陷”而无效：“财富或是善的，或是恶的；但它不是恶的；所以它是善的。”［151］总之，如果我将指出，按他们的说法是不可能把无效论证同有效论证区分开

① proslambanomenon。该词原指“把什么拿来作为什么”，这里把“作为前提”这重意思译出，因为其名词形式 proslēpsis 在亚里士多德三段论中是指“小前提”或“附加前提”。

来的，那么我就会表明有效论证是不可理解的，因此他们有关辩证法的无穷无尽的论争就是多余的。我将按以下方式予以表明。

［152］[1] 据说，因“无关联性”而无效的论证可以通过前提之间以及前提与结论之间缺少融贯性（akolouthia）来认识。对于这种融贯性的认识应当以条件句的判断为先导，然而如前所述，条件句是不可判定的，所以因“无关联性”而无效的论证同样是无法辨识的。［153］凡声称某个论证是因“无关联性”而无效的人，如果仅仅是表明自己的说法，他就会发现相反的说法与自己对立；如果他试图通过论证来证明自己的说法，他就会被告知，首先这个论证本身必须是有效的，然后才能证明被说成是“无关联性”的论证的前提是“无关联”的。然而我们不知道这个论证究竟是不是可证明的，因为我们不具备有关条件句的共同一致的标准，由之判定结论是否可以从论证的前提的联结中推出。因此，我们不可能把所谓的因“无关联性”而无效的论证同有效的论证分辨开来。

［154］[2] 对于声称一个论证因“以错误的形式提出”而无效的人，我们将做出同样的反驳。因为任何试图建立某种论证形式是无效的人，他不具备人人同意的有效论证，能够由之推出自己所说的结论。［155］由此，我们也潜在地反驳了那些试图表明一些论证是因“缺陷”而无效的人。因为如果完整的和完备的论证是无法辨识的，那么有缺陷的论证则是非显明的。再者，凡是想通过论证来表明某个论证是有缺陷的人，因为他不具备有关条件句的共同一致的

① 这里 *PH* 2. 152-153 可与 *M* 8. 435-437 比较。

② 这里 *PH* 2. 154-155 可以参见 *M* 8. 444-446。

标准，能够由之判断他所提出的论证的融贯性，因此他不可能在经过判断之后（kekremenōs），正确地表明这个论证是有缺陷的。

［156］[①] 再者，被说成是因“多余”而无效的论证与可证明的论证之间也是无法区分的。因为就“多余”而言，会发现为斯多亚派所反复强调的“不证自明式”（anapodeiktoi）是无效的，如果它们被否弃，则整个辩证法就会被推翻。因为它们是这样的一种论证：他们声称，它们不需要为自己的确定性（sunstasia）提供证明，但却能够证明其他论证是有效的（sunagein）。“不证自明式”是多余的，如果我们把它们提出来并就我们所说的进行推证，这点是显而易见的。

［157］他们虚构了许多“不证自明式”，但主要提出了以下五种，所有其他形式似乎都可以归于它们。[②] 第一种是由条件句及其前件推出后件，例如：“如果这是白天，则光明存在；这是白天；所以光明存在。”第二种是由条件句及其后件的矛盾命题推出前件的矛盾命题，例如：“如果这是白天，则光明存在；光明不存在；所以这不是白天。”［158］第三种是由合取句的否定式（ex apophatikou sumplokēs）及其一个合取肢推出其余合取肢的矛盾命题，例如：“并非既是夜晚又是白天；这是白天；所以这不是夜晚。”第四种是由析取句（diezeugmenon）及其一个析取肢推出其余析取肢的矛盾命题，例如：“或是白天或是夜晚；这是白天；所

① 参见 *M* 8. 438。

② 这五种“不证自明式”即科律西波定理。斯多亚派其他代表提出了不同形式，参见 DL 7. 79 及 Galen, *Inst Log* 14. 3。有关七种不证自明式的观点，参见 Cicero, *Top* 12. 53-14. 57。

以这不是夜晚。”第五种是由析取句及其一个析取肢的矛盾命题推出其余析取肢，例如：“或是白天或是夜晚；这不是夜晚；所以这是白天。”

［159］[①] 这就是他们反复强调的“不证自明式”，但对我来说，所有这些东西似乎是因“多余”而无效的。例如，我们从第一种形式开始，在条件句“如果这是白天，则光明存在”中，后件“光明存在”由前件“这是白天”推出，或是一致同意的，或是非显明的。如果是非显明的，我们就不会把条件句作为一致同意的前提予以承认；如果这个推论是显明的，即如果“这是白天”的确“是”，则“光明存在”必然“是”[②]，那么一旦我们说“这是白天”就可以推出“光明存在”，因此“这是白天，所以光明存在”这个论证形式是充分的，而条件句“如果这是白天，则光明存在”就是多余的。

［160］关于第二个“不证自明式”，我们以同样的方式进行反驳。当后件“不是”而前件“是”，这或是可能的，或是不可能的。如果是可能的，条件句就是无效的；如果是不可能的，那么在肯定“并非后件”的同时也就肯定了“并非前件”，条件句又是多余的了，因为所提出的论证形式成为：“光明不存在，所以这不是白天。”［161］同样的论证适用于第三个“不证自明式”。因为合取句的合取肢之间不能相互共存（sunuparksai allelois），这或是显明

① 这里 *PH* 2. 159-162 可与 *M 8*. 440-442 比较。

② 因为“如果这是白天”可能是真的，也可能是假的，所以这里针对系动词estin及其分词形式 ontos 直接译“是”，而非“是真的”、“是这样的”更符合逻辑意义。以下 *PH* 2. 160, 162 中，均译为“是”。

的，或是非显明的。如果是非显明的，我们将不会承认合取句的否定式；如果是显明的，那么在肯定一个合取肢的同时就否定了其余的合取肢，合取句的否定式就是多余的，因为我们以这样的形式提出论证："这是白天，所以这不是夜晚。"

［162］对于第四个和第五个"不证自明式"，我们以相似的方法予以讨论。在具有完全对立项的（meta machēs teleias）析取句中，一个析取肢为真而其他的析取肢为假（正是一个析取句所表明的）或是显明的，或是非显明的。如果是非显明的，我们将不会承认析取句；如果是显明的，那么当其中的一个析取肢被肯定，显然其余的析取肢则"不是"；当其中的一个析取肢被否定，显然其余的析取肢则"是"。因此提出这种论证形式是充分的："这是白天，所以这不是夜晚"，或者"这不是白天，所以这是夜晚"，而析取句则是多余的。

［163］对于直言推理（katēgorikos sullogismos）[①]，这种主要为漫步派所使用的东西，我们可以用相似的方式予以讨论。例如在"公正是好的，好的是善的，所以公正是善的"这个论证当中，"好的是善的"或是一致同意的和显明的，或是非显明的。如果是非显明的，这个论证的提出是不会被承认的，因此推理也就得不出任何结论；如果下述事实是显明的，即任何东西只要是好的自然就是善的，那么当声称某种东西是好的同时也就意味着它是善的，因此提出下面论证形式就是充分的："公正是好的，所以公正是善的"，而

① 即直言三段论。这里katēgorikos，指"陈述的"、"直言的"、"断定的"。名词形式 katgēorēma 即"谓词"、"陈述"、"范畴"之意。

另一个，即其中好的被说成是善的那个前提就是多余的。[164] 同样，在"苏格拉底是人，所有的人是动物，所以苏格拉底是动物"这个论证当中，如果任何东西只要是人就是动物这点不是直接显明的，那么普遍的前提就不是一致同意的，这样的论证一旦提出我们也不会承认。[165] 如果某种东西是人由他是动物推论而来，那么"所有的人是动物"这一前提就是人人同意为真的，当声称苏格拉底是人同时也包含他是动物，因此提出这种论证形式是充分的："苏格拉底是人，所以苏格拉底是动物"，而前提"所有的人是动物"则是多余的。[166] 目前为了不在这个方面耗费时间，对其他第一格的直言论证形式（protos katēgorikos logos）统统可以使用类似的方法进行反驳。

既然辩证法家用来作为推理基础的那些论证是多余的，那么就多余性而言，整个辩证法是可以被推翻的，因为我们不能把多余的因此也是无效论证与所谓有效推理区分开来。[167] 如果有人不满意"一个前提的论证"，他们的观点也不会比安提帕特[①]更值得相信，因为安提帕特并未否弃这种论证形式。[②]

因此，被辩证法家称为有效的论证是不可判定的。另外，出于前面提到的以及所有情况下论证都应当结束于真等原因，为真的论证是发现不了的。被说成是为真的结论或是显明的，或是非显明的。[168] 当然不是显明的，因为如果结论是自我显现的，且显明

① 安提帕特（Antipater），公元前2世纪中叶斯多亚派领袖，反对科律西波正统观点。

② 参见 *M* 8. 443 及 Alexander, *in Top* 8. 16-18。

性不比其前提更小，那它就不需要通过前提来揭示自己；如果是非显明的，而非显明的东西，如前面讲到的那样，存在着无法判定的分歧，因此是不可理解的，那么被说成是为真的论证的结论就是不可理解的。如果是不可理解的，我们就不知道推出的结果究竟是真的还是假的。因此也就无法知道论证究竟是真的还是假的，为真的论证就是发现不了的。

[169] 姑且不论这些，由显明的东西推论非显明的东西也是发现不了的。因为如果结论是由前提的联结（sumplokē）推出的，如果被推出的东西和后件都是相对的，即相对于前件的东西，而相对的东西，如前所述，是相互一起被理解的，那么，如果结论是非显明的则前提是非显明的，如果前提是显明的则结论是显明的，因为结论是与显明的前提一起被理解的，因此根本不存在由显明的东西推出非显明的东西。[170] 由于这个原因，结论不会被前提所揭示，因为结论或是非显明的和不可理解的，或是显明的，不需要任何东西来揭示。因此，如果证明被说成是由某种一致同意为真的前提，根据逻辑推论，有效揭示非显明结论的论证，而我们已经表明不存在有效的、为真的、由显明的东西推出非显明的东西的、能揭示结论的论证，那么显然证明就不是真实存在的。

[171][①] 通过下列反驳，我们也会发现证明是不存在的和不可想象的。凡声称证明存在的人，他提出的证明或是一般的或是特殊的。然而，正如我们将要表明的那样，提出一般的或特殊的证明都是不可能的，此外也无法想象任何其他可能，因此任何人都不能把

① 这里 *PH* 2. 171-176 可与 *M* 8. 382-390 比较。

证明确立为真实存在的东西。[172] 出于以下原因，一般的证明是不存在的。它或者具有，或者不具有某个前提和结论。如果不具有，它就不是证明；如果具有某个前提和结论，而所有被证明的东西（apodeiknumenon）和能证明的东西（apodeiknuon）都属于一系列特殊事物，那么证明就是特殊的，因此一般的证明是不存在的。

[173] 特殊的证明也是不存在的。因为他们将声称，或者证明是由前提和结论构成的系统，或者仅仅是由前提构成的系统。但两种情况都不是证明，如我要表明的那样，所以特殊的证明并不存在。[174] 由前提和结论构成的系统不是证明，首先因为这个系统包含了非显明的成分，也就是说包含了结论，因此它是非显明的，然而这是荒谬的，因为如果证明是非显明的，那就需要其他东西来证明自己，而不是去证明其他东西。[175] 其次，既然他们声称证明是相对的，即相对于结论的东西，相对之物，如他们所言，是相对于其他东西被思想的，而被证明的东西一定是有别于证明本身的，那么，如果被证明的东西是结论，证明就不能与结论一起被思想。再者[①]，结论对自己的证明或有所贡献（sumballetai），或无所贡献。如果有所贡献，它将自己揭示自己；如果无所贡献，而是多余的东西，那它就不是证明的一部分，我们将说这个证明是因多余而无效的。[176] 再者，仅仅由前提构成的系统也不是证明，因为

① 这一段似乎是说，如果结论的内容包含在前提之中，即对证明无所贡献，结论就是多余而无效的；如果结论的内容超出了前提，即对证明做了贡献，则结论不是由前提揭示出来的，而是自己揭示自己，结论的可靠性也就得不到前提的保障，因此证明也是无效的。总之，无论结论是否超出前提，证明都是无效的。怀疑论对演绎或归纳推理的这种批判，为近代经验论所使用。

有谁能说这样的一个表达形式“如果这是白天，则光明存在；这是白天”是一个论证，或是完整地形成了一个思想？因此，仅仅由前提构成的系统不是证明。所以，特殊的证明是不存在的。如果既不存在一般的证明也不存在特殊的证明，除此而外想象任何证明是不可能的，那么证明就是并非真实存在的。

[177][1] 从以下方面也可表明证明的非真实存在性。如果证明存在，它或是显明的并能揭示显明的东西，或是非显明的并能揭示非显明的东西，或是非显明的并能揭示显明的东西，或是显明的并能揭示非显明的东西。但没有任何一种揭示方式是能够想象的，所以证明是不可想象的。[178] 如果证明是显明的并能揭示显明的东西，那么被揭示的东西（ekkaluptomenon）就会既是显明的又是非显明的。显明的，是因为当下它被假设如此。非显明的，是因为它需要一个能揭示自己的东西（ekkalupsonton），它不能由自身清楚地作用于我们形成印象。如果证明是非显明的并能揭示非显明的东西，那证明本身就需要一个能揭示自己的东西，自己是无法揭示其他东西的，但这是有悖证明观念的。[179] 由于下述原因，不可能存在显明的东西的非显明的证明，也不可能存在非显明的东西的显明的证明。因为它们是相对的，而相对的东西相互之间总是被一起理解的，所谓被证明的东西一旦同显明的证明被一起理解，它就是显明的，因此论证就会自我反驳，证明就不会被发现自身是显明的，且能证明非显明的东西。如果既不存在显明的东西的显明的证明，也不存在非显明的东西的非显明的证明，也不存在显明的东西

① 这里 *PH* 2. 177-179 可与 *M* 8. 391-395 比较。

的非显明的证明，也不存在非显明的东西的显明的证明，而他们声称除此之外不会有其他可能，那我们必须要说证明是不存在的。

[180][1] 此外，我们还应谈谈以下问题。有关证明存在着种种分歧。某些人说它是不存在的，如那些声称无物存在的人。[2] 某些人说它是存在的，如多数独断论者。而我们说它存在并非甚于（mē mallon）不存在。[181] 再者，证明必定涉及原理（dogma），既然他们对每一原理都莫衷一是，因此关于每一证明必然存在着分歧。因为，出于讨论需要，假设有关虚空存在的证明被普遍接受，那虚空存在也会被普遍接受。显然，那些对虚空存在争论不休的人，对虚空存在的证明也会争论不休。同样的论证适用于所有其他证明所涉及的原理。因此，所有的证明都存在着争论，都处于分歧状态。

[182] 因为有关证明自身的分歧性，所以它是非显明的（有分歧的东西，就其引发分歧而言，是非显明的[3]），并非自身就是显而易见的（prouptos），应当通过证明来确立。但证明由之得以确立的证明不是一致同意的和自明的（因为我们当下正在研究证明究竟是否存在），既然它是存在分歧的和非显明的，就需要另一个证明，另一个证明的证明，以至无穷。然而证明无限系列是不可能的。因此，确立证明存在的证明是不可能的。[183] 然而它也不可能通过记号来揭示。因为记号是否存在也是有待于研究的问题，记号需要

① *PH* 2. 180-181 可与 *M* 8. 327-334 比较。

② 或许指高尔基亚（参见 *PH* 2. 57），或经验派医生和德谟克里特（参见 *M* 8. 327）。

③ 参见 *PH* 2. 116。怀疑论的一个论证原则：如果事物存在分歧，则表明它本性上是非显明的。

证明以确证自己的存在性，因此我们发现自己陷入循环推论，证明需要记号，记号又需要证明。但这是荒谬的。出于以下原因，有关证明问题的分歧也是不可能判定的：因为判定就要使用标准，而标准是否存在乃是有待于研究的问题，如前所述，因此标准需证明以表明标准是存在的，我们会再次陷入循环推论的疑难。[184] 如果既不能通过证明，也不能通过记号和标准来表明证明是存在的，如果证明不是自明的，正如我们已确立的那样，那么证明是否存在就是不可理解的。因此，证明是非真实存在的。因为证明是与“能证明”这种活动一起（sun toi apodeiknunai）被思考的，如果它是不可理解的，那它就不能证明什么[①]，所以证明是不存在的。

[185][②] 在《概要》中，对证明的反驳谈得很充分了。那些试图建立相反观点的独断论者声称，这里提出的这些反对证明的论证或是可证明的，或是不可证明的。如果是不可证明的，它们就不能证明“证明是不存在的”；如果是可证明的，它们自身就会通过自我反驳的形式（ek peritropēs）达致证明的实在性（hupostasia）。[③] [186] 为此他们提出了这种论证形式：“如果证明存在，则证明存在；如果证明不存在，则证明存在；证明或者存在，或者不存在；所以证明存在。”他们又在同等效力上提出这种论证形式：“由矛盾命题推出的结果不仅是真的而且是必然的；这些东西——证明存在

① 参见 *PH* 2. 123。这句话的意思是说，如果证明是不可理解的，那它就是非真实存在的，就不可能实现证明活动。证明除了能够证明之外是不可想象的。

② *PH* 2. 185-186 可与 *M* 8. 465-467 比较。

③ “自我反驳的形式”（peritropēs）指语义的自我指涉、自我否定，参见 *PH* 1. 122。这里是说，如果“证明不存在”的证明本身是可证明的，则证明是存在的。

与证明不存在——是相互矛盾的，并且由它们每一个都可推出证明存在；所以，证明存在。”

［187］针对这些东西我们可以这样予以反驳，比如，我们没有认为任何论证是可证明的，我们没有绝对地声称反对证明的这些论证是可证明的，而是说它们对我们显得似乎是可信的（pithanoi）。似乎可信的东西并非必然是可证明的。假如它们是可证明的（这点我们并未做出确切地肯定），那它们当然就是真的。而真的证明是由真的东西推出真的东西，因此其结论是真的。它们的结论是“证明不存在”，因此出于自我反驳的形式[①]，“证明不存在”这句话本身也是真的。［188］正像泻药把自己与体内存在的液汁一起排出，这些论证能够将自己和其他被说成是可证明的论证一起消除（sumperigraphein）。[②] 这并非是不相容的（apemphainon），因为“无物为真”这句话本身不仅否定了所有其他东西，也同时推翻了自己。

关于这一论证：“如果证明存在，则证明存在；如果证明不存在，则证明存在；它或者存在，或者不存在；所以它存在”，能够用许多方法表明它是无效的，但目前通过下面的方法已经足够。［189］如果条件句“如果证明存在，则证明存在”是有效的，那么其后件的矛盾命题，即“证明不存在”必须与“证明存在”不相容或相排斥，因为后者是条件句的前件。[③] 但按照他们的观点，一个由不相容的命题构成的条件句是不可能有效的。因为条件句宣

① 参见 *PH* 1. 122; 2. 185。

② 有关怀疑论的自我消解、自我排除的论述，参见 *PH* 1. 14-15, 206 及 *M* 8. 480。

③ 参见 *PH* 2. 111。

称如果前件“是”则后件“是”，不相容的命题则宣称对立性或排斥性（tounantion），即如果当中任何一个“是”，其余的就不可能“是”。因此，如果条件句“如果证明存在，则证明存在”是有效的，那么条件句“如果证明不存在，则证明存在”就不可能是有效的。[190] 再者，如果我们出于假设承认条件句“如果证明不存在，则证明存在”是有效的，那么“证明存在”与“证明不存在”能够共存，而如果它们能够共存，那就不会是不相容的。因此，在条件句“如果证明存在，则证明存在”当中，其后件的矛盾命题就不是与前件不相容的，那么这个条件句也就不是有效的，因为前一个条件句被假设为有效的。[191] 如果“证明不存在”与“证明存在”并非是不相容的，那析取句“或者证明存在或者证明不存在”将是无效的。因为有效析取句宣称，其中一个析取肢是有效的，则另外的一个或一些析取肢因为与之不相容而是假的。反之，如果析取句是有效的，就会发现条件句“如果证明不存在，则证明存在”是错误的（phaulon），因为它是由不相容的命题构成的。因此，在上面提到的那个论证中[①]，前提之间是不融贯的（asuphōna）和相互否定的（anairetika），所以论证是无效的。[192] 再者，正如我们所论述的那样，独断论者他们不可能表明任何东西可以由相互矛盾的前提推论出来，因为他们不具备推论的标准。

① 指这一论证：“如果证明存在，则证明存在；如果证明不存在，则证明存在；它或者存在，或者不存在；所以它存在。”在 *PH* 2. 189-191 中，塞克斯都列举了三种方式反驳这一论证。承认条件句第一个前提有效，则第二个前提无效；假设条件句第二个前提有效，则第一个前提无效；假设条件句第二个前提有效，则析取句无效。如果析取句有效，则条件句第二个前提无效。

谈论这个问题实属多余。因为，如果一方面为证明辩护的论证似乎是可信的（假设如此），而另一方面反对证明的论证似乎也是可信的，那么我们对证明必然保持存疑，说证明存在并非甚于不存在。

十四、关于演绎[①]

［193］因此，对他们喋喋不休的[②]演绎进行讨论或许也是多余的，因为一方面它们同证明的真实性一起被推翻（显然，只要证明是不存在的，有关证明的论证也就无立足之地），另一方面在前面的论述中我们已潜在地对其做出反驳[③]，在讨论有关“多余性”问题时我们谈过某种方法，由之或可表明所有斯多亚派和漫步派的那些有关证明的论证实际都是无效的。［194］然而，对这个问题做点补充性的、特殊的讨论或许并无不当之处，主要因为独断论者在这个问题上自视甚高（mega phronousin）。表明它们的非真实性，要谈的方法很多，但在《概要》中使用下述方法已经足够。当下我要谈的是“不证自明式”，因为如果这些东西被排除，所有其余的论证

① 本节讨论的是三段论或演绎推理（sullogismos），与归纳推理（epagōgē）相对。

② tōn thruloumenōn。其动词形式为thruleō，指“发出噪音”、“吵闹”、“大谈特谈”等等。塞克斯都经常使用该词描述独断论者对各种信念、原理、学说的鼓噪。

③ 参见*PH* 2. 159-166。

就会被推翻，因为有关推理的（tou sunagein）证明都依赖于这些“不证自明式”。

［195］[1]“所有的人都是动物”这个前提是通过归纳（epagōgikōs）由特殊的事例得以确定的。由苏格拉底是人，当然也是动物这一事例，同样也由柏拉图、迪翁及每个特殊的事例，他们认为确切地肯定所有的人是动物则是可能的。因此，如果其中一个特殊的事例明显地同其余的事例相冲突，普遍前提就是无效的。比如，大多数动物后足运动，只有鳄鱼前足运动，所以“所有的动物后足运动”这个前提就不是真的。[2]［196］当他们说：“所有的人是动物，苏格拉底是人，所以苏格拉底是动物”时，他们试图由普遍命题“所有的人是动物”推出特殊命题“苏格拉底是动物”，而这个特殊命题，正如我们所提到的，是根据归纳对普遍命题的确切肯定，因此他们陷入循环论证，通过归纳由每个特殊事例确定普遍前提，通过演绎（sullogistikōs）由普遍前提得出特殊结论。［197］关于下述论证同样如此：“苏格拉底是人，没有一个人是四足的，所以苏格拉底不是四足的”，一方面试图通过归纳由特殊事例确切地肯定前提“没有一个人是四足的”，另一方面又想从“没有一个人是四足的”推出每个特殊事例，他们陷入循环论证的困境。

［198］对于漫步派所说的其他“不证自明式”可以按同样的方法予以考察，对于“如果这是白天，则光明存在”也是如此。如他们所说，“如果这是白天，则光明存在”是可以有效推出“光

① 这里 *PH* 2. 195-197 可与 *PH* 2. 163-165 比较。

② 这是斯多亚派用的事例，参见 Apuleius, *Int* 185. 15-20 及 Alexander, *in APr* 43. 28-44. 2。

明存在”的，“光明存在”同“这是白天”一起确切肯定了“如果是白天，则光明存在”。因为上述条件句不会被认为是有效的，除非“光明存在”与“这是白天”在这之前已被观察到总是一起存在的（sunuparchon）。[199] 因此，如果为了建立条件句“如果这是白天，则光明存在”就必须首先理解当白天存在则光明必然存在，而通过这个条件句又可以推出当白天存在则光明存在。也就是说，一方面就前面讲到的“不证自明式”而言，白天存在与光明存在的共存性由条件句“如果这是白天，则光明存在”推出，另一方面这个条件句反过来又要通过上述的共存性得以确切地肯定，那么这样一来，导致疑惑的循环论式就会推翻论证的真实性。

[200] 下面的论证同样如此：“如果这是白天，则光明存在；光明不存在；所以这不是白天。”基于我们从未看到过没有光明的白天这一事实，条件句“如果这是白天，则光明存在”被认为是有效的，让我们假设，如果什么时候白天出现而光明不现，这个条件句就会被说成是无效的。就前面提到的“不证自明式”而言，“如果光明不存在，则不是白天”又是从“如果这是白天，则光明存在”推出的，因此双方为了自身的确切性（bebaiōsin）都需要另一方被确切地（babaiōs）理解，以至于通过循环论证的方式使自己成为可信的。[201] 再者，基于某些东西是不可能共存的，比方说，白天与夜晚，合取句的否定式“并非既是白天又是夜晚”和析取句“或者是白天或者是夜晚”或许被认为是有效的。但他们认为这些东西的不可共存性是被合取句的否定式和析取句所确切断定的，声称：“并非既是白天又是夜晚；这是夜晚；所以这不是白天。”“或者是白天或者是夜晚；这是夜晚；所以这不是白天。”或：“这不是

夜晚；所以这是白天。”［202］我们接着再来推论：如果为了析取句和合取句的否定式的确定性，我们需要在这之前已经理解这些句子所包含的命题是不可共存的，而他们却认为他们是由析取句和合取句的否定式推出这些命题是不可共存的，因此这就导致循环论式，因为如果没有理解包含在这些句子中的命题的不可共存性，我们是不可能相信上述这些“复杂前提”的（tropika）[①]，另一方面在提出这些基于“复杂前提”的推理之前，我们也不可能确切肯定包含其中的命题的不可共存性。［203］因此，由于论证的循环性，我们不具备信念赖以建立的出发点，就这个方面而言，我们将表明第三种、第四种、第五种“不证自明式”都不具有实在性。

目前，关于演绎谈得已经很充分了。

十五、关于归纳

［204］我认为，反驳归纳推理形式（ton peri epagōgēs tropon）是很容易的。因为他们试图用这个方法由特殊事例来建立普遍结论。[②] 他们这样做，或考察所有特殊事例，或考察部分特殊事例。如果考察部分，则归纳是不确切的（abebaios），因为归纳过程中

---

① 参见 *PH* 2. 3。

② 参见 *PH* 2. 195 及 Aristotle, *Topics*, 105a13-16。

遗漏的某些特殊事例有可能与普遍结论相反；如果考察全部，他们将在不可能的事情上白费力气，因为特殊事例是无限的和不可界定的。[①] 因此基于每一种情况，我认为，都会得出归纳是不牢靠的[②] 这一结论。

十六、关于定义

［205］在有关定义的技艺（technologia）方面，独断论者也自视甚高，他们将之列入所谓哲学的逻辑学部分。现在我们就简短地谈谈定义问题。

独断论者认为定义有很多用处，但或许你会发现最主要的用处有两个，他们声称这两个可以涵盖定义所有必要的用处。［206］按他们的解释，定义无论对于理解还是传授都是必要的。[③] 如果我们表明定义对于这两者都是无用的，我认为，我们就可以颠覆独断论者在这个方面所耗费的工夫（mataioponia）。

［207］直接说来，一方面，如果一个人不认识定义对象或被定

---

① 参见 *PH* 2. 210。这里用了两个同根形容词：apeirōn 和 aperioristōn，前者指无法定量，后者指无法定性。

② 这里使用了 saleuesthai，指“动摇”、“摇摆”、“不牢靠”等意，该词反映出归纳结论的不确定性。

③ 参见 DL 7. 42。

义者（to horiston），他是不可能去定义自己所不认识的东西的。另一方面，一个认识定义对象，并进而给出定义的人，不是通过定义去理解定义对象，而是把定义付诸事先已被理解的东西，因此定义对于事物的理解是不必要的。再者，如果我们试图绝对地定义一切事物，就会因陷入无穷而定义不了任何东西；如果我们承认某些事物甚至没有定义也是可理解的，就会表明定义对于理解是不必要的，因为如果离开了定义我们能理解一切犹如未被定义的东西是可理解的。[208] 所以，我们要么〈因陷入无穷〉[①] 而绝对定义不了任何东西，要么表明定义是不必要的。

基于下列原因，我们发现定义对于传授也是不必要的。就像一个初识某种东西的人，没有定义也可以认识它。同样，一个被传授某种东西的人，没有定义也可以被传授。

[209] 再者，他们还基于定义对象来判定定义，声称那些包含了不属于定义对象的某些属性或所有属性的定义是错误的。因此，当有人声称人是理性的、不死的动物，或理性的、有死的、会文法的动物时，他们说这些定义是错误的（mochthēron），因为没有人是不死的，有些人是不会文法的。[②][210] 再者，定义或许是不可判定的，因为定义应当由之得以判定的特殊事例是无限的[③]，因此他们不可能理解和传授那些定义由之得以判定的东西，即那些无论如何在此之前已被清楚认识和理解的东西。

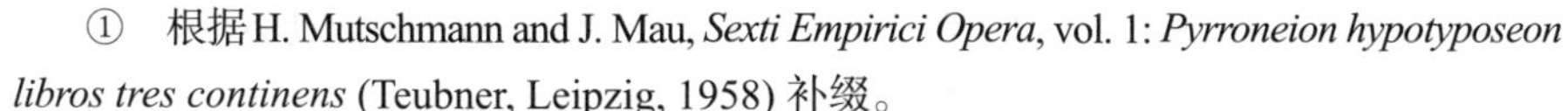

① 根据 H. Mutschmann and J. Mau, *Sexti Empirici Opera*, vol. 1: *Pyrroneion hypotyposeon libros tres continens* (Teubner, Leipzig, 1958) 补缀。

② 有关斯多亚派所理解的定义，参见 DL 7. 60 及 Alexander, *in Top* 42. 27-43. 8。

③ 参见 *PH* 2. 204。

当这些定义把我们卷入如此含混不清的境况（asapheian），还要声称它们或对于理解，或对于传授，或一般说来，对于辨析（sapheneian）是有用的，这难道不是好笑的吗？［211］比如，我们讲一个笑话[①]，假如有人想问你是否碰到一个骑马牵狗的人，并以这样的方式发问："哦，理性的、有死的、能思想和有知识的动物，你是否碰到一个宽指甲、有政治学知识的、会笑的动物，将其半边屁股放在一个会嘶鸣的动物之上，牵着一个四足的、会狂吠的动物？"在如此熟悉的事物上，因为定义而让人们处于失语状态（eis aphasian），这难道不是荒唐可笑的吗？

就上述讨论的这些东西来看，我们必须说定义是无用的，［212］无论定义被说成是"一种陈述，它借由简单的提示将我们引向基于词项的对象之概念"[②]——这点由我们刚刚谈到的来看是显而易见的（难道不是吗？），还是被说成是关于澄清"是其所是"的一个陈述[③]，还是被任意被说成什么。因为当他们试图建立定义是什么的时候陷入种种分歧，尽管这些分歧似乎可以推翻定义，但鉴于当下的写作计划我就略而不谈了。

关于定义，目前对我来说已经谈得很充分了。

① 这一笑话出自伊壁鸠鲁，参见 Anonymus, *in Tht* 22. 39-47。在 *PH* 1. 62 节重复引用。

② 对定义的这个解释再现于 [Galen], *Def Med* 19. 348。这一解释似乎符合盖伦有关"概念性的定义"的观点，参见 Galen, *Diff Puls* 8. 708。

③ 对定义的这一解释属于漫步派。"是其所是"（ho to ti ēn einai）这一词组是典型的亚里士多德术语，这里翻译成"是其所是"。

十七、关于划分

[213] 既然独断论者声称，辩证法是有关演绎、归纳、定义和划分的知识，而我们在论述了标准、记号、证明之后又讨论了演绎、归纳和定义，因此我们认为，进而简短地探讨一下划分问题并无不当之处。他们说划分（diairesis）存在四个方面的作用。或名称（onoma）被划分成“所表示的东西”（sēmainomena），或整体被划分成部分，或“属”被划分成“种”，或“种”被划分成个别事物。然而，或许我们很容易发现没有一个方面属于划分的知识。

十八、关于把名称划分成“所表示的东西”

[214] 他们直接而不无理由地表明，知识涉及本性上具有的东西（tōn phusei），而非习惯上具有的东西（tōn thesei）。因为知识被认为是某种确切的和不变的东西，而习惯上具有的东西则是易变的和不稳定的，通过发生在我们身上的习惯的复杂多样性而变化无常。既然名称在习惯意义上（thesei），而非本性意义上（ouphusei）

表示事物[①]（因为否则所有的人，包括希腊人和蛮族人也一样，就会理解所有被语词所表示的事物了。此外，这件事取决于我们自己：我们可以在任何时间，用任何愿意选取的其他名称来指示和表明“所表示的东西”），那如何能够存在把名称划分成“所表示的东西”的知识？或辩证法如何能够像某些人所说的那样，成为有关“能表示东西”（sēmainontōn）和“所表示的东西”（sēmainomenōn）的知识？[②]

十九、关于整体与部分

［215］关于整体与部分我们在称作物理学的章节中进行讨论[③]，当下要说的是所谓把整体划分成部分。有人声称 10 可以被划分成 1 和 2 和 3 和 4，但实际上 10 是不能被划分成这些东西的。因为第一个部分即 1 这个数一旦被减掉，假设目前我们承认这点，10 则不复存在，存在的是 9 这个完全不同于 10 的数。［216］因此，其余部分的减少和划分不是由 10 而是由另外的数开始，这些数随

① 参见 *PH* 2. 256; 3. 267. *M* 11. 241. *M* 1. 37, 144-147。这是斯多亚派反对的观点，参见 Origen, *Contra Celsum*, 1. 24。

② 斯多亚派科律西波的观点，参见 DL 7. 62。sēmainontōn 和 sēmainomenōn 与索绪尔的现代语言学的“能指”和“所指”有接近之处。

③ 参见 *PH* 3. 98-101。

着每次的减少而发生变化。

因此，把整体划分成所谓的部分或许是不可能的。因为如果整体被划分成部分，那么在划分之前部分就应该包含于整体之中，然而它们或许并非包含其中。比如，我们再次以 10 为例建立论证。他们声称 9 当然是 10 的一部分，因为 10 可以划分成 1 和 9。8 也是一样，因为 10 可以划分成 8 和 2。7、6、5、4、3、2、1 同样如此。[217] 如果所有这些数包含于 10 当中，而这些数相加之和为 55，那么 55 就会包含于 10 当中，但这是荒谬的。因此，这些所谓的部分并非包含于 10 当中，10 作为一个整体直至部分，也不能被划分成这些东西，因为这些东西在 10 当中是根本看不到的。

[218] 在有关量度方面我们也会碰到同样的问题，如果有人想划分恰好 10 个单位的长度的话。因此，把整体划分成部分或许是不可能的。

二十、关于“属”和“种”

[219] 还剩下有关“属”和“种”的论证，关于这个问题我们将在其他地方详尽讨论[①]，当下我们简要地谈谈。一方面，如果

① 在塞克斯都其他著作中没有发现讨论这个问题。

他们声称“属”和“种”是概念（ennoēmata）[1]，那么我们就灵魂的中枢部分和表象所做的批驳就足以推翻它们[2]。[220]另一方面，如果他们承认这些东西独立的实体性（idia hupostasis），那他们如何回答下列问题？如果“属”存在，它或者同“种”一样多，或者存在一个共同的“属”，所有的“种”都被说成归属于它。如果“属”与其“种”的数目一样多，就不会存在一个可以被划分成若干“种”的共同的“属”；如果声称在所有的“种”当中存在一个“属”，那么每一个“种”或者分有（metechei）“属”的全部，或分有“属”的一部分。[3]当然不会分有全部，因为一个真实存在物（en ti huparchon）不可能以同样的方式分别包含于不同的事物中，以至于可以被看到作为一个整体出现在每个被说成是存在的事物之中。如果分有一部分，那么首先“属”的数目总体上就不会与它的“种”相契合（akolouthesei），正像他们所认为的那样，人就不是动物，而是动物的一部分，比如，人会是一个实体（ousia），但既无生命又无感知。[221]其次，所有的“种”就会被说成是或者分有它的“属”的同一部分，或者分别分有不同的部分。然而由于上述原因，分有同一部分是不可能的；如果分别分有不同的部分，那么“种”相互之间在“属”的意义上也就不是相似的（这点他们是不会承认的），那么每个

① 斯多亚派的观点，参见 DL 7. 60。

② 参见 *PH* 2. 70-71。

③ 同样的论证形式出现在 *PH* 3. 158-162。这一论证形式由柏拉图在《巴门尼德篇》中提出，参见 Plato, *Parmenides*, 31AC。以下的反驳很接近亚里士多德对柏拉图“分有”学说的批判。

“属”也将是无限的，因为它被分割成无限的部分，不仅被划分成“种”，而且也被划分成特殊事物，在这些特殊事物中“属”随同它的“种”都可以被观察到，因为迪翁不仅被说成是人，而且还被说成是动物。因此，如果这种结果是荒谬的，那么“种”就不会部分地（kata meros）分有作为一个整体存在的（enos ontos）“属”。

［222］如果每个“种”既不会分有整个的“属”，也不会分有“属”的一部分，那何以能说一个“属”存在于它的所有的“种”当中，以至被划分成这些“种”？或许没人能够这样说，除非是在制造某些想象物（eidōlopoiēsis）[①]，而这些东西，正如怀疑论者所反驳的那样，可以被其自身无法判定的分歧所推翻。

［223］[②] 此外，还应谈谈以下问题。如果“属”或是“这”或是“那”，那么它的“种”或既是“这”又是“那”，或是“这”而不是“那”，或既不是“这”也不是“那”。例如，事物中一些是有形的一些是无形的，一些是真的一些是假的，一些是白的（或许如此）一些是黑的，一些是大的一些是小的，其他同样如此，那么出于论证考虑，“事物”（to ti），即某些人所说的最高的“属”（genikōtaton）[③]，它或是所有这些东西的“属”，或是一部分这些东西的“属”，或不是任何这些东西的“属”。［224］如果“事物”根本不是任何这些东西的“属”，那它本身就不是“属”，研究既

① 参见 *PH* 3. 155。

② *PH* 2. 223-225类似柏拉图后期“通种论”遇到的困境，即承不承认理念具有矛盾的属性。

③ 参见 *PH* 2. 86。

已终结。如果声称“事物”是所有这些东西的“属”，那么除了这种说法是不可能的之外，它的每个“种”和它所存在于其中的每个个别事物将不得不是所有的东西。如他们所说的，既然动物是有生命的能感知的实体，那它的每一个“种”就会被说成是实体、有生命的和能感知的，同样，如果“属”既是有形的又是无形的，既是假的又是真的，既是黑的（或许如此）又是白的，既是小的又是大的，等等，那么它的每个“种”和个别事物就会是所有这些东西，但这是根本看不到的，因此这个说法是假的。[225] 如果“事物”只是一部分这些东西的“属”，那么这些东西的“属”就不会是其余的东西的“属”，比如，如果“事物”是有形物的“属”，它就不是无形物的“属”，如果动物是理性的“属”，它就不是非理性的“属”，因此就不会存在无形的东西，也不会存在非理性的动物，其他情况同样如此。然而这是荒谬的。因此，“属”不可能既是“这”又是“那”，不可能是“这”而不是“那”，也不可能既不是“这”也不是“那”，如果这样，“属”是根本不存在的。

如果有人声称潜能上“属”是一切事物，我们将回答：某种潜能上存在的东西必须是某种现实上存在的东西，比如，一个人不可能潜在地是一个语文家，除非他实际上就是一个语文家。如果潜能上“属”是一切事物，我们就要问现实上它是什么，因此同样的困惑依然存在。因为现实上它不可能是完全相反的东西。[226] 另外“属”也不可能一些是现实上的，而另一些只是潜能上的，例如，有形的东西是现实上的，无形的东西是潜能上的。因为，只有现实上能够真实存在的东西才会潜能上存在，而现实上有形的东西是不可能变成现实上非有形的东西的，因此，比方说，如果某物现实上是有形的东西，它就不会是潜能上非有形的东西，反之亦然。因此“属”不可能一些是现实上的，一些只是潜能上的。如果“属”根本不是现实上的，那它并非真实存在。因此，他们称之为可划分成“种”的“属”是不存在的。

［227］再者，以下观点值得关注。如果亚历山大和帕里斯是同一个人，那么“亚历山大走路”为真而“帕里斯走路”为假则是不可能的。因此，如果对忒翁和迪翁来说两者同样都是人，而“人”这一普通名词一旦进入命题系统（eis suntaxin aksiōmatos），就会使命题在忒翁和迪翁两者那里或同时为真或同时为假，然而这是无法看到的。因为当迪翁坐着而忒翁正在走路时，“人在走路”这一命题如果指称他们当中之一是真的，则指称另一个就是假的。因此，“人”这一普通名词（prosēgoria）对两者既不是共同的，也不是相同的，如果有这种东西的话，则是他们每一个所特有的（idia hekaterou）。[①]

① “普通名词”或“称呼”（prosēgoria），是斯多亚派有关词项（logos）的术语。巴比伦的第欧根尼和科律西波把词项分成五个：名称、普通名词、动词、连接词和冠词。后来安提帕特还增加了第六个即“意味”（mesotēs）。（参见 DL 7. 57-58）“意味”大概相当于第奥尼修斯·特拉克斯（Dionysius Thrax，约公元前 100 年）称为“分词”（metochē）的东西，因为它分有了（metechei）名词和动词的性质。（参见威廉·涅尔、玛莎·涅尔：《逻辑学的发展》，张家龙、洪汉鼎译，第 185 页）

二十一、关于共同属性

［228］有关共同属性（tōn koinōn），要说的东西同样如此。如果视觉对于迪翁和忒翁是同一种属性，假设迪翁死了，忒翁活着并可以观看，那么他们或者声称已死的迪翁的视觉仍未毁灭，然而这是自相矛盾的，或者声称两者相同的视觉都已毁灭或都未毁灭，但这是荒谬的。因此，忒翁的视觉并不同于迪翁的视觉，如果可能的话，视觉是每个人所专属的。如果呼吸对于迪翁和忒翁是同一种属性，那么呼吸在忒翁身上存在而在迪翁身上不存在是不可能的，因为不可能一个已经消亡，一个仍然存在，因此两者的呼吸不是同样的东西。

关于这个话题，目前简要谈论的这些已经足够。

二十二、关于诡辩[①]

［229］在有关诡辩问题上占用少量时间或许并无不当之处，因为那些吹嘘辩证法的人声称，对于诡辩的解释（dialusis）辩证法是必需的。[②]他们说，如果辩证法能够识别真假论证，而诡辩论既然是假的论证，那么辩证法就能判定那些以貌似的可信性来强暴真理的东西。因此，辩证法家以拯救摇摆不定的生活经验的姿态[③]，不遗余力地试图向我们传授有关诡辩的概念、分辨和解释（epilusis）。他们声称，诡辩是一种貌似可信的、具有欺骗性的论证，以诱导人们去接受或为假，或疑似为假，或是非显明的，或是无论如何不可接受的结论。［230］比如结论为假的诡辩是这样的："没人让你喝陈述（katēgorēma）；'喝苦艾酒'是一个陈述；所以没人让你喝苦艾酒。"结论疑似为假的诡辩如下："过去和现在都是不可能的事情并非是荒谬的；医生仅当作为一个医生杀人过去和现在都是不可能的；所以医生仅当作为一个医生杀人并非是荒谬的。"［231］结论

① 参见 Theodor Ebert, *Dialektiker und frühe Stoiker bei Sextus Empirucus: Untersuchungen zur Entstehung der Aussagenlogik*, Göttingen: Vandenoeck & Ruprecht, 1991。

② 这里指斯多亚学派有关辩证法的观点，参见 Plutarch, *Stoic Rep* 1034F 及 Cicero, *Fin* 3. 21. 72。

③ 这句话的原文是 boēthountes saleuonti tōi biōi，即"试图帮助被动摇了的日常经验"。

为非显明的诡辩如下:"并非我首先向你问某个问题并且星星的数目不是偶数;我首先向你问某个问题;所以星星的数目是偶数。"另外结论无论如何是不可接受的诡辩,如所谓文法不通的论证:"你看见的东西是存在的;你看上去是躁动不安的;所以'躁动不安的'是存在的。"[①] 或:"你观察到的东西是存在的;你观察到燃烧的场所;所以'燃烧的场所'是存在的。"[②]

[232]再者,他们试图对诡辩做出分析,声称对于第一种诡辩,在前提中所承认的是一回事,而在结论中推得的又是另一回事。因为前提承认陈述是不被人喝的并且"喝苦艾酒"是一个陈述,但并非苦艾酒本身是一个陈述,因此人们应当推出"没人喝'喝苦艾酒'"这个为真的结论,而推出"没人喝苦艾酒"就是假的,因为由已被承认的前提是推不出这个结论的。[③][233]关于第二种诡辩他们声称,它貌似引向假的结论,因而使非专门人士迟疑于对它做出确切的赞同,但实际它的确结论为真,即"医生仅当作为一个医生杀人并非是荒谬的"。因为没有命题是荒谬的[④],而"医生仅当作为一个医生杀人"是一个命题,因此这个命题并非是荒谬的。[234]他们声称,推出有关非显明结论的诡辩则依赖于真值发

① 在第一个句子中"你看见的东西"(ho blepeis)是一个主语从句,而第二个句子中"躁动不安的"(phrenitikon)是形容词,作为不及物动词"看"(blepeis)的表语。因此第三句中形容词"躁动不安的"是不能做主语用的。

② 这里的语法错误在于第三句"燃烧的场所"中"场所"一词使用了因格 topon,然而应当使用的是主格 topos。因汉语无法表达主因格之别,只能按字面意思翻译。

③ 这一诡辩的错误似乎在于偷换概念。

④ 即一切命题,只要是命题,都是有意义的。

生一系列变化的命题。[①] 如果根据假设，当没有问题被问及时，合取句的否定式为真，而合取句则为假，因为它自身中包含了一个为假的合取肢“我首先向你问某个问题”。但在合取句的否定式提出之后，小前提（proslēpsis）“我首先向你问某个问题”成为真的，由于合取句的否定式在小前提之前提出，合取句的否定式即大前提（protasis）则变成假的，因为包含在合取句中原本为假的合取肢变成真的。因此结论是永远不可能推出来的，因为合取句的否定式与小前提无法共存（sunuparchontos）。［235］至于最后一个，即不合文法的论证，有些人声称这些东西纯属荒谬推论，与语用习惯相悖。

这些就是某些辩证法家关于诡辩所说的东西，其他人还说了其他一些东西。这些说法或许可以娱乐一下一知半解者（eikaiteron）的耳目，但却是多余的和煞费苦心的。这点基于以前所述或许能够看到。因为我们已经表明，就辩证法家所说的而言，真与假是不可理解的，为此我们通过大量的论证，尤其是通过推翻其推理效力的证据，也即证明和不证自明式来表明这一点。［236］对目前提出的话题，还有很多其他的东西特别要说，但出于《概要》的写作目的，我们现在只谈以下问题。

在辩证法似乎尤为擅长揭露的那些诡辩事例上，他们的解释是无用的。就解释的有用性来说，不是那些试图给出解释的辩证法家，而是那些在每种技艺中把握事物的关联性（parakolouthēsis）

① ek tou genous tōn metapiptontōn，接近现代逻辑的“真值”（truth-value）。有关斯多亚派的真值问题，参见 DL 7. 76. Epictetus, *Diss* 1. 7. 13-21. Simplicius, *in Ph* 1299. 36-1300. 10。

的人。[①]［237］接下来，让我们试举一两个事例。假设向医生提出下面这个诡辩："在疾病减弱阶段须建议丰富多样的饮食；对于每种形态的疾病来说，病情减弱通常发生在前三天；所以，通常在前三天采取丰富多样性的饮食是必然的。"对于这个论证的解释，辩证法家是不可能说任何东西的，尽管他的解释或许是有用的。［238］但医生可以解释这个诡辩，因为他知道"减弱"（parake）有两种意思：一是整个病情的"减弱"，一是每种局部病情从高峰到好转的持续性的"减弱"。他知道这种局部病情持续性的"减弱"通常发生在前三天，但我们并非基于这种意义的"减弱"，而是基于整个病情的"减弱"建议丰富多样性的饮食。因此，他会说这个论证的前提之间是不融贯的或不一致的，因为一种"减弱"，即作为整个病情的"减弱"被用作第一前提，另一种"减弱"，即局部病情的"减弱"被用作第二前提。

［239］再者，对于某个因高度紧张而发烧的人，提出下面这个论证："相反之物对相反之物[②]；冷与这种高烧状态是相反的；所以冷是适应于这种高烧状态的疗法。"［240］这里辩证法家将会无言以对，但医生因为知道什么是首要病因（proēgoumenōs prosechē pathē），什么是这种病因的症状（sumptōmata），所以会说这个论证不应诉诸症状（实际上，运用冷敷会使发烧加重），而应诉诸病因，而毛孔的阻塞不畅是其首要病因，因此需要的不是收缩而是放松疗法，而作为结果的高烧不是首要的，所以似乎适合于它的疗法

① 在*PH* 2. 237-258中，怀疑论再次强调生活经验的重要性，反对哲学家或辩证法家的思辨空谈。

② ta enantia tōn enantiōn。希波克拉底的治疗原则，参见Hippocrates, *de Flatibus*, 1。

也就不是首要的。

［241］对于那些需要给出有用的解释的诡辩，辩证法家却无话可说，而是给我们提出这样的论证：“如果并非你有漂亮的角而且你有角，那么你有角；实际上你并非有漂亮的角而且你有角；所以你有角。”[①]［242］“如果有物运动，那么它或在它所在的（en hoi esti）地方运动，或在它所不在的（en hoi ouk estin）地方运动；但它既不在它所在的地方运动（因为它在那里静止不动），也不在它所不在的地方运动（因为一个东西如何在一个它根本不在的地方发生活动？）；所以无物运动。”[②]［243］“或存在者（to on）生成，或非存在者（to mē on）生成；但存在者不会生成（因为它已存在），非存在者也不会生成（因为生成者是被作用的，而非存在者是不会被作用的）；所以无物生成。”[③]［244］“雪是结冰的水；而水是黑色的；所以雪是黑色的。”[④]

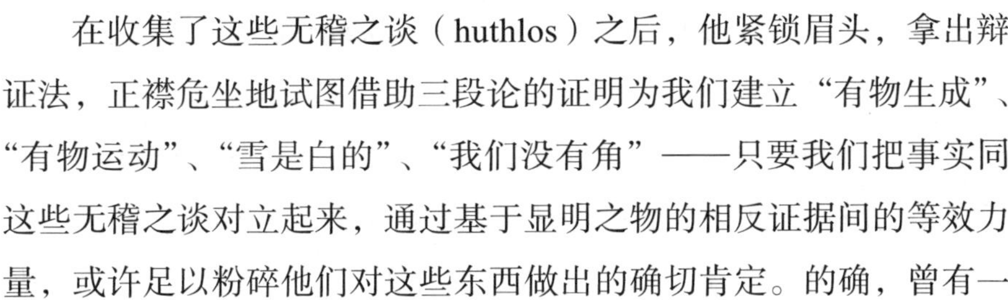

在收集了这些无稽之谈（huthlos）之后，他紧锁眉头，拿出辩证法，正襟危坐地试图借助三段论的证明为我们建立“有物生成”、“有物运动”、“雪是白的”、“我们没有角”——只要我们把事实同这些无稽之谈对立起来，通过基于显明之物的相反证据间的等效力量，或许足以粉碎他们对这些东西做出的确切肯定。的确，曾有一

① 关于“人有角”的诡辩由麦加拉派的欧布里德（Eubulides）发明（参见 DL 2. 111），其一般形式为：“如果你没有丢失任何东西，那么你有这种东西；你没有丢失角，所以你有角。”塞克斯都引的这一诡辩似乎并非典型的“人有角”诡辩，而是混淆了$\sim(p\wedge q)$与$\sim p\wedge q$之间的区别。

② 这一论证来自狄奥多罗，参见 *PH* 2. 245; 3. 71. *M* 10. 87-89. *M* 1. 311。

③ 类似的论证归于爱利亚派的高尔基亚，参见 *M* 7. 71。

④ 这一论证归于阿那克萨戈拉，参见 *PH* 1. 33。

位哲学家[1]，当有人在他面前提出反对运动的论证时，他一句话不说便四处走动起来。况且，那些遵循生活经验的平常人，他们通过陆路和海洋远行，他们修造船只和房屋，他们养儿育女，根本就不会关心那些反对运动和生成的论证。［245］一则关于希罗费洛[2]医生的趣闻广为流传，他与狄奥多罗，一位把辩证法搞得庸俗不堪、在反对运动以及许多其他论题上到处卖弄诡辩论的人，处于同一个时代。一天，狄奥多罗的肩膀脱臼，到希罗费洛那里寻求治疗，希罗费洛诙谐地对他说："你的肩膀或在它所在的地方，或在它所不在的地方脱臼；而你的肩膀既不在它所在的地方，也不在它所不在的地方脱臼；所以它没有脱臼。"于是，这位诡辩论者便请求医生放下这个论证，用适合于他的办法医治肩膀。［246］我认为，遵循共同的规训（tērēsis）和常识（prolēpsis），依靠经验（empeirōs）和不持有任何信念地（adoksastōs）生活，对那些为独断论所精心雕琢、远离生活功用的说教保持存疑（epechontas），这些已经足够。[3]因此，如果辩证法不能解释这些或许可以得到有用的解释的诡辩论，如果对诡辩论的这些解释即便我们承认是能够做出的但实际却是无用的，那么在解释诡辩问题上辩证法则是无用的。

［247］由辩证法家所谈论的这些东西出发，我们可以简要地表明他们有关诡辩的这些推论技艺（technologoumena）乃是多余的。辩证法家声称，他们热衷于辩证法的技艺不但是为了知道什么

① 指犬儒派的第欧根尼或安提斯特尼斯。

② 希罗费洛（Herophilus），公元前3世纪，卡尔西顿（Chalcedon）人，著名医生。

③ 这里再次强调怀疑论是一种遵循经验常识、反对独断信念的生活方式，参见*PH* 1. 23-24。

由什么推出，主要是为了知道如何通过“不证自明式”来判断真与假，为此他们声称辩证法是关于真与假以及既非真又非假的东西的知识。[①][248]他们说一个真的论证是由真的前提推出真的结论的论证，一旦一个结论为假的论证被提出，我们就会立即知道这个论证是假的，而且不会赞同这样的论证。因为论证本身必然或是无效的，或是包含为假的前提。[249]以下描述更清楚地表明这点：在一个论证中，为假的结论或由前提的联结（sumplokē）推出或无法推出。但如果无法推出，论证本身就是无效的，因为他们声称一个论证是有效的仅当其结论由其前提的联结推出；如果可以推出，那么按照他们的推论技艺，前提的联结必然为假，因为他们声称假的结论由假的前提推出，而不会由真的前提推出。[250]显然，基于前面我们的论述，他们所说的无效的或并非为真的论证是不可证明的。

如果当一个结论为假的论证被提出，我们就会因为它包含了为假的结论而立刻知道，这个论证既不是真的，也不是有效的，我们就不会赞同这个论证，尽管我们或许并不知道它的错误究竟是什么。这点正像我们不认同魔术师的把戏是真的，知道他们在骗我们，尽管不知道他们是如何骗的；同样，我们不相信那些貌似可信（pithanos）但实际为假的论证，尽管不知道它们是如何不合逻辑的（paralogizontai）。

[251]再者，既然他们声称诡辩不仅导致错误结论，还会导致另外一些荒谬的东西，因此我们应当在较为普遍的意义上进行

① 参见 *PH* 2. 94。

讨论。那么，一个被提出的论证，或把我们引向某种不可接受的（aprosdekton）结论，或引向某种我们应当接受的结论。如果是后者，我们将赞同这个结论而不会有任何荒谬之处；如果是引向某种不可接受的结论，那么非但我们不应因论证的貌似可信性而去鲁莽地赞同这个荒谬的结论，而且恰恰是他们，更应力避那些迫使他们赞同荒谬结论的论证，如果他们确如自己所承诺的那样，意在探寻真理而不是孩子般地说谎的话。[252] 假设一条路通向悬崖，我们不会因为有一条通向悬崖的路而迫使自己走向悬崖，而会因为悬崖而避开这条路。同样，假如有一个论证把我们引向某种公认的荒谬结论，我们将不会因为论证而赞同荒谬，而会因为荒谬而力避论证。[253] 因此，一旦向我们提出这样的论证，我们将对每个前提保持存疑，直至整个论证被提出，我们就会达致对我们来说似乎如此的结论（ta dokounta）。

例如，如果科律西波派的独断论者声称，当“连锁推理”（sōritēs）被提出时，为了避免陷入荒谬，在论证进程中就应停止并保持存疑[1]，那么对于我们——作为怀疑论者——来说，更为恰当的做法在于一旦怀疑其论证的荒谬性，并不是在前提被提出时就匆忙做出什么断定，而是对每个前提保持存疑，直到整个论证被提出。[254] 我们不持有任何观念地（adoxastōs）从生活规训（tēs biōtikēs tērēseōs）出发，因此可以避免这些具有欺骗性的论证，而独断论者却不能分辨诡辩与那些似乎被正确提出的论证，因为他们迫使自己独断地判定这些论证的形式（schēma）是有效的或是无效

① 参见 *M* 7. 415-421。“连锁推理”的一般形式，参见 *PH* 3. 80。

的，其前提是真的或不是真的。[255]我们前面已经表明，他们既不能理解有效的论证，也不能判断某物为真，因为正如我们根据他们自己说的东西所表明的那样，他们不具备一致同意的标准和证明。因此，就上述这些东西而言，为辩证法家所喋喋不休的有关诡辩的论证技艺是多余的。

[256]关于歧义（amphibolia）的分辨，我们的论述同样如此。如果歧义是表示两个或多个事物的语词①，如果语词在习惯意义上表示事物②，那么所有能得到有用的解释的歧义，即存在于某种经验事物中的歧义，可以被那些在各种技艺中受过训练的人解释清楚，因为他们具有一套自己创造的、根据“所表示的东西”（sēmainomenōn）使用名称的习惯性经验。[257]但辩证法家却解释不了这些歧义。比如，有关这个论证中的歧义：“在病情减弱期须建议丰富多样的饮食”。在日常生活中，我们甚至发现家奴也可以分辨语词的歧义，只要这种分辨对他们似乎是有用的。如果一位拥有多个同名家奴的主人传唤一名，比如说，叫作“曼诺”的家奴（假设这是所有家奴共同的名字），这个家奴就会问究竟是哪一个“曼诺”。假如一个主人拥有多种不同的酒，他给家奴说：“给我倒一杯酒来喝”，家奴同样会问哪一种酒。[258]正是每种事物中有用的经验导致了歧义的分辨。

所有这些歧义并非根植于日常生活经验，而是产生于独断论者的思想，因而对过一种无独断信念的生活或许毫无用处，对于

① 参见 DL 7. 44, 62。

② 参见 *PH* 2. 214。

这些东西，具有自己特殊态度的辩证法家，他们迫于怀疑派的反驳，将不得不同样保持存疑，因为这些歧义或许是与非显明的、不可理解的和非真实存在的东西联系在一起的。[259] 有关这个问题我们后面将要讨论。① 如果独断论者试图反驳我们，那他就会强化（kratunei）我们的论证，因为基于双方的攻讦和无法判定的纷争，他自己实际肯定了对所研究的东西的存疑。

谈完有关歧义问题，我们结束《概要》的第二卷。

① 在塞克斯都其他著述中并未发现。

第三卷

［1］关于所谓的哲学的逻辑学部分，前面以概要的方式做出的解释或许已经很充分了。

一、关于物理学部分

我们将按照同样的写作方式批判物理学部分，不是针对他们在这个论题上所说的每种观点逐一反驳，而是竭力动摇其更为普遍性的原则，其他观点也会随之一起被推翻（sumperigraphetai）。[①] 下面，让我们从有关本原[②]的论证开始讨论。

二、关于能动的本原

多数人同意，本原当中有些是质料性的（hulikos），有些是能动性的（drastikos）[③]，我们由能动性的本原进行论证，因为他们声

---

① 参见 *PH* 2. 84。

② archē。“本原”一词这里是与“原因”（aitia）在同等意义上使用的，是希腊物理学或自然哲学的第一范畴。

③ 这是斯多亚派有关本原的划分，参见 *M* 9. 4-12. DL 7. 134. Seneca, *Ep* 1. 15. 2。

称这种东西是比质料更加重要的本原。

三、关于神

［2］既然多数人宣称神是最为能动的（drastikōtaton）原因，那我们就首先研究有关神的问题。这里需要事先表明，我们在遵循生活经验的意义上（tōi biōi katakolouthountes），不持有任何独断信念地声称神存在，敬奉神，说神预知一切，但为了反对独断论者的鲁莽，我们做出以下论述。[①]

当我们思想事物时应当思想其本质[②]，比如，它们是有形的还是无形的。当然还应思想其形状，因为没有人能够思想一匹马，除非他之前已经知道了马的形状。再者，还应想到被思想之物存在于何处。［3］在独断论者当中，有些声称神是有形的，有些声称是无形的；有些声称神是人形的，有些声称是非人形的；有些声称神居于某处，有些声称并非如此。而在那些声称神居于某处的人当中，有些声称神居于宇宙之内，有些则声称居于宇宙之外。如果我们在神

① 塞克斯都再次表明怀疑的立场，即在遵循生活经验的意义上，不持有独断信念地承认神存在、神能预知万物；在反驳独断论、建立反题的意义上说神不存在、神不能预知万物。怀疑论者并不是独断论意义上的有神论者或无神论者。

② 这里塞克斯都使用的“本质”（ousia）一词，指斯多亚派讲的“物质”（hulē），并非亚里士多德意义上的“实体”。

的本质、形状和存在的场所方面都无法得到共同一致的意见，那我们如何能够获得有关神的概念？首先让他们一致同意、共同承认神是如此这般的东西，为我们勾勒出基本特征之后，再来要求我们把握神的概念。只要他们处于无法判定的分歧之中，我们就无法从他们那里得到有关神的概念的一致意见。

[4] 他们说，当想到某种不死的和有福的（makarios）东西时，便认为这就是神。[①] 但这是愚蠢的，因为正像一个不认识迪翁的人是不可能思想那些属于迪翁之为迪翁的东西的，既然我们并不明白神的本质，也就不可能知道和思想属于他的属性。[5] 此外，让他们告诉我们何为有福的东西，究竟是依据德性进行现实活动（energoun）并预知自己的所作所为，还是没有任何现实活动性（anenergēton），自己无所事事，也不为他者做事。[②] 他们在这个问题上存在着无法判定的分歧，因此使有福的东西，由于这个原因也使神无法被我们思想。

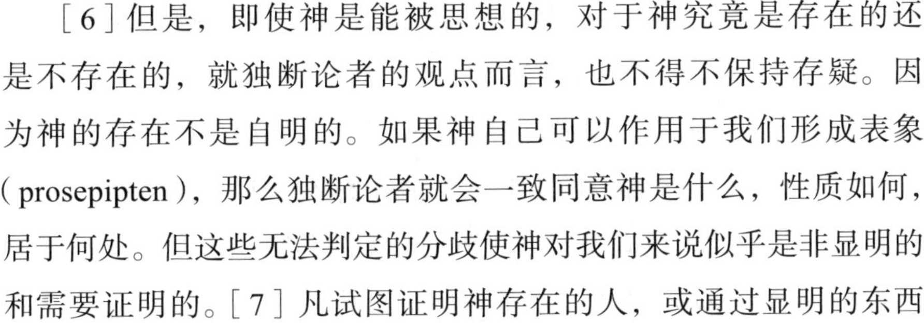

[6] 但是，即使神是能被思想的，对于神究竟是存在的还是不存在的，就独断论者的观点而言，也不得不保持存疑。因为神的存在不是自明的。如果神自己可以作用于我们形成表象（prosepipten），那么独断论者就会一致同意神是什么，性质如何，居于何处。但这些无法判定的分歧使神对我们来说似乎是非显明的和需要证明的。[7] 凡试图证明神存在的人，或通过显明的东西

① 按伊壁鸠鲁，这是大众关于神的一般观念，参见 Epicurus, *ad Men* 123 及 *PH* 3. 219。斯多亚派有关神的观点，参见 DL 7. 147。

② 这里塞克斯都把两种神的观念对立起来，前者是斯多亚派的，后者是伊壁鸠鲁的，参见 DL 7. 147 及 *PH* 3. 219。

或通过非显明的东西来证明。当然不可能通过显明的东西来证明，因为如果用来证明神存在的东西是显明的，根据我们前面建立的论证，“被证明者”（to apodeiknumenon）是相对于“证明者”（to apodeiknunti）而被思想的，因而也是同它一起被理解的，那么神存在就是显明的了，因为神存在是同用来证明它的、自身作为显明的东西一起被理解的。然而如我们已表明的那样，神存在不是显明的，因此不能通过显明的东西来证明。神存在也不能通过非显明的东西来证明。因为用来证明神存在的非显明的东西本身需要证明，但如果声称这种非显明的东西可以通过显明的东西来证明，那它就不再是非显明的而是显明的了。[8] 因此，用来证明神存在的非显明的东西不能通过显明的东西来证明。它也不能通过非显明的东西来证明，因为凡声称这样做的人将陷入无穷后退，我们会永远不断地需要对前面提出的作为非显明的东西的证明提供证明。因此，神存在不可能由任何其他东西来证明。[9] 如果神是否存在本身是非显明的，也不能由其他东西来证明，那么这个问题就是不可理解的。

还有下面这些东西需要论述。凡声称神存在的人，他或者说神预知（pronoein）宇宙中的事物，或者说神不预知。如果预知，或者预知一切事物，或者预知某些事物。如果预知一切事物，宇宙中就不会存在任何坏事和邪恶，因为他们声称万物充满了恶，所以不能说神预知一切事物。[①] [10] 如果神预知某些事物，那他何以预知这些事物而非那些事物？再者，神或者既愿意（bouletai）又能够

① 这个论证属于伊壁鸠鲁派，参见 *PH* 1. 155; 3. 219。

（dunatai），或者愿意但不能够，或者能够但不愿意，或者既不愿意又不能够预知一切事物。但如果既愿意又能够，他就会预知一切事物了，根据上述原因他并非预知一切事物。所以，他并非既愿意又能够预知一切事物。如果他愿意但不能够，他就会比那个他因之而不能够预知他不预知的原因还要弱（asthenesteros）。[11]然而，神的能力比其他东西还要弱是有悖于神的概念的。如果他能够但不愿意预知一切事物，那他会被认为是邪恶的（baskanos）。如果他既不愿意又不能够预知一切事物，那他就会既是邪恶的又是无能的（asthenēs），但如此说神是不虔敬的（asebountōn）。因此，神不预知宇宙中的事物。①

如果神对任何东西不做出预知，也不存在自身的功业（ergon）和成就（apotelesma），那就没人能够声称他是如何理解神是存在的，因为神既不自我显现，也无法通过他的某些活动结果来理解。因此，神是否存在就是不可理解的。[12]由以上论述我们进而得出结论，凡确切声称神是存在的人或许不得不犯渎神之罪（asebein）。因为如果声称神预知一切事物，就等于说神是罪恶的原因；如果声称神预知某些事物或不预知任何事物，就不得不说神或是邪恶的或是无能的，说这种话的人显然是渎神的。②

① 以上两段对神预知一切的反驳，是希腊怀疑论提供给后世各种无神论思想的经典论式，尽管怀疑论本身不是无神论。我们可以看到不少 17—18 世纪的启蒙思想家使用过类似形式的论证。

② 这里怀疑论把有神论反而推到“渎神”的地步，这个反论是相当睿智的。

四、关于原因

[13] 为了避免独断论者因困于（di aporian）对我们做出实质性的反驳而妄加污蔑，在首先尝试对原因的概念进行考察之后，我们将对“能动的原因”提出更为普遍性的辩难（diaporēsomen）。就独断论者所说的那些东西而言，没人能够思想原因这一概念，因为他们除了给出一些充满分歧和矛盾的原因概念之外，还使原因的真实存在性因为这些分歧成为根本发现不了的东西。[14] 一些人声称原因是有形的，一些人声称是无形的。① 一般说来，按照他们的观点，原因似乎是某种因其活动而生成结果的东西。比如，太阳或太阳的热是“蜡在融化”的原因，或是“蜡的融化”的原因。他们甚至在这个问题上也存在着分歧，有的声称原因是名词的原因，如“融化”（tes chuseōs），有的则声称原因是谓词的原因，如“在融化”（tou cheisthai）。② 因此，如我所言，原因一般说来是某种因其活动而生成结果的东西。

[15]③ 他们多数认为，原因当中一些是根本性的（sunektika），

① 参见 *M* 9. 211-212。

② 参见 Clement, *Strom* 8. 9. 26. 3-4。

③ 有关原因的区分，参见 Cicero, *Fat* 18. 41. Clement, *Strom* 8. 9. 33. 1-9 及 [Galen], *Def Med* 19. 392。

一些是联合性的（sunaitia），一些是辅助性的（sunerga）。根本性的原因[①]乃是仅当它们呈现则结果才呈现，它们消除则结果消除，它们减少则结果减少（因而他们声称笼头的安置是引起马窒息的原因）；而联合性的原因是指，对结果的存在提供了同另外一个合作性的原因相等的力量（因此他们说每头拉犁的牛是犁被拉动的原因）；辅助性的原因是那些提供了少许力量便使结果的存在变得容易起来的东西，比如两人正在艰难地抬起重物，第三者过来帮助他们减轻了重量。

［16］还有一些人声称当下的东西是未来的东西的原因，也就是指"前因"[②]，如阳光下过度曝晒引起发热。另外一些人则反对这个说法，因为原因是相对的东西，即相对于结果而存在的东西，它作为原因是不能先于结果而存在的。

关于原因我们提出如下疑问。

五、某物是某物的原因吗？

［17］[③]原因存在似乎是可信的。如果不是出于某种原因，增加、减少、生成、毁灭、普遍的运动、每种自然与灵魂的结果、整

① "根本性的原因"或"内因"（aitia sunektika），参见 Galen, *CC*。

② ta prokatarktika。有关"前因"，参见 Galen, *CP*。

③ 这里 *PH* 3. 17-19 与 *M* 9. 200-204 比较。

个宇宙的秩序以及其他所有的一切如何能够发生？即使这些东西本性上并非真实存在，我们也会声称正是出于某些原因它们对我们显得似乎如此，就像它们实际并非如此。[18] 再者，假如原因并不存在，一切事物就会偶然地来自一切事物，比如，如果愿意，马或许会生自蚊蝇，大象或许会生自蚂蚁。[1] 如果不是某种原因使南方风急雨骤，东方干旱无雨，那么埃及的忒拜就会雨雪交加，南方就会滴水不降。[19] 另外，凡声称原因不存在的人会自我反驳（peritrepetai）。[2] 因为如果他声称自己只是简单地、无任何原因地说出这句话，他的话则是不可信的；如果承认说出这句话是出于某种原因，那么在他试图否定原因的时候实际肯定了原因，因为他提供了一个原因由之不存在的原因。

因此原因存在似乎是可信的。[20] 但声称没有任何东西是任何东西的原因似乎也是可信的，只要我们从表明这一观点的现存的大量论证中选取一二，这点将是显而易见的。比如，在理解一个原因的结果仅当作为它的结果之前去思想这个原因是不可能的，因为仅当我们理解了它的结果才能承认它是这个结果的原因。[21] 然而，我们不可能理解一个原因的结果仅当作为它的结果，除非我们已经理解了这个结果的原因仅当作为它的原因。因为只有当我们理解了这个结果的原因仅当作为它的原因，才能认为我们知道它就是这个原因的结果。[22] 如果我们为了思想原因就必须首先认识结果，而为了认识结果，如我们所说的，就必须首先获得原因的知

① 参见 Luretius, *DRN* 1. 159-173。

② 这里怀疑论利用语义的自我指涉进行反驳，参见 *PH* 1. 122。

识，那么导致疑难的循环推理将会表明两者是不可思想的，原因不能被作为原因思想，结果也不能被作为结果思想。因为它们各自需要以对方为证据，我们将无法知道从哪里开始思想。因此我们不能表明某物是某物的原因。

［23］即使有人承认原因是能被思想的，也一定会因为观念的种种分歧而认为它们是不可理解的。〈因为一些人声称某物是某物的原因，一些人声称不是，而另一些人则保持存疑。〉[①] 凡声称某物是某物的原因者，或表明自己只是简单地（haplōs），并非基于合理的（eulogou）原因去谈论这些东西，或表明由于某些原因达致对这些东西的认同。如果只是简单地谈论，他就不会比简单地谈论没有任何东西是任何东西的原因的人更加可信；如果说出某些他由之认为某物是某物的原因的原因，那他就是试图用有待于研究的东西确立有待于研究的东西。因为我们正在研究是否某物是某物的原因，而他却声称原因存在，因为存在着原因存在的原因。［24］此外，我们正在研究原因的真实存在性，那就当然需要他对原因存在的原因提供原因，以及这个原因的原因，直至无穷。然而提供无穷的原因是不可能的，因此，确切表明某物是某物的原因是不可能的。

［25］此外，原因导致结果产生，或者它是一个原因并已经作为一个原因而存在，或者它不是一个原因。当然，它绝对不会不是一个原因。如果它是一个原因，那它必须之前已经存在并成为

① 根据 H. Mutschmann and J. Mau, *Sexti Empirici Opera*, vol. 1: *Pyrroneion hypotyposeon libros tres continens* (Teubner, Leipzig, 1958) 补缀。

（progenesthai）一个原因，因此达致那个被说成是由已经存在的原因所产生的结果。然而，原因是相对的，即相对于结果的东西，显然它作为原因是不可能在先存在的（proūpostēnai），因此原因，当它作为原因，不能产生它是其原因的那个东西。［26］如果作为原因或不作为原因它都无法产生任何东西，那它就不会产生任何东西。因此，它就不是一个原因。因为除了产生某种东西，原因是不能被思想为原因的。

某些人还做出下面这些论述：原因或者必须与结果共同存在，或者必须先于结果存在，或者必须在结果生成之后存在。[①] 声称原因在其结果产生之后存在是荒谬的。但原因也不可能先于结果存在，因为它据说是被思想为相对于结果的东西，［27］他们自己声称，相对的东西，就其是相对的而言，是相互间共同存在的和共同被思想的。[②] 但原因也不会与结果共同存在，因为如果它是能够产生结果的，而被生成者（to ginomenon）必须由存在者（hupo ontos）生成，那么原因则必须首先成为原因，而后使结果产生。因此，如果原因既非先于其结果存在，又非与之共同存在，而结果也非先于原因生成，原因就根本不具有任何实在性（hupostaseōs）。［28］十分明显，出于以下理由原因的概念或许也会被推翻。如果作为相对的东西，原因不能在其结果之前被思想，但如果为了把它思想成其结果的原因，它又必须在其结果之前被思想，然而对于任何东西，在它确实被思想之前，对它的思想是不可能发生的，那么

① 参见 *M* 9. 232-236。

② 有关相对之物“共同存在”（sunuparchein）、“共同被思想”（sunnoeisthai），参见 *PH* 2. 126, 177。

原因就是不可能被思想的。

［29］我们由此最终得出结论：如果就我们所表明的，应当声称原因是存在的那些论证似乎是可信的；如果就我们所建立的，声称原因存在是不恰当的那些论证似乎也是可信的；如果对这些论证做出任何倾向性的选择是不可能的，因为如前所述，我们不具备人人同意的记号、标准和证明，那么我们不得不对原因的实在性保持存疑，并表明，仅就独断论者所说的这些东西而言，原因存在并非甚于（mē mallon）原因不存在。

六、关于质料性的本原

［30］有关能动性的本原，目前我们所说的这些已经很充分了。但我们还必须简要地谈谈所谓质料性的本原。这些东西也是不可理解的，这点由独断论者当中存在的种种分歧可以很容易地看到。叙罗斯的斐瑞居德[①]声称万物的本原是土，米利都（Miletus）的泰勒斯声称是水，他的学生阿那克西曼德声称是“无限者”，阿那克西美尼和阿波罗尼亚（Apollonia）的第欧根尼声称是气，麦达蓬坦的

① 斐瑞居德（Pherecydes），活动于公元前6世纪，叙罗斯（Syros）人。据亚里士多德，他是一位半宗教半神话式的人物。

希帕索斯[①]声称是火，科勒封的克塞诺芬尼声称是土和水，开俄斯的厄诺皮德斯[②]声称是火和气，利吉姆的希波[③]声称是火和水，厄诺马克利托[④]在其论俄耳甫斯的篇章中声称是火、水和土，[31] 恩培多克勒派和斯多亚派声称是火、气、水、土，至于某些人谈论的某些神奇的无性质的（apoiou）物质[⑤]，就连他们自己都无法确切地肯定这种东西是可理解的，为何我们还应提及它呢？追随亚里士多德的漫步派则声称是火、气、水、土和“圆形运动体”[⑥]，[32] 德谟克里特和伊壁鸠鲁声称是原子，克雷佐门尼（Clazomenae）的阿那克萨戈拉声称是“同类素”[⑦]，外号克洛诺斯的狄奥多罗[⑧]声称是“微小的、无部分的物体”，彭透斯的赫拉克勒德[⑨]和俾泰尼亚的阿

① 希帕索斯（Hippasus），活动于公元前5世纪，麦达蓬坦（Metapontum）人，毕达戈拉派代表，对数学和音乐具有浓厚兴趣。

② 厄诺皮德斯（Onopides），活动于公元前5世纪，开俄斯（Chios）人，数学家和天文学家。

③ 希波（Hippo），活动于公元前5世纪，利吉姆（Rhegium）人，主张水是万物的本原。

④ 厄诺马克利托（Onomacritus），公元前 6 世纪人，俄耳甫斯诗句的编纂者。

⑤ 参见 *M* 10. 312 及 DL 7. 134, 136-137（关于斯多亚派的四元素）。

⑥ “圆形运动体”（to kuklophorētikon smōa），指亚里士多德的“第五元素”，即“以太”（aithēr），参见 Plato, *Cratylus*, 410B. Aristotle, *De Caelo*, 1. 3. *M* 10. 316。

⑦ homoiomereiai。旧译“同类的部分”，即物体及其构成部分在性质上是相同的。

⑧ 外号克洛诺斯的狄奥多罗（Diodorus Cronus），约公元前350—前283年，属于辩证法学派，一个新兴的麦加拉学派分支。他发展了反运动和变化的一系列逻辑悖论，其思想或许被斯多亚派的芝诺和阿尔克西劳所关注。

⑨ 赫拉克勒德（Herclides），活动于公元前4世纪，彭透斯（Pontus）人，哲学派别归属不详。他结合游记的素材，对原子论哲学感兴趣。

斯克勒皮亚德[①]声称是“无缝隙的物块”，毕达戈拉派声称是数，数学家声称是物体的“限”，物理学家斯特拉图[②]声称是性质。

［33］既然有关质料性的本原在他们当中存在着如此之多乃至更多的分歧，那么我们或者赞同所提出的所有这些以及其他观点，或者赞同其中的某些观点。但赞同所有观点是不可能的。因为我们当然不能既赞同声称元素是易碎的和具有性质的阿斯克勒皮亚德派，又赞同声称元素是不可分割的和无性质的德谟克里特派，也赞同把所有可感的性质留给“同类素”的阿那克萨戈拉派。［34］如果我们倾向于选择某种观点而非其他观点，那我们或者简单地、未经任何证明地做出选择，或者经过证明做出选择。但未经证明我们将得不到认同。如果经由证明，那证明必须为真。但证明是不会被承认为真的，除非它已被为真的标准所判断，而标准为真又要通过已被判断的证明来表明。［35］如果为了表明选择某种观点的证明为真，其标准必须已被证明，而为了标准得以证明，其证明必须之前已被判断，因此这就陷入循环论式，无法使论证向前迈步（probainei），因为证明永远需要已被证明了的标准，而标准则永远需要已被判断了的证明。［36］如果有人想通过标准来判断标准，通过证明来确证证明，他将陷入无穷后退。那么，如果我们既不能赞同有关元素的所有观点，也不能赞同其中的某些观点，那么对这些东西保持存疑则是恰当的。

① 阿斯克勒皮亚德（Asclpiades），活动于公元前1世纪，俾泰尼亚（Bithynia）人，医生。

② 斯特拉图（Strato），公元前3世纪拉姆普萨科斯（Lampsakus）人，漫步派第三代领袖，其兴趣主要在逻辑学和物理学。

［37］仅由这些论证或许可以表明元素和质料性本原的不可理解性，然而为了全面驳斥独断论者，我们将在这个论题上花费一点时间。既然有关元素的这些观点是纷繁复杂乃至接近无限的，如我们所表明的那样，因此考虑本书写作特点，我们目前避免针对每种观点一一讨论，而是在基本内涵上（dunamei）反驳所有观点。因为有关元素无论人们持有怎样的观点，终将归于有形的或无形的。所以我们认为，表明有形物是不可理解的，无形物也是不可理解的已经足够，由于这个原因，显然元素是不可理解的。

七、物体是可理解的吗？

［38］[①] 有些人声称物体（sōma）是某种能够作用（poiein）或被作用（paschein）的东西。仅就这一概念而言，它是不可理解的。因为，正如我们所表明的那样，原因是不可理解的。如果我们不能说是否有原因存在，那我们就不能说是否有被作用的东西存在，因为被作用的东西一定是被一个原因所作用的。既然原因和被作用的东西都是不可理解的，因此物体也是不可理解的。［39］还有一些人声称物体是拥有抗力的三向度的东西。[②] 他们把点说成是没有部

① 这里 *PH* 3. 38-40 可与 *M* 9. 366-368 比较。

② 物体是“拥有抗力的三向度的东西”（to trichēi diastaton meta antitupias），这一观点可能属于伊壁鸠鲁或某些“几何学家”，参见 *PH* 2. 30; 3. 126, 152 及 *M* 1. 21。

分的东西，线是没有宽的长，面是具有宽的长。一旦获得了高和抗力[①]便是物体，即当下我们所论述的对象，它由长、宽、高和抗力所组成。［40］对这些人的反驳是轻而易举的。因为他们或者声称物体不外乎是这些性质，或者声称物体是不同于这些性质的结合的另外什么东西，然而离开了长、宽、高和抗力，就不会有物体。但如果物体就是这些性质，那么任何人只要表明这些性质不是真实存在的，他就会否弃物体，因为整体是同自己的所有部分一起被否弃的。

以多种方式来驳斥这些东西是可能的，但目前我们谈谈如果“限”（ta perata）存在，则它们或是线，或是面，或是物体已经足够。［41］如果有人声称面和线存在，那前面提到的每种东西或被说成是能够自身独立存在，或只是在与所谓的物体的关联中才被观察到。然而，梦想自身独立存在的线或面或许是愚蠢的。但如果声称每种东西只是在与物体的关联中才被观察到，并非自身独立存在，那么首先就得直接承认物体不是由这些东西生成的（而我认为，这些东西应当首先获得自身的独立存在性，然后通过结合来形成物体）。［42］[②]其次，这些东西甚至在物体中也不会真实存在。这点可以通过很多论证表明，但目前谈谈由“接触”所引发的疑惑

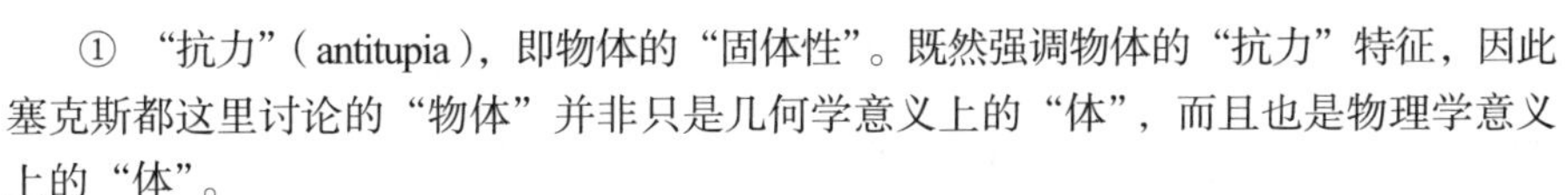

① “抗力”（antitupia），即物体的“固体性”。既然强调物体的“抗力”特征，因此塞克斯都这里讨论的“物体”并非只是几何学意义上的“体”，而且也是物理学意义上的“体”。

② 以下*PH* 3. 42-44有关“接触”问题（ek tēs haphēs）的论证可与*M* 9. 415-417及*M* 3. 62-64 比较。这一论证在于反驳几何量度的非实在性。按其思路，只要物体之间相接触，就会发现物体中不存在线、面、长、宽这些抽象孤立的实体，“没有宽的线”、“没有高的面”、“没有高的长和宽”都是无法看到的。

已经足够。如果并列物相互接触，它们则是通过自己的“限”，比如通过面相互接触的。但面相互之间不会因为接触而整个融为一体，否则接触将是混合，而接触物的分离就是分裂，这点不是我们所见到的情况。[43]如果面以它的某些部分同并列物的面相互接触，以其他部分同作为它的“限”的物体结合在一起，〈那么面就不会没有高，因为面的各个部分在高度上被认为是有差别的，一部分接触并列物，其他部分则与作为它的“限”的物体结合在一起〉[①]。因此，在与物体的关联中人们不可能看到没有高的长和宽，因此也不可能看到没有高的面。

同样，根据假设，当两个面沿着它们终结于此的“限”，即沿着各自所谓的长，也就是线，相互并排，那么这些线，即面由之被说成是相互接触的线，彼此之间是不会融为一体的（否则它们就会混同起来）。如果每条线以具有宽度的某一部分接触与它并排的线，以另外的部分与作为它的“限”的面结合在一起，那么这些线将不会没有宽，因此它们也就不是线。如果物体中既不存在线也不存在面，那么物体中也就不会存在长、宽和高。

[44]如果有人声称“限”是物体，那就对其进行简短的反驳。[②]因为如果长是物体，那它一定会被划分成三个向度，其中每个向度因为是物体，自身又会被划分成三个另外的向度，这些向度也是物体，也同样会被划分成三个另外的向度，如此划分下去，直至无穷。因此，物体由于被划分成无限的部分从而在数目上变成无穷多，但这

① 希腊文本似乎有断章，这里根据H. Mutschmann and J. Mau, *Sexti Empirici Opera*, vol. 1: *Pyrroneion hypotyposeon libros tres continens* (Teubner, Leipzig, 1958) 补缀。

② 参见*M* 9. 434-435。

是荒谬的。所以，以上提到的这些向度不是物体。如果它们既不是物体，又不是线，也不是面，那它们就不会被认为是存在的。

[45][①] 抗力或固体性（antitupia）也是不可理解的。如果是可理解的，那就要通过接触来理解。只要我们证明接触（haphē）是不可理解的，那么显然抗力就不可能是可理解的。由以下方式我们推得接触是不可理解的。相互接触之物或部分对部分地接触，或整体对整体地接触。当然不会整体对整体，否则它们就会融为一体，不再是相互接触了。也不会部分对部分，因为它们的部分相对于整体是部分，相对于自己的部分则是整体。所以那些整体，即作为他者的部分的整体，由于上面提到的原因不会整体对整体地接触，[46] 也不会部分对部分地接触，因为它们的部分又是相对于自己的部分的整体，因而既不会整体对整体，也不会部分对部分地接触。如果我们既不能通过整体，也不能通过部分来理解接触的发生，那接触是不可理解的，由此抗力也是不可理解的。物体同样如此，如果这种东西不外乎是三个向度和抗力，而我们已表明它们每一种都是不可理解的，那么物体就是不可理解的。

再者，就其概念而言，物体是否存在也是不可理解的。[47][②] 关于当前这一问题，我们需要做出如下讨论。他们声称存在物当中，一些是感觉对象（ta aisthēta），一些是思想对象（ta noēta）；一些通过心灵理解，一些通过感觉理解。感觉在于“单纯的感

---

① *PH* 3. 45-46 可与 *M* 9. 259-262 比较。这是最初斯多亚派用于反驳伊壁鸠鲁的观点，参见 Plutarch, *Comm Not* 1080E 及 *PH* 3. 128。

② *PH* 3. 47-48 可与 *M* 9. 436-439 比较。这两段反驳了认识是由感觉到思想的可能性。

受”[1]，心灵在于从感觉对象的理解达致思想对象的理解。如果物体存在，它或是感觉对象或是思想对象。但它不是感觉对象，因为它似乎作为长、高、宽、抗力、颜色及其他性质的结合，连同所观察到的东西一起被理解，而感觉却被他们说成是“单纯的感受”。[48] 如果物体被说成是思想对象，那一定会在事物的本性中存在着某种作为被思想的东西的、思想由之得以形成的感觉对象，然而，除了物体和无形物（to asōmaton）之外没任何东西存在，其中无形物直接就是思想对象，而物体，正如我们表明的，并不是感觉对象。既然在事物的本性中不存在某种有关物体的、思想由之得以形成的感觉对象，那么物体也就不是思想对象。如果物体既不是感觉对象也不是思想对象，此外没有任何其他可能，那我们必须要说，就目前所做的论证来看，物体是不存在的。[49] 基于这个理由，通过把反驳物体的论证同物体似乎是存在的现象对立起来，我们达致对物体保持存疑的结果。

从物体的不可理解性可以推得无形物也是不可理解的。因为缺失（sterēseis）被认为是实有的（tōn hekseōn）缺失，比如，盲之于视，聋之于听及其他此类情况。[2] 因此为了理解缺失，我们必须首先理解缺失被说成是缺失的实有。因为一个完全没有视觉概念的人不能说某某不具有视觉——这是盲之为盲的意思。[50] 因此，如果无形物是物体的缺失，如果实有是不可理解的因而它的缺失也是不可能理解的，如果已表明物体是不可理解的，那么无形物就是不

① haplopatheis。这里塞克斯都用了一个复合词，haplopatheis 由 haploos（单一的或纯粹的）和 pathos（感受或影响）组成。

② 参见 DL 7. 53。

可理解的。再者，无形物或是感觉对象或是思想对象。如果是感觉对象，那么由于动物、人、感官、境况、混合及其他我们在十大论式中[1]所提到的这些东西之间的差异，因此它是不可理解的。如果是思想对象，既然感觉对象的可理解性，这个被认为由之出发可达致思想对象的东西是不会被直接承认的，那么思想对象的可理解性也是不会被直接承认的，因此无形物就是不可理解的。

［51］凡声称可以理解无形物的人，要确定他或者通过感觉，或者通过论证来理解这种东西。当然不会通过感觉。因为感觉被认为是通过压力和碰撞[2]来把握感觉对象的，例如视觉，无论它因眼椎体的张力而生成，还是因映像的发散和选择而生成，还是因光线或颜色的流溢而生成[3]。再如听觉，无论是被敲击的空气，还是声音的一部分回荡于耳中敲击着能产生听觉的精气（pneuma），因此形成对声音的把握。[4]再者，气味打动鼻子，滋味打动舌头，同样被接触物引起触觉。［52］但无形物是不可能支撑或维系（hupomenein）这种压力的，所以不能被感觉所理解。

但无形物也不能由论证来理解。如果像斯多亚派所说[5]，论证是“意谓”（lekton）[6]和无形的，那么凡声称无形物是由论证来理解的

① 参见 *PH* 1. 36-163。

② 术语“压力”（epereisis）或“碰撞”（nuksis）或许来自斯多亚派，参见 Alexander, *Mant* 130. 14-30; 132. 11-15, 30-33。

③ 这三个观点，第一个来自斯多亚派（参见 DL 7. 157），第二个来自伊壁鸠鲁派（参见 Epicurus, *ad Hdt* 46-48），第三个来自柏拉图（参见 Plato, *Timaeus*, 45B）。

④ 参见 DL 7. 158, 52。

⑤ 参见 *PH* 2. 104, 107。

⑥ 论“意谓”，参见 *PH* 2. 81。

人，就是把有待于研究的问题作为当然的前提来接受。因为我们正在研究无形物是不是可理解的，而他却把某种无形物拿来，并试图仅仅通过它对无形物做出理解。然而论证本身，因为是无形的，所以属于有待于研究的问题。[53]一个人如何证明这个无形物——我说的是论证本身——之前已被理解？如果是通过另外一个无形物，那我们就要追问这“另外一个无形物”被理解的证明，如此下去直至无穷；如果是通过有形物[①]，而有关有形物的可理解性也是有待于研究的问题，我们通过什么来证明被用来证明“无形的论证是可理解的”的这个有形物本身是可理解的？如果通过有形物，则我们陷入无穷后退；如果通过无形物，则我们遭遇循环论式。因此，论证由于是无形的，它始终是不可理解的，无人能说无形物是通过论证来理解的。

[54]如果论证是有形物，而关于有形物究竟是可理解的还是不可理解的存在着种种分歧（因其所谓的“持续性的流变”，以至于连指示代词“这”都无法接受，甚至被认为是不存在的，因此柏拉图称有形物为生成者但永远不是存在者[②]），那么如何判定有关有形物的分歧，我是感到困惑不解的，因为我看到这些分歧由于前面刚刚提到的荒谬结论，既不能通过有形物也不能通过无形物来判定。

因此，无形物是不可能由论证来理解的。[55]如果无形物既不作用于感官，又无法通过论证来理解，那它们根本就是不可理

① 这里 sōma（物体）为了对应“无形物”，译成“有形物”。

② 参见 *PH* 2. 28. *M* 8. 7. Plato, *Theaetetus*, 152D. *Timaeus*, 27E。

解的。

如果对有形物或无形物的真实存在性做出确切肯定是不可能的，那么我们对元素（stoicheion）就应当保持存疑，或许对元素背后的那些东西[①]也应保持存疑，因为它们当中一些是有形的，一些是无形的，关于两者都存在着种种疑惑。既然出于这些原因能动的本原和质料的本原都属于存疑的对象，那有关本原的论证则是令人疑惑的。

八、关于混合

[56] 即使把这些问题暂放一边，如果触及或接触，混合或融合根本不存在[②]，那他们如何声称复合物是由第一元素生成的？因为我在刚刚讨论物体的实在性时已经表明接触是不存在的。现在我将简短地证明，就他们所说的这些东西而言，混合的方式也是不可能的。有关混合存在着多种说法，就当下提出的这个论题，来自独断论者的观点几乎是无法穷尽的。因此，由这些分歧的不可判定性可以直接推得这一论题是不可理解的。鉴于当下所设定的写作目标，

① “元素背后的东西”（meta ta stoicheia）指“第一实体”、“本原”之类的东西。

② 这里各组词汇的意思比较接近。“触及”（thixis）来自动词 thigganō，似乎比“接触”（haphē）的程度轻一些。“混合”（krasis）指液体或固体的混成，比“融合”（miksis）的意思更为宽泛。

我们避免针对每种观点逐一反驳，认为就目前而言下面的这些论述已经足够。

［57］他们声称，混合物是由实体（ousia）和性质（poietēs）构成的。如果这样有人会说，或它们的实体而非它们的性质混合，或它们的性质而非它们的实体混合，或两者各自之间都互不混合，或两者各自之间都相互结合。但如果性质和实体各自之间都不混合，那么混合就是无法想象的。如果以上述任何一种方式混合物都无法相互混成，那单一的感觉（mia asthesis）如何恰恰会由混合物生成？［58］如果性质被说成是简单地并列而置（parakeisthai），实体却相互混合，那么无论如何这种说法是荒谬的。因为我们并非把握混合物中作为分离存在的性质，而是感知由混合物所形成的作为完全一体化的性质。如果有人声称产生混合的是性质而不是实体，那他是在谈论不可能的事情。因为性质的存在（hupostasis）依赖于实体，所以声称性质与实体彼此分离，自己以某种方式相互混合，而没有性质的实体却被孤立地撇在一边，这种说法也是荒谬的。

［59］剩下需要说的是，混合物的性质和实体各自之间彼此渗透[①]，通过混成活动完成混合。这比以前提到的任何说法都要荒唐，因为这种混合方式是不可能的。例如，如果把 1 杯毒芹汁与 10 杯水进行混合，那么毒芹会被说成是与所有的水混合在一起。即使有

① 科律西波认为实体和性质都是有形物，所以相互混合的方式不是通过“接触”，而是彼此间的“渗透”（chōreō）或“分布”（parekteinō）。由于当时希腊人没有化学观念，因而出现以下几段涉及混合物彼此渗透或分布的空间相等，以及 1 杯等于 20 杯、2 杯等于 40 杯这样的悖论。

人从混合物中摄取极微量的一部分，也会发现里面充满了毒芹的能量。[60] 如果毒芹与水的所有部分发生混合，按照实体和性质彼此的通道（diodos），整个地分布到（parekteinetai）整个的水中以致产生混合，如果相互分布的东西（parekteinomena）在每一部分中占有相等的空间，因而它们彼此是等值的，那么1杯毒芹将会等于10杯水，因此，就目前有关混合方式的假设来看，混合物应当是20杯或只是2杯。如果再把1杯水添入这20杯混合物，就有关论证的假设来看，混合物就应当是40杯或依然只是2杯，因为把1杯水理解成它所从中分布的整个20杯混合物，或者把20杯混合物理解成与之等值的1杯水是可能的。[61] 因此，通过这种方式每次添加1杯水，如此类推下去，我们可以得出结论：就有关混合方式的假设而言，我们所看到的20杯混合物或许可以是200000杯乃至更多杯，或同样只是2杯。然而这一结论实属荒唐透顶。因此，这种混合的假设是荒谬的。[62] 如果仅当实体相互混合，或仅当性质相互混合，或当两者相互混合，或当两者互不混合的情况下混合都不能产生，除此而外无法想象任何其他可能，那么混合和一般意义的融合[①]则是不可想象的。因此，如果所谓的元素由相互并列而发生接触的方式，或由混合或融合的方式都不能形成复合物，那么独断论者的物理学，就其论证来看，乃是不可想象的。

① 塞克斯都在*PH* 3. 56-61中把“混合”（krasis）和“融合”（miksis）当成同义词。但在斯多亚派那里两者是有区别的，参见Stobaeus, *Ecl* 1. 154. 8-155. 11。

九、关于运动

［63］除了以上谈到的这些东西，我们还应当就有关运动的论证花点时间，因为在这个问题上独断者的物理学也会被认为是不可能的。既然复合物必定根据元素和能动性的本原的某种运动而产生，如果我们表明没有任何一种运动形式是人们所一致同意的，那么显然，即使假设我们前面讨论的所有东西都可接受，独断论者杜撰出来的所谓的自然原理（phusikos logos）还是徒劳的。

十、关于位移运动[①]

［64］那些被认为是最完整地解释了运动的人[②]声称，运动的形

① 本节讨论的“位移运动”（metabatikē kinēsis）属于六种运动形式之一。这里 metabatikē 来自动词 metabanō，名词形式是 metabasis，指从一个场所到另一个场所的位置移动，也即“场所移动”（topichē metabasis）。

② 塞克斯都这里指的是亚里士多德，参见 *M* 10. 37 及 Ariostotle, *Categories* 15a13-33。

式有六种，即场所移动、自然变化、增长、减少、生成和灭亡。我们将分别讨论以上提到的每种运动形式，首先从场所移动开始。按照独断论者的说法，这是一种运动者（to kinoumenon），或作为整体或作为部分，从一个场所移到另一个场所的运动。作为整体，比如人在散步；作为部分，比如当球体围绕着轴心转动，它的整体留在同一场所，而它的部分则变更自己的场所。

［65］[①] 我认为，关于运动的最基本的观点有三种。平常人和某些哲学家认为运动存在，巴门尼德、麦里梭斯[②] 和其他一些人认为运动不存在。怀疑论者则说运动存在并非甚于不存在。因为就现象来看运动似乎存在，就哲学论证而言运动似乎并非真实存在。当我们把那些认为运动存在的人和宣称运动不存在的人之间的矛盾揭示出来，如果发现这些分歧是等效的，那我们不得不说，就他们所说的这些东西而言，运动存在并非甚于不存在。［66］[③] 让我们从声称运动存在的那些人开始谈起。

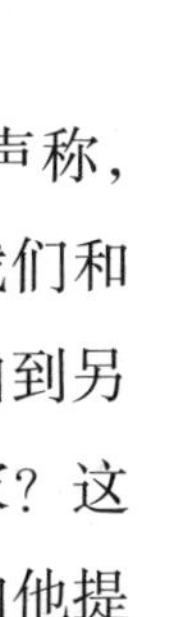

他们的观点主要依靠显明的事实（tēi enargeiai）。他们声称，如果运动不存在，太阳如何东升西落？它又如何创造因靠近我们和远离我们而生成的一年四季？从一个港口起航的船只如何停泊到另一个比先前更远的港口？否定运动的人以什么方式离家和回家？这些事实是完全不可辨驳的。因此，一位犬儒主义者[④]，当有人向他提出反对运动的论证时，他不置一词，站起身来四处走动，以其活动

① 可与 *M* 10. 45-49 比较。

② 麦里梭斯（Melissus），公元前5世纪萨莫斯（Samos）人，巴门尼德的信徒。

③ 可与 *M* 10. 66-68 比较。

④ 参见 *PH* 2. 244。

和显明的事实来确立运动是真实存在的。

这些人试图以这种方式使那些持相反观点者感到汗颜。[67][①] 而那些否定运动真实存在的人则尝试做出以下论证。如果有物运动，它或自我运动或由他物运动。如果由他物运动，因推动者（to kinoun）是处于现实活动中的，而处于现实活动中的东西（to energoun）又是运动着的，那么这个推动者就需要另一个推动者，第二个推动者又需要第三个推动者，直到无穷，因此运动就没有出发点。这是荒谬的。所以，并非所有运动者（to kinoumenon）都由他物运动。[②] 但也不会自我运动。[68] 被说成是自我运动的东西，或无因（anaitiōs）运动或出于某种原因运动。但他们说任何东西都不会无因生成。如果出于某种原因，那么它由之运动的原因就是能在自身产生运动的原因，因此根据刚刚提出的论证，我们将陷入无穷回退。再者，所有推动者或通过“推”，或通过“拉”，或通过“举”，或通过“压”引起运动，而所有自我推动者（to heauto kinoun）都必需以上述方式引起自我运动。[69] 如果通过“推”使自己运动，它将置于自身之后；如果通过“拉”，它将置于自身之前；如果通过“举”，它将置于自身之下；如果通过“压”，它将置于自身之上。但任何东西不可能或在自身之上，或在自身之前，或在自身之下，或在自身之后，所以无物能够自我运动。如果

① 对这段希腊文本的编排存在着不同的理解，这里依据H. Mutschmann and J. Mau, *Sexti Empirici Opera*, vol. 1: *Pyrroneion hypotyposeon libros tres continens* (Teubner, Leipzig, 1958) 翻译。

② 这个论证参照 *M* 10. 76，另参见 Aristotle, *Physics*, 254b7-258b9。

无物自我运动和由他物运动，那么无物运动。

［70］[①] 如果有人想在“第一动力”[②] 和“自由选择”[③] 这些字眼里逃避反驳，那我们必须提醒他在我们力所能及的事情上[④] 的种种分歧，而这些分歧依然是无法判定的，因为到目前为止我们尚未发现真理的判断标准。

［71］再者，还要谈谈以下观点。如果有物运动，它或在其所在的场所运动，或在其不在的场所运动。但它并非在其所在的场所运动，因为如果它在其所在的场所，它在那里就是静止不动的；它也不会在其不在的场所运动，因为凡事物不在其中的地方，那里就不可能发生作用（drasai）和被作用（pathein），因此无物运动。[⑤] 这一论证来自狄奥多罗·克洛诺斯（Diodorus Cronus），遭到了许多反驳，但出于目前写作方式的考虑，我们只把其中比较有分量的，连同对我们来说似乎是有关它们的判定一并提出。

［72］[⑥] 有些人声称事物能够在其所在的场所运动，如绕着轴心转动的球体运动，但仍然留在同一场所。[⑦] 针对这一问题，我们应当采用涉及球体的每个部分的论证，提醒他们从论证来看球体在

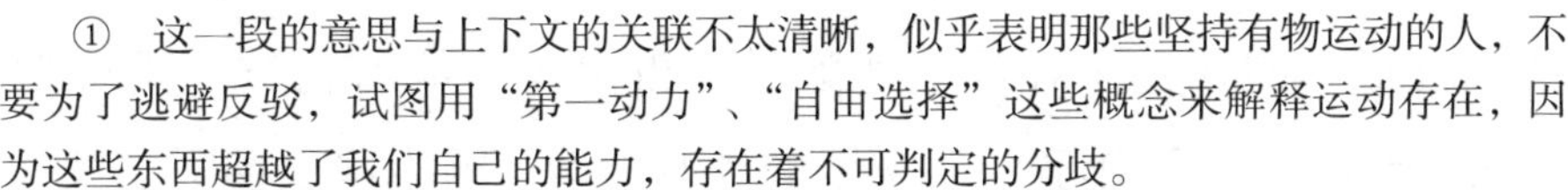

① 这一段的意思与上下文的关联不太清晰，似乎表明那些坚持有物运动的人，不要为了逃避反驳，试图用“第一动力”、“自由选择”这些概念来解释运动存在，因为这些东西超越了我们自己的能力，存在着不可判定的分歧。

② hormē，有“第一动力”、“动机”、“倾向”、“欲求”等意。

③ proairesis，有“选择”、“自由选择”、“目的”等意。

④ 原文为peri tou eph’ hēmin，意思相当于英文what is in our power, what is up to us。

⑤ 参见 *PH* 2. 242. *M* 10. 87-90. *M* 1. 311. DL 9. 99。

⑥ 比较 *M* 10. 93, 103-104。

⑦ 参见 *PH* 3. 64。

其每个部分上是不动的，并得出结论：无物在其所在的场所运动。［73］[①] 我们采用同样的论证反驳那些声称运动者占据两个场所的人，即它所在的场所和它所移动到的场所。我们将质问他们，运动者何时从其所在的场所移动到另一个场所，是当它在第一个场所的时候，还是在第二个场所的时候。当它在第一个场所的时候，就不会进入第二个场所，因为它仍然在第一个场所。当它不在那个场所的时候，也就不会离开那个场所。［74］此外，他们还把有待于研究的问题作为当然的前提：因为凡事物不在的场所，从中是不可能发生任何活动的。肯定没人会承认那些他自己不承认有任何运动的东西可以移动到其他场所。

［75］[②] 有些人谈到下列问题。场所有两种意思：一是宽泛意义上的（en platei），比如"我的房屋"，一是精确意义上的（pros akribeian），例如"包围着我身体表面的空气"。[③] 运动者不是在精确意义上而是在宽泛意义上被说成是在场所中运动的。针对这点，我们可以通过对宽泛意义上的场所进行再划分（hupodiairountas）来表明：被称作运动的物体严格说来只存在于其场所的一部分，即作为其精确意义上的那部分，而在其他部分，即剩下的宽泛意义上的那部分是不存在的。然后推证事物既不可能在其所在的场所运动，也不可能在其不在的场所运动，得出无物能够在被非准确地（katachrēstikōs）称作宽泛意义上的场所运动，因为这个场所本身也

① 比较 *M* 10. 94, 106-107。

② 参见 *M* 10. 95, 108-110。

③ 参见 *PH* 3. 119, 131。"精确意义"上的场所属于漫步派的观点，参见 Aristotle, *Physics*, 209a31-b2。

是由事物所在的精确意义上的部分和非精确意义上的部分构成，而业已表明，无物能够在这两部分中运动。

[76] 还应提出下列论证。如果有物运动，它或以有序渐进的方式[①]运动，或以瞬间穿过可划分的区间的方式运动。我们将表明，事物既不能以有序渐进的方式运动，也不能以瞬间穿过可划分的区间的方式运动，所以无物运动。

对于某种事物来说以有序渐进的方式运动是不可能的，这点直接是显而易见的。如果物体、场所和时间这些所谓运动从中发生的东西被划分至无限，运动将不会产生，因为从无限多个部分中找到某个所谓运动的物体由之开始做原初运动（protou kinēsetai）的起点是不可能的。[②] [77] [③] 如果前面列出的这些东西[④]终结于（katalēgei）某个不可分割的部分，每个运动者都同样以自己第一个不可分割的部分，在相应的第一个不可分割的时间，穿过第一个不可分割的场所，那么所有运动者就会是等速的（isostachē），如快马和乌龟。这个结论比前面的更为荒唐。因此，运动不会以有序渐进的方式产生。

运动也不会以瞬间穿过可划分的区间的方式产生。[78] [⑤] 因为如果像他们说的，非显明之物应当以显明之物为证（martureisthai），那么为了完成里程的间距，就应当首先完成里程

① “以有序渐进的方式运动”（kata to proteron proteron keneitai），原意为：“以第一次经过第一部分的方式运动”。

② 参见 *M* 10. 130-141。

③ 参见 *M* 10. 154。

④ 指物体、时间、场所。

⑤ 参见 *M* 10. 123-127。

的第一部分，其次完成第二部分，其余的里程同样如此，因此所有运动者都应当以有序渐进的方式运动；如果说运动者可以瞬间穿过被说成是它从中运动的场所的所有部分，那么它将同时存在于所有这些部分中。如果其运动所穿过的场所的一部分是冷的，另一部分是热的，或者比方说，一部分是黑的，一部分是白的，并因而能使恰好处于其中的东西着色（chrōzein），那么运动者将同时是热的、冷的、黑的和白的，但这是荒谬的。[79] 再者，让他们告诉我们运动者瞬间穿过的场所究竟有多大。如果他们声称这是无法界定的，他们就会承认有的东西能够瞬间跨越整个地球；如果他们想逃避这个结论，那就让他们为我们界定场所的大小。然而，试图精确地界定一个从中运动者连毫发之距（kata to akariaion）都无法瞬间跨越的场所，这不仅是随意的、鲁莽的，甚至是可笑的，而且陷入了我们起初提到的疑难：如果每个运动者都以同样的方式穿过确定的场所做出位移运动，则所有运动者将是等速的。[80] 如果他们声称运动者能够瞬间越过微小的，但无法被精确界定的场所运动，那对我们来说，根据“连锁推理的辩难”[①]，不断地向他们所假定的场所的大小增加微小的数目则是可能的。如果面对我们的诘难，他们在任何什么数目上停了下来，他们将再次陷入有关场所的那种神奇的精确的界定。如果他们接受了所增加的数目，那我们必然会迫使他们承认有的东西能够瞬间跨越整个地球。因此，所谓运动的事物不会以瞬间穿过可划分的区间的方式运动。[81] 如果事物既不会以瞬间穿过可划分的场所的方式运动，也不会以有序渐进的方式

① kata tēn sōritikēn aporian。参见 *PH* 2. 253。

运动，则无物运动。

否定位移运动的人谈到了这些以及更多的观点。对我们来讲，由于既不能够推翻这些论证，也不能推翻现象，正是循着现象他们达致运动的实在性。鉴于现象和论证之间的对立，我们对运动究竟是存在的还是不存在的保持存疑。

十一、关于增长与减少

［82］通过使用同样的论证，我们对增长和减少保持存疑。因为，明显的事实似乎达致它们的实在性，而论证似乎推翻它们的实在性。思考一下这个论证：增长者（to auxomenon）必须作为实体才能获得数量上的增长。因此当一物被加给另一物时有人声称一物增长了，这种说法是错误的。因为实体[①]无论何时都不是静止的，而是永远流动的，一个替代另一个，因此被说成是已获得增长的东西不会同时持有先前的那个实体和加给它的那个实体，而是持有截然不同的实体。［83］为了论证的需要，假如有一根3尺长[②]的木

① ousia。这里指“流动性”的质料本原或实体，参见*PH* 3. 115, 145。这一概念主要归属于学园派和斯多亚派，参见 Plutarch, *Comm Not* 1083A-1084A。

② 这里的“尺”对译希腊语pēchus，原指“小臂”，用作长度单位时指从胳膊肘到最小的手指之间的距离。拉丁语称为“丘比特”（cubitus），1丘比特相当于24指宽（daktuloi），约等于18英寸。

棍，某人拿来一根 10 尺长的木棍，声称 3 尺长的木棍已经变长了，这个说法是错误的，因为后者完全不同于前者，因此就每个被说成是增长的东西而言，如果所谓的添加物（to prostithesthai）被添加给了它，而之前的质料流失掉了，新的质料填充进来，那么人们就不能说这种情况是增长，而是一种完全的变更。[①]

［84］对于减少可以采用同样的论证。因为完全无实体性的东西怎会被说成是减少了呢？此外，如果减少通过“减”产生，增长通过“加”产生，如果既不存在“减”也不存在“加”，那么减少或增长就是不存在的。

十二、关于“加”和“减”

［85］“减”（aphairesis）是不存在的。他们是这样推论的：如果一物从一物减掉，那么或相等的从相等的减掉，或大的从小的减掉，或小的从大的减掉。但正像我们将表明的那样，“减”不会以上述任何一种方式发生，因此“减”是不可能的。

“减”不会以前面提到的任何方式发生，这点由以下论述是显而易见的。从某物减掉的东西，在减掉之前就应当包含在它从中被

① 这个“增长论证”，由爱毕卡穆斯（Epichamus）发明，为斯多亚派和学园派广泛讨论，参见 Plutarch, *Comm Not* 1083A-1084A。

减掉的东西里面。[86][1] 但相等的并不包含在相等的里面，比如，6 不包含在 6 里面。因为包含者应当大于被包含者，某物从中被减掉的东西应当大于所减掉的东西，以便减完之后有物可剩，这点似乎是“减”与“完全消除”(tēs pantelous arseōs) 的区别之处。大的也不会包含在小的里面，如 6 包含在 5 里面，这是有悖常理的。[87] 由于下述原因，小的也不会包含在大的里面。如果小的包含在大的里面，比如 5 包含在 6 里面，那么 4 就会包含在 5 里面，3 包含在 4 里面，2 包含在 3 里面，1 包含在 2 里面。因此 6 将同时包含 5、4、3、2、1，当它们加在一起就会生成 15 这个数，于是我们得出结论：只要承认小的包含在大的里面，15 这个数就会包含在 6 里面。同样，35 这个数也会包含在 15 里面，而 15 又包含在 6 里面，这样一步步直到无穷。但声称无限个数包含在 6 里面是荒谬的。[88] 如果从某物减掉的东西必须包含在它从中被减掉的东西里面，如果相等的不包含在相等的里面，大的不包含在小的里面，小的不包含在大的里面，那么任何东西就不会从任何东西减掉。

再者[2]，如果一物从一物减掉，那么或整体从整体减掉，或部分从部分减掉，或整体从部分减掉，或部分从整体减掉。[89] 但声称整体从整体减掉，或整体从部分减掉，显然是有悖常理的。剩下

---

① 这里 *PH* 3. 86-88 可与 *M* 9. 297-298; 301; 303-307 比较。

② 自此以下到 *PH* 3. 93 可与 *M* 9. 308-317 以及 *M* 1. 162-164; 4. 24-26 比较。这三段所涉及的论证形式为：如果 1 从 10 减掉，而 10 由 10 个 1 构成，那么减数 1 就会分成 10 个部分，也就等于 10，但这是荒谬的；如果 1 从 10 的每个 1 减掉，也是荒谬的，因为“1 是不可分的”；如果 1 由 10 的某个部分，比如 9 或 8 减掉，同样会得出 1 等于 9 或等于 8 这种同样荒谬的结论。由这里的文本来看，希腊人强调“1 是不可分的”、“减完之后有物可剩”，此时希腊人应该还没有形成“零”、“负数”的概念。

要说的是部分从整体减掉，或部分从部分减掉，但这也是荒谬的。为了明晰起见我们把论证建立在数字上，比方说，以 10 为例，假设 1 从 10 减掉。正像我要表明的那样，这个 1 既不能从整个 10 减掉，也不能从 10 所剩余的一部分，也就是 9 减掉。因此，它根本不会减掉。

［90］如果 1 从整个 10 减掉，而 10 既不是有别于 10 个 1 的另外什么东西，也不是这些 1 当中的任何一个，而是所有这些 1 的总和，那么 1 为了从整个 10 减掉，就应该从当中的每个 1 减掉。但无论如何，没有任何东西能够从 1 减掉，因为 1 是不可分割的，因此 1 不会以这种方式从 10 减掉。［91］如果我们承认 1 可以从当中的每个 1 减掉，那么减数 1 就会具有 10 个部分，因为具有 10 个部分，1 将会是 10。再者，还有另外 10 个 1 摆在那儿，当所谓的 1 的 10 个部分由之减掉，减数 10 将变成 20。然而，声称 1 是 10，10 是 20 ，以及声称在他们看来不可分的东西是可分的，这是荒谬的。因此声称 1 从整个 10 减掉是荒谬的。

［92］另外，1 也不会从剩余的 9 减掉。因为某物被从中减掉的那个东西不会完整地保留下来，但 1 从 10 减掉之后，9 完整地保留下来。再者，9 不过是 9 个 1，如果 1 被说成是从整个 9 减掉，那减数将会是 9；如果 1 从 9 的一部分减掉，比如从 8 减掉，将落入同样荒谬的结果；如果 1 从最后一个 1 减掉，就会声称 1 是可分的，这是荒谬的。［93］因此 1 不会从 9 减掉。如果无物可以从整个 10 或 10 的一部分减掉，那么部分就不可能从整体或从部分减掉。如果无物可以作为整体从整体减掉，或作为部分从整体减掉，或作为整体从部分减掉，或作为部分从部分减掉，那就没有任何东西可

以从任何东西减掉。

[94][1] 再者，“加”（prosthesis）也被他们视为不可能的事。因为他们声称，所加之物（to prostithemenon）或加给自己，或加给先前存在的东西，或加给两者的结合。但没有一种情况是合理的，因此没有任何东西可以加给任何东西。比如，假设有 4 杯东西，还要往里添加 1 杯。我要问，这一杯加给哪一个？不可能加给自己，因为所加之物与被加之物（tou hōi prostithetai）有别，但无物与自己有别；[95] 也不可能加给 4 杯和 1 杯的结合。因为一种东西何以可能被加给尚不存在的东西？再者，如果所添加的这一杯同 4 杯和 1 杯混合，那么由 4 杯、1 杯和所添加的这一杯得到的杯数是 6。[96] 如果这一杯只单独加给 4 杯，既然在其中分布的东西（parekteinomenon）与它分布于其中的东西（hōi parekteinomenē）是等量的[2]，因此在 4 杯中所分布的这一杯将是 4 杯的两倍，以至于总量将是 8 杯，但这不是我们所见到的。如果所谓的所加之物既不会加给自己，也不会加给先前存在的东西，也不会加给两者的结合，此外没有其他可能，那么没有任何东西可以加给任何东西。

① 这里 *PH* 3. 94-96 可与 *M* 9. 321-325 及 *M* 1. 166-166; 4. 31-33 比较。

② 参见 *PH* 3. 60。

十三、关于转化

[97][1] 转化（metathesis）可以连同“加”、“减”和位移运动的实在性一起被消除，因为它是以转化方式从某物做出的“减”和对某物做出的“加”。

十四、整体和部分

[98][2] 整体与部分也是如此。因为整体被认为是通过部分的结合和相加而生成，通过某一部分或某些部分的减掉而终止。再者，如果整体这种东西存在，或者有别于它的部分，或者它的部分本身就是整体。[99][3] 整体似乎并非有别于它的部分，因为尽管可以让我们推想整体是除这些部分之外的另外什么东西，但无论如何当这些部分消除之后无物存留；如果部分本身是整体，那整体

① 参见 *M* 9. 328。

② 这里 *PH* 3. 98-101 可与 *PH* 2. 215-218 比较。

③ 参见 *M* 9. 339, 343 及 *M* 1. 134-135。

只是一个名字和空洞无物的称呼罢了，不具有特殊实在性，正像“分离”（diastasis）离开了“所分离之物”（ta diestōta），“盖房顶”（dokōsis）离开了“盖房顶的材料”（ta dedokōmena），它们什么也不是。因此整体这种东西不存在。

［100］部分也不存在。如果部分存在，那么它们或是其整体的部分，或是另外的部分的部分，或是每个部分自己的部分。但它们不是整体的部分，因为除了部分没有任何东西（另外，如果它们是整体的部分，部分就会是自己的部分，因为每个部分被说成是能够帮助完成一个整体的）；[①] 它们也不是另外的部分的部分，因为部分被认为是包含在作为其部分的那个东西之中，比方说，声称手包含在脚里面是荒谬的；［101］它们也不是每个部分自己的部分，因为这种包含关系使一物既大于自己又小于自己。如果所谓的部分既不是整体的部分，也不是自己的部分，也不是其他部分的部分，那么它们就不是任何东西的部分。如果它们不是任何东西的部分，部分就是不存在的，与之相对的东西[②] 也会被一起否弃（sunanaireitai）。

偏离主题谈论的已经够多，因为前面我们对整体与部分有所论及。

① 参见 *PH* 3. 172. *M* 9. 337, 348. *M* 1. 139。

② 指整体。

十五、关于自然变化

[102] 有人声称所谓自然变化是非真实存在的，他们采取以下论证：如果有物变化，变化者（to metaballon）或是有形的或是无形的；但每种情况都将无路可走（hēporētai）；所以，有关变化的论证是令人困惑的（aporos）。[103] 如果有物变化，则是由于某种原因的活动和受到作用而变化。〈但它不可能因为受到作用而变化。〉[1] 因为原因的实在性已经被推翻，被作用者（to paschon）也随原因一起被推翻，没有被原因作用的对象，因此无物变化。[104][2] 如果有物变化，或者存在者变化，或者非存在者变化。而非存在者是无实在性的，既不能被作用（paschein）也不能主动作用（dran），因此它不可能接受任何变化。如果存在者变化，或就其是存在的而变化，或就其是非存在的而变化。[105] 就其是非存在的，它不会变化，因为非存在是不存在的[3]；如果就其是存在的而变化，它将会是有别于存在者的东西（tou on einai），这就意味着它

① 此处原本有断行，根据 R. G. Bury, *Sextus Empiricus*, vol. 1: *Outlines of Pyrrhonism*, Loeb Classical Library (London: Heinemann, 1933) 补缀。

② 参见 *M* 9. 276。

③ 这里原文是 oude gar ouk on estin，英译为 it is not not existent 或 not bing, it is not。这是毕达戈拉、巴门尼德、柏拉图等多数哲学所普遍接受的基本原则。

将是不存在的。然而，声称存在者成为不存在的是荒谬的。[①] 因此，存在者不会变化。如果存在者和非存在者都不变化，此外绝无其他可能，剩下要说的则是无物变化。

［106］有些人还谈到了以下问题。变化者必须在某个时间变化。然而，正如我将要指出的那样，没有东西在过去和将来变化，也没有东西在现在变化，所以无物变化。没有东西在过去或将来变化，因为两者没有任何一种是现在的（enestēken），任何东西都不可能在不存在的和非现在的时间中发生作用和受到作用。［107］也不会有任何东西东西在现在变化。因为“现在”这一时间或许是非真实存在的，即使我们目前暂时放下这一观点，“现在”也是不可分的。[②] 去设想在不可分的时间点，铁这种东西，比方说，可以由硬变软或发生其他任何一种变化，是不可能的。因为变化似乎需要持续过程。[③] 如果没有东西可以在过去、将来和现在变化，那么我们必须要说无物变化。

［108］此外，如果有物变化，〈它或是感觉对象，或是思想对象。但它不是感觉对象，因为〉[④] 感觉在于“单纯的感受”[⑤]，而变化

---

① 这个论证的关键点在于，按照独断论的说法，存在者（to on）不同于变化者（to metaballon），因为存在者是不生不灭的永恒实体，变化者则是从“由之所出”变为“由之所成”或从他者成为另一个他者。（参见以下 *PH* 3. 108, 112）如果存在者就其是存在的而变化，就意味着存在者将会变成与自身不同的东西，存在者就会有别于存在者，就不会是存在的了，但这是自相矛盾的、荒谬的。

② 参见 *PH* 3. 144-146。

③ 参见 *M* 9. 271-273。

④ 此处似乎有断行，根据 R. G. Bury, *Sextus Empiricus*, vol. 1: *Outlines of Pyrrhonism*, Loeb Classical Library (London: Heinemann, 1933) 补缀。

⑤ haplopatheis。参见 *PH* 3. 47。

似乎具有所谓“变化之所出”和“变化之所成”两者的“共同记忆”[①]。如果变化是思想对象，正像我们多次提到的那样[②]，有关思想对象的真实存在性在古人那里存在着无法判定的分歧，因此我们不可能去谈论变化的真实存在性。

十六、关于生成和灭亡

［109］[③] 生成和灭亡可随“加”、“减”和自然变化一起被推翻，因为离开这些东西无物能够生成或灭亡。比如，正像他们所说的，通过减 1，由 10 的灭亡生成 9；通过加 1，由 9 的灭亡生成 10；通过变化，由铜的灭亡生成铜锈。因此，如果上述这些运动形式都被消除，那生成和灭亡也必然会被消除。

［110］不管如何，有人[④] 提出了下面的说法。如果苏格拉底出生，或者当苏格拉底尚未存在的时候出生，或者当苏格拉底已经存在的时候出生。如果说他在已经存在的时候出生，他就会出生两次；如果说他在尚未存在的时候出生，那么苏格拉底就会同时既是存在的又是不存在的。是存在的，就其已经出生来说。是不存在

① summnēmoneusis。参见 *M* 9. 353-356; 10. 64。

② 即 *PH* 1. 170; 2. 57。

③ 参见 *M* 10. 323-324。

④ 或许这里指狄奥多罗·克洛诺斯，参见 *M* 10. 347. *M* 1. 310-312. *M* 9. 269。

的，根据假设而言。[111] 如果苏格拉底死亡，他或者在他活着的时候死亡，或者在他死了的时候死亡。当他活着的时候他并未死亡，因为那样同一个人就会既是活着的又是死了的。当他死了的时候他也不会死亡，因为那样他就会死两次。因此，苏格拉底不会死亡。通过把这个论证用于每个所谓的生成之物和灭亡之物来消除生成和毁灭是可能的。

[112] 有人提出以下论证。[①] 如果有物生成，或是存在者生成，或是非存在者生成。非存在者不会生成，因为对于非存在者任何事情都不可能发生，所以生成活动（to ginesthai）也不可能发生。另外，存在者也不会生成。因为如果存在者生成，或就其是存在的而生成，或就其是非存在的而生成。就其是非存在的，它不会生成。如果就其是存在的而生成，那么，既然他们声称生成者（to ginomenon）是由他者生成另一个他者（heteron ex heterou ginesthai）[②]，生成者就会有别于存在者，也就是说它是不存在的。所以，生成者将是不存在的，但这是荒谬的。[113] 如果非存在者和存在者都不会生成，则无物生成。

根据同样的理由，无物灭亡。[③] 如果有物灭亡，或是存在者灭亡，或是非存在者灭亡。非存在者不会灭亡，因为灭亡者（to phtheiromenon）必须受到某种作用。存在者也不会灭亡，因为它或处于存在状态下灭亡，或并非处于存在状态下灭亡。如果它处于存在状态下灭亡，同一个东西就会同时既是存在的又是不存在的。

---

① 参见 *PH* 3. 104-105. *M* 10. 326-327. DL 9. 100。

② 参见 *PH* 3. 105 及本段注释。

③ 本段以下论证，参见 *M* 10. 344-345。

[114] 因为，既然存在者不会就其是非存在的而灭亡，而是就其是存在的而灭亡，那么一方面就它被说成是灭亡的而言，它将会有别于存在者，因此是不存在的；但另一方面就它被说成是处于存在状态下灭亡的而言，它将是存在的。然而，说同一个东西既是存在的又是不存在的，则是荒谬的。因此存在者并非处于存在状态下灭亡。如果存在者并非处于存在状态下灭亡，而是首先进入非存在状态，然后以这种方式灭亡，因此不再是存在者灭亡，而是非存在者灭亡，但我们已经表明这种情况是不可能的。如果存在者和非存在者都不会灭亡，此外没有其他可能，因此无物灭亡。有关运动在这部《概要》中已经讨论得很充分了，由此可以得出，独断论者的物理学是非真实的和不可想象的。

十七、关于静止

[115] 再者，有些人还对自然的静止问题提出了质疑，根据某些独断论者的假设，声称运动者永不停留，所有物体持续运动。这些独断论者说实体是流动的[①]，每每产生流失和新增，以至于柏拉图不把物体说成是存在者而宁肯称其为生成者[②]，赫拉克利特则把我们

① 参见 *PH* 3. 82。

② 参见 *PH* 3. 54。

的质料的易动性（eukinēsia）比喻成河水的疾速流淌[①]。因此，没有任何物体是静止的。[116] 所谓处于静止状态的东西（to menein）被认为是由周边的东西包围着的，被包围的东西受到某种作用。但正如我们已表明的那样[②]，无物受到作用，因为原因根本不存在，所以无物静止。

还有人提出下面的论证。静止者（to menon）受到作用，而受到作用者运动，所以静止者运动。如果它运动，就不会静止。[117] 通过下面这个论证，显然无形物也不可能是静止的。如果静止者受到作用，而受到作用，如果的确发生的话，乃是物体的特性，不是无形物的特性[③]，那么没有任何无形的东西或能受到作用，或能处于静止。[④] 所以，无物静止。

[118] 关于静止这一话题就谈这么多了。所有我们前面讲到的东西如果离开了场所和时间都是无法想象的，所以我们转到有关它们的研究上来。如果能够表明它们是非实在的，那么由于这个原因，所有其他东西都将是非实在的。让我们从场所开始谈起。

① 参见 Frag. 12 DK。

② 参见 *PH* 3. 17-29; 103。

③ 有关“被作用”或“被动性”（to paschein）并非无形物的特性，参见 *PH* 3. 129 及 *M* 8. 263。

④ 这句话的意思是说，对无形物来说不存在被作用或静止这些属于有形物的特性。

十八、关于场所

［119］人们是在两种意义上，即严格意义上和非准确意义上谈论场所的。[①] 非准确意义上（katachrēstikōs），是指广义的场所，如我所在的城市。严格意义上（kuriōs），是指精确容纳事物的场所，我们正是被这种东西所精确地（pros akribeian）包围着。我们这里研究的是精确意义上的场所。有关这种东西[②] 有些人肯定，有些人否定，还有一些人保持存疑。［120］那些声称这种东西是真实存在的人，通常诉诸显明的经验事实。他们说，当有人看到诸如右和左、上和下、前和后这些场所的部分时，当有人一会在这儿一会在那儿，并看到在昔日老师讲话的地方今天我站在那儿讲话时，当有人理解了本性上轻物体与重物体的场所不同时，［121］或者当有人听到古人说“太初有混沌生成”[③] 时，有谁还会说场所是不存在的？他们说，场所被称作“混沌”（chaos），乃是出于它能够容纳（chōrētikon）[④] 里面所生成的东西。因此他们说，如果有物体存在，

① 参见 *PH* 3. 75. *M* 10. 95。

② 从这里到 *PH* 3. 121 可与 *M* 10. 7-11 及 Aristotle, *Physics*, 208b1-209a2 比较。

③ 出自赫西俄德，参见 Hesiod, *Theogony*, 118。

④ 这里“混沌”（chaos）一词或许被想象成 chōrētikon（名词形式为 chōra，“空间”、“场所”之意）的同根词（参见 *M* 10. 2），但两者实际没有词源关系。

场所就会存在，因为离开了场所物体是不可能存在的。[①] 如果“事物之所受”（to huph hou）和“事物之所出”（to ex hou）存在，那么“事物之所在”（to en hōi），也就是场所，当然存在；因为“第一”的两个前提每个都成立；所以，作为两者的结论的“第二”也成立。[②]

［122］[③] 否定场所的人不承认场所的部分是存在的，因为场所不过是它的部分，再者任何试图通过假设场所的部分是存在的来推出场所是存在的人，则是打算用有待于研究的问题本身确立有待于研究的问题。而那些说某物在某处生成或已经生成的人同样也是愚蠢的，因为场所根本没有被承认。他们还把物体的真实存在，这种未被直接承认的东西，设定为当然的前提。再者，“事物之所受”和“事物之所出”也同场所一样，被表明是非真实存在的。［123］另外，赫西俄德在哲学问题上并非是值得信任的（aksiochreōn）判断者。[④] 为了驳倒那些试图提出来建立场所存在的观点，他们还以下述方式，利用那些被认为是独断论者有关场所问题的最具分量的观

① 这里指伊壁鸠鲁的观点，参见 Epicurus, *ad Hdt* 39。

② 显然这是斯多亚派关于场所的逻辑论证：如果第一，那么第二；第一；所以第二。（参见 *PH* 2. 142）按斯多亚派观点，这里“事物之所受”指动力因，“事物之所出”指质料因，两者都是有形物的特性，由之必然推出其场所的存在。

③ 这里 *PH* 3.122-123 可与 *M* 10. 13-19 比较。

④ 这句话是针对前面有人引用赫西俄德“太初有混沌生成”来证明场所存在的观点而发。据塞克斯都，赫西俄德的这句诗直接把伊壁鸠鲁引向哲学，参见 *M* 10. 18-19。又据第欧根尼 · 拉尔修记载：“伊壁鸠鲁派的阿波罗多鲁斯（Apollodorus）在其《关于伊壁鸠鲁的生活》第一卷说，他诉诸哲学，是因为他瞧不起自己的文法老师，不能给他解释（hermēneusai）关于赫西俄德“混沌”（chaos）一词的含义。”参见 DL 10. 2。

点，即斯多亚派和漫步派的观点，建立场所是不存在的丰富多样的论证。

［124］[1] 斯多亚者声称，虚空（kenos）是可能被存在者占据但未被占据的东西，或是缺失了物体的间隔，或是未被物体占据的间隔；场所（topos）是被存在者所占据的，并等同于占据它的东西的间隔，这里他们把物体称为存在者；空间（chōra）是一部分被存在者占据，一部分未被占据的间隔。他们当中某些人说空间就是大的物体的场所，因此场所和空间的区别在于它们的大小。[2]［125］既然他们声称场所是被物体占据的间隔，我们要问，他们何以称之为“间隔”（diastēma）？究竟只是物体的长，或者宽，或者高，还是所有三个向度？如果只是一个向度，场所就不会等同于以之为场所的那个东西，此外包围者就会是被包围者的一部分，这是纯粹荒谬的。［126］如果是所有三个向度，那么既然在所谓场所中存在的既不是虚空，也不是具有向度的其他物体，而仅仅是那个被说成是存在于其场所中的物体，它是由向度（即长、宽、高和抗力，后者被说成是前面提到的那些向度的属性）所构成的，因此物体本身将是自己的场所，包围者与被包围者就是同一个东西，这是荒谬的。所以，当场所存在就不会有向度。由于这个原因，也就不存在场所这种东西。

［127］有人还提出以下这个论证。就每个被说成是存在于场

① 参见 *M* 10. 3-4 及 Stobaeus, *Ecl* 1. 20. 1。

② 这里使用的三个词汇：虚空（kenos）、空间（chōra）和场所（topos）语义相近，似乎大小上有细微差别。虚空最大，无边界限定。空间次之，一部分被物体占据。场所最小，和物体等同。chōra 英译本常译为 room 或 space，topos 则译为 place。

所中的东西而言，其向度并未发现是双重性的（diplai），而是一个长、一个宽和一个高，那么这些向度究竟只是物体的，或只是场所的，还是它们两者的？如果这些向度只是场所的，物体将不再拥有自己独特的长、宽、高，其结果物体也就不再是物体，但这是荒谬的；[128] 如果这些向度是两者的，而虚空除了向度外不具有任何实在性，如果虚空的这些向度存在于物体之中从而构成物体本身，那么构成虚空的东西将是构成物体的东西，因为根据前面我们提到的[①]，抗力的真实存在性是未被确切肯定的。如果在所谓的物体当中，只有这些属于虚空的和等同于虚空的向度显现出来，那么物体就会是虚空，但这是荒谬的；如果这些向度只是物体的，那就不存在场所的向度，因此场所也就不会存在。如果在上述的这些方式中无一能够发现场所的向度，那么场所就是不存在的。

[129][②] 此外，还进一步论证：当物体占据虚空并且生成场所，虚空或存留，或退出，或毁灭。如果虚空继续存留，同一个东西就会既是充实的又是空虚的；如果虚空通过位移运动退出，或者通过变化毁灭，那么虚空将会是物体，因为这些受动性（ta pathē）是物体所特有的性质。[③] 因此，声称同一个东西既是空虚的又是充实的，或声称虚空是物体，是荒谬的。因此，声称虚空有可能被物体占据并成为场所，也是荒谬的。[130] 既然虚空被物体占据并生成场所

① 参见 *PH* 3. 45-46。

② 参见 *M* 10. 21-23，本段论证形式可以追溯到柏拉图，参见 Plato, *Phaedo*, 102D-103C。

③ 参见 *PH* 3. 117。

是不可能的（虚空被称为“有可能被物体所占据的东西”）[①]，因此可以发现虚空是非实在的（anupostaston）。再者，空间也会同时被推翻。如果空间是大的场所，就会与场所一起被推翻。如果空间是一部分为物体占据，一部分为虚空占据的间隔，也会随两者一起被否弃。

［131］这些以及更多的论证是针对斯多亚派关于场所的观点提出的。而漫步派则声称场所是“包围者仅就其包围而言的限”[②]，因此我的场所就是包围着我的肉体的空气表面。但如果这就是场所，同一个东西就会既是存在的又是不存在的。因为当物体试图在某个场所生成时，仅就无物能够在非真实存在的东西中生成而言，场所就应首先存在（proūparchein），以便物体可以在里面生成，因此场所将会在场所中的那个物体从中生成之前存在。但就通过包围者的表面对所包围的东西进行形塑（peritupoumenēs）来完成场所而言，场所不可能在物体从中生成之前存在，由于这个原因，那么场所将不会存在。然而声称同一个东西既存在又不存在是荒谬的，所以场所并不是“包围者仅就其包围而言的限”。

［132］此外，如果场所存在，它或是生成的或是非生成的。它不是非生成的，因为他们说，场所是通过形塑里面的物体得以完成的。它也不是生成的。如果场所是生成的，那么它或者当物体在场

① 参见 *PH* 3. 124。

② 场所这个定义的原文：to peras tou periechontos, katho periechei。这里不仅表明场所是“包围者的限”，而且使用后置状语从句“仅就其包围而言”，以强调包围者对场所形成的限制作用。场所的这一事例，参见 *PH* 3. 75. *M* 10. 30. Aristotle, *Physics*, 212a20-21。

所中时生成，即它在“场所中的东西”（to en topōi）已被说成是存在其中的那个地方生成，或者当物体不在场所中时生成。[133] 当物体在场所中时它不会生成（因为物体位于其中的场所已经存在）；当物体不在场所中时它也不会生成，因为正如他们所说，包围者对被包围者进行形塑（peritupoutai）而后生成场所，没有任何东西能够形塑不在其中存在的东西。如果当物体在场所中和不在场所中场所都不会生成，此外没有任何其他东西可以想象，那么场所就不是生成的。如果它既不是生成的也不是非生成的，那它就是不存在的。

[134][①] 还可以在一般意义上做出如下论证。如果有场所这种东西存在，它或是物体或是无形物。正如我们提到的，这些东西每种都充满疑惑（aporeitai），所以场所是令人疑惑的（aporos）。另外，场所是相对于以之为场所的那个物体被思想的。而有关物体的真实性的论证是令人疑惑的，所以有关场所的真实性的论证也是如此。再者，每种东西的场所都不是永恒的（aidios）。如果场所被说成是生成的，而生成不是存在，则会发现场所是非实在的。

[135] 提出其他更多的论证也是可能的，但为了不增加论述的篇幅，我们应得出结论：一方面种种论证使怀疑论者不知所措（entrepō），另一方面显明的经验又让他们感到汗颜（dusōpeō）。因此就独断论者说的这些东西而言，我们不会倾向于任何一方，相反，对场所问题我们保持存疑。

① 参见 *M* 10. 34。

十九、关于时间

［136］在有关时间的研究方面，我们的感受是一样的。就现象而言，似乎存在着时间这种东西。但就他们所说的而言，时间似乎是非实在的。有些人[①]说时间是整个的运动的间隔（“整个”我指的是宇宙），另一些人[②]说时间是宇宙的运动本身；亚里士多德[③]（或如某些人说的，柏拉图）称时间为前后运动的数，斯特拉图[④]（或如某些人说的，亚里士多德）称时间为运动和静止的尺度；［137］据拉戈尼亚人德谟特里乌[⑤]说，伊壁鸠鲁称时间是“偶性之偶性”（sumptōma sumptōmatōn），它伴随着白昼、黑夜、季节、感

① 指斯多亚派，参见 *M* 10. 170. DL 7. 141. Stobaeus, *Ecl* 1. 106. 5-11。

② 指柏拉图，参见 *M* 10. 228. Plato, *Timaeus*, 47D. Aristotle, *Physics*, 218a33-b1。

③ 参见 *M* 10. 176 及 Aristotle, *Physics*, 220a24-25。

④ 参见 *M* 10. 177。

⑤ 德谟特里乌（Demetrius），拉戈尼亚人，公元前2世纪伊壁鸠鲁主义者。其作品的某些残篇在赫尔库拉纽姆出土的纸草（Herculaneum papyri）中发现。

受（pathesi）、感受的缺失（apatheiais）、运动和静止。[1]［138］在本质上，一些人声称时间是有形的，如埃奈西德穆派的人说[2]它同存在者和原初物体（tou prōtou sōmatos）没有区别，一些人[3]则声称它是无形的。那么，或者所有这些观点为真，或者所有为假，或者一些为真一些为假。但它们不可能所有为真（因为它们大多数相互矛盾），而独断论者也不可能承认它们所有为假。［139］再者，如果时间是有形的被承认为假，时间是无形的也被承认为假，那么时间的非真实性也就会被直接承认，因为除此之外没有任何其他可能。由于种种分歧之间的等效性以及有关标准和证明的疑惑性[4]，理解哪些观点为真，哪些观点为假是不可能的。因此，关于时间我们不可能给予确切的肯定。

［140］再者，既然离开了运动和静止时间似乎是不存在的，如果运动被消除，如果静止同样也被消除，那么时间就会被消除。无论如何，有些人提出下列反对时间的论证。[5]如果时间存在，它或

① 参见 *M* 10. 219。这里伊壁鸠鲁把时间界定为自然运动与主观感受中的偶发事件及过程。sumptōma 一词指一系列偶然事件，伊壁鸠鲁在《致希罗多德的信》（*Epistula ad Herodotum*）中对它的界定是：偶性不具有它所归属的，被我们称为物体的那种整体的本性，也不具有永恒伴随者（parakolouthountōn）的本性。（参见 DL 10. 71）另，伊壁鸠鲁对时间的界定也与塞克斯都在本段的记载基本一致："这点毋需证明，只需要我们考虑把时间与昼、夜以及它们的构成阶段，同样也与感受和感受的缺失，运动和静止联系在一起这个事实，进而把时间视为这些东西的某种特殊偶性（idion ti sumptōma），正是根据这种特殊偶性我们使用'时间'一词。"（参见 DL 10. 73）

② 参见 *M* 10. 216。

③ 指斯多亚派，参见 *M* 10. 218。

④ 参见 *PH* 2. 18-79, 144-192。

⑤ 自此以下到 *PH* 3. 142 可与 *M* 10. 189-191 及 *M* 6. 62 比较。

是有限的或是无限的。[1]［141］如果是有限的，它将开始于某个时间，结束于某个时间。由于这个原因，就会存在一个在它开始之前没有时间的时间，也会存在一个在它结束之后将不是时间的时间，但这是荒谬的。因此时间不是有限的。［142］如果时间是无限的，而它的一部分被说成是过去，一部分是现在，一部分是将来，那么将来和过去或是存在的或是不存在的。如果它们是不存在的，只剩下了现在，而现在是瞬时性的，那么时间就是有限的，开始存在的疑难将会紧跟而来。如果过去是存在的，将来是存在的，那么它们每个都将是现在的[2]，但声称过去的时间和将来的时间是现在的则是荒谬的。因此时间不是无限的。如果时间既不是无限的又不是有限的，那它就是完全不存在的。

［143］[3] 此外，如果时间存在，它或是可分的或是不可分的。它不是不可分的。因为正如他们所说，时间被划分成现在、过去和将来。但它也是不可分的。因为每个可分的东西都被自己的某个部分所度量，度量者（metrountos）与被度量者（metroumenon）的每个部分是相契合的，如我们用手指测度一尺长。[4] 然而时间不能被自己的某个部分所度量。比方说，如果现在度量过去，它就会与过去相契合，因而也就是过去。同样，如果现在度量将来，它就是将来。如果将来度量其他两者，它就是现在和过去。同样，如果

① 按柏拉图观点，时间是有限的（参见 Plato, *Timaeus*, 37D-38B）；按斯多亚派观点，时间是无限的（参见 Stobaeus, *Ecl* 1. 106. 11-13）。

② 这个论证的前提在于“只有现在的才是存在的”这一观点。

③ 参见 *M* 10. 193-196 及 *M* 6. 64-65。

④ 1尺对译希腊语单位一个 pēchus，相当于24指宽（daktuloi），参见本书第205页注释2。

过去量度其他两者，它就是将来和现在。这是荒唐的。因此时间是不可分的。如果时间既不是不可分的又不是可分的，那它就是不存在的。

［144］[①] 时间被说成是三部分的：一是过去，一是现在，一是将来。其中过去和将来是不存在的，因为如果过去和将来的时间当下存在，那么它们每个就会是现在。[②] 现在也是不存在的。因为如果现在的时间是存在的，它或是不可分的或是可分的。但它不是不可分的。因为变化者被说成是在现在的时间里变化的，无物可以在不可分的时间里变化，比如铁变软以及其他事例。[③] 因此，现在的时间不是不可分的。［145］现在也不是可分的，它不会被划分成若干现在，因为宇宙万物的瞬间流逝，现在被说成是以不可想象的速度变成过去。但现在不会变成过去和将来，因为那样现在将是非真实存在的，自己的一部分不复存在，另一部分则尚未存在。［146］再者，现在也不能是过去的终结和未来的开端[④]，那样它将既是存在的又是不存在的。作为现在它将是存在的，但由于它的某些部分是不存在的因而它将是不存在的。所以，现在不是可分的。如果现在既不是不可分的又不是可分的，那它就是不存在的。如果现在、过去和将来都不存在，那就不会存在时间这种东西，因为由非真实存在的部分所构成的东西是非真实存在的。

① 这里 *PH* 3. 144-146 可与 *M* 10. 197-200 及 *M* 6. 66-67 比较。

② 按照科律西波的观点，过去和未来不是存在的（huparchein），而是潜在的（huphistanai），参见 Plutarch, *Comm Not* 1081F 及 Stobaeus, *Ecl* 1. 106. 18-23。

③ 参见 *PH* 3. 106-107。

④ 这里指亚里士多德的观点，参见 Aristotle, *Physics*, 222a10-12。

[147][1] 下面这个论证也是针对时间进行反驳的。如果时间存在，它或是生成的和灭亡的，或是非生成的和非灭亡的。它不是非生成的和非灭亡的，因为它的一部分被说成是过去的和不复存在的，另一部分是将来的和尚未存在的。[148] 它也不是生成的和灭亡的。因为按照独断论者的假设，生成者必须由某种存在物生成，灭亡者也必须灭亡后归于某种存在物。如果它灭亡而成为过去，那它就成为非存在物；如果它生成于将来，那它就生成于非存在物。因为两种情况无一是存在的。声称某物生成于非存在物或灭亡后归于非存在物是荒谬的。所以，时间不是生成的和灭亡的。如果它既不是非生成的和非灭亡的，又不是生成的和灭亡的，那它就是根本不存在的。

[149][2] 此外生成者被认为是在时间中生成的，因此如果时间生成，则它在时间中生成。那么它或者自身在自身中（autos en heautōi）生成，或者作为他者在他者中（heteros en heterōi）生成。但如果自身在自身中生成，同一个东西将既是存在的又是不存在的。因为某物生成于其中的东西必须先于（proūparchein）在其中生成的东西，在自身中生成的时间，就其生成而言它尚未存在，就其在自身中生成而言它已经存在。因此，时间并非自身在自身中存在。[150] 时间也不会作为他者在他者中生成。因为如果现在在将来中生成，现在就会是将来。如果现在在过去中生成，现在就会是过去。有关其他时间，说法应当是相同的。因此作为他者的时间不

① 这里 *PH* 3. 147-148 可与 *M* 10. 203-205 比较。

② 这里 *PH* 3. 149-150 可与 *M* 10. 207-211 比较。

会在其他时间中生成。如果时间既非自身在自身中生成，又非作为他者在他者中生成，那它就不是生成的。而我们业已表明，它也不是非生成的。既然它不是生成的，也不是非生成的，那它根本就是不存在的，因为每个存在的东西必定或是生成的或是非生成的。

二十、关于数

［151］既然时间离开了数似乎是观察不到的，那么简短地讨论一下数也并非不妥。就习惯而言，我们不持有信念地（adoksastōs）谈论某种计数（arithmein），接受有数这种东西存在。但独断论者们的刻意雕琢（periergia）反而引起了对这个问题的批驳。［152］[①] 例如，来自毕达戈拉派的人宣称数是宇宙的元素（stoicheia tou kosmou）。他们说，现象是由某些东西构成的，元素必须是单一性的，所以元素是非显明的。在非显明之物中一些是物体，如原子和物块[②]，另一些是非物体性的，如形状、形式和数目。其中物体是构成之物，由长、宽、高、抗力或者重量所构成。所以，元素不仅是非显明的，而且是非物体性的。［153］再者，每个非物体性的东西具有可被观察到的数，它或是一，或是二，或是更多的数。由之

① 这里 *PH* 3. 152-185 可与 *M* 10. 248-283 比较。

② “物块”（ogkoi），参见 *PH* 3. 32。

得出结论：存在物的元素是非显明的、非物体性的、在所有东西中都可以被观察到的数。[①] 但元素并非单纯地是这些数，而是一元（monas）和由一元结合而成的不可限定的二元（aoristos duas），通过分有（kata metousian），从中特殊的“二”成其为“二”。[②]［154］他们说，正是由这些东西，在可数之物中被观察到的其他的数得以生成，宇宙得以构成。因为点与“一”同比，线与“二”同比（线被看到处于两点之间），面与“三”同比（他们声称面是线向着一侧的另外的点的横向流动），体与“四”同比，因为体是面向着某一顶点的提升。[③]［155］他们以这种方式幻想出物体和整个宇宙，而这些东西，他们声称是受和谐的比例关系所支配的，作为 1+1/3 的四音程（ton dia tessarōn），其比例为 8∶6；作为 1+1/2 的五音程（ton dia pente），其比例为 9∶6；作为两倍的全音程（ton dia pasōn），其比例为 12∶6。[④]

［156］这就是他们所梦想出来的东西。再者，他们还试图确立数是有别于可数之物（arithmēta）的另外某种东西，声称[⑤] 如果动物按其自身的定义是“一”，植物既然不是动物那它就不是“一”；但实际植物是“一”；所以动物是“一”，并非仅当作为动物，而是根据另外某种外在于它的可被观察的东西，从中每种动物分有

① 参见 *M* 10. 258。

② 参见 *M* 10. 261-262。这一段是毕达戈拉派有关数是万物本原的经典表述。注意这里“不可限定的”使用的是 aoristos，并非 apeiros（无限的）。

③ 参见 *M* 10. 278-280. *M* 7. 99-100. *M* 4. 4-5。

④ 参见 *M* 10. 283. *M* 7. 95-97. *M* 4. 6-7。

⑤ 自此以下的论证可与 *M* 10. 285-286 及 *M* 4. 11-13 比较。这里的论证形式与柏拉图相同。

（metechei）这种东西并因此而成其为“一”。再者，如果数是可数之物，而人、牛、马是可数之物，那么数就会是人、牛、马，也会是白的、黑的和有胡子的，假如可数之物碰巧如此。[157] 但这是荒谬的。所以数不是可数之物，它具有不同于可数之物的特殊实在性（idian hupostasin），由之它在可数之物中被观察到，并成为一种元素。

那么，一旦他们得出数并非是可数之物的结论，有关数的疑难问题便纷纷呈现出来。提出的论证如下：如果数这种东西存在，它或是可数之物本身，或是某种外在的、有别于可数之物的东西。但正如毕达戈拉派所证明的那样，数不是可数之物本身，又如我们将要表明的那样，它也不是某种有别于可数之物的东西。所以，不存在数这种东西。

[158][1] 为了讲授的清晰性，我们通过把论证建立在一元的基础上来确立数并非是某种外在的、有别于可数之物的东西。如果一元，其所有分有者通过分有它而成为“一”的那个东西，是根据自身存在的，那么这个一元或是“一”，或同它的分有者的数目一样多。如果是“一”，那么每个被说成是分有它的东西是分有它的整体还是它的部分？[2] 如果，比方说，一个人占有了整个一元，那就不会有一匹马或一只狗或其他每个我们称之为“一”的东西所分有的一元了，[159] 正像假如有一群裸体的人，他们只有一件衣服可穿，其中一个人穿上它，剩下的人仍然是赤身裸体的，无衣可穿。

① 这里 *PH* 3. 158-161 可与 *M* 10. 293-298 及 *M* 4.18-20 比较。

② 参见 *PH* 2. 220-221。这个论证显然来自柏拉图，参见 Plato, *Parmenides*, 131A-132B。

如果每个分有者分有了一元的一部分，那么首先一元就会有部分，而且会有无限多个一直能被分割下去的部分，但这是荒谬的。其次，正像“十”的一部分，比如说“二”，并非是“十”本身，因此一元的一部分也不会是一元，由于这个原因无物可以分有一元。所以一元，这个被说成是被特殊事物所分有的东西，不是“一”。

［160］如果一元，所有特殊事物通过分有它而被说成是“一”的东西，在数目上等于那些被说成是“一”的可数之物，那么这个被分有的一元将是无限多的。再者，这些一元或分有“最高的”或“最基本的”（epanabebēkuias）一元，或分有与自己的数目相等的一元并因此成为一元，或不分有任何东西，而是在没有任何分有的情况下成为一元。［161］但如果它们在没有任何分有的情况下能够成为一元，那么每个可感之物也就能够在不分有一元的情况下成为“一”，那么所谓的根据自身而被观察到的一元就会被直接推翻。如果这些一元通过分有而成为一元，那么或者所有分有一个一元，或者每个分有自己的一元。如果所有分有一个一元，那么它们每个将被说成是或者分有这个一元的一部分或者分有全部，原来的疑难会照样存在；［162］如果每个分有自己的一元，那么在每个一元当中就会被观察到一个新的一元，而在这些被观察到的新的一元当中又会被观察到另一些新的一元，直至无穷。因此，如果我们为了理解一元，即每个存在物通过分有它而成其为“一”的这种东西，是根据自身存在的，就必须无限次地理解无限个被思想的一元。然而，无限次地理解无限个被思想的一元是不可能的，因此表明被思想的一元这种东西是存在的，而且每个存在物通过分有自己特殊的一元而成其为“一”则是不可能的。

［163］因此，声称一元同它的分有者的数目一样多是荒谬的。如果所谓根据自身存在的一元的数目既不是“一”，也不是和它的分有者一样多，那么根据自身存在的一元是根本不存在的。同样，每个其他的数也不是根据自身存在的，因为针对所有的数，我们都可以使用当下作为范例提出的有关一元的论证。如果数既不是根据自身存在的，如我们已表明的那样，也不是可数之物本身，像毕达戈拉所论证的那样，此外没有任何其他可能，那么我们必须要说数是不存在的。

［164］[①] 那些相信数是某种外在的、有别于可数之物的东西的人，何以说二元是由一元生成的？因为当我们把一个一元和另一个一元进行结合时，或某种东西从外面加给一元，或某种东西从一元减掉，或没有任何东西加上和减掉。如果没有任何东西加上和减掉，二元将不会存在。因为根据其定义，当一元之间相互分离存在时，二元就不会在它们之中被观察到，也就不会像假设的那样有某种东西从外面加给它们或由它们减掉。［165］因此，如果没有任何来自外面的加减发生，一元与一元的结合将不会是二元。如果有东西减掉，不仅不会有二元，而且一元也会变少。如果二元从外面加给它们以便二元可以由一元生成，那么似乎被认为是“二”的东西将会是“四”，因为存在着一个一元和另一个一元，当二元从外面加给它们时，其结果将会是“四”。［166］对于其他所谓的由结合所产生的数，适用于同样的论证。

① *PH* 3. 164-165 可与 *M* 10. 302-304 及 *M* 4. 21-22 比较。这里的论证似乎归于柏拉图，参见 Plato, *Phaedo*, 96E。

如果通过加减，或不通过加减，数都无法由所谓基本单元结合生成，那么被说成是根据自身存在的和有别于可数之物的数的生成就是不可能的。然而，当他们说这些数是由基本单元，比如，由一元和不可限定的二元结合并生成时，他们自己做出表明：由结合形成的数不是不可生成的。那么这就意味着，数并非是根据自身存在的。[167] 如果数不是根据自身而被观察到，并且在可数之物中也不具有任何实在性，那么就独断论者所引入的这个精心雕琢品（periergia）而言，数这种东西是不存在的。

有关所谓的哲学的物理学部分，在这部《概要》中我们讨论得已经相当充分了。

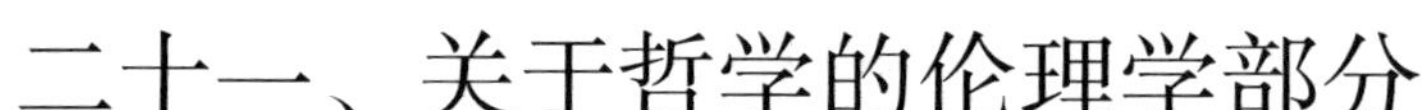

二十一、关于哲学的伦理学部分

[168][①] 剩下来的是哲学的伦理学部分，这一部分被认为是关乎善的、恶的和无差别的东西的区分。为了简明扼要讨论这一部分，我们将研究善的、恶的和无差别的东西的真实存在性，首先对每个概念进行解释。

① 参见 *M* 11. 1-2。

二十二、关于善的、恶的和无差别的东西

[169][①] 斯多亚派的人声称善是“有益”或者“并非无益”。“有益”指德性和善行，“并非无益”指好人和朋友。[②] 既然德性是处于某种状态下的灵魂的中枢部分[③]，善行是一种据于德性的现实活动，那么它们直接就是“有益”，而好人和朋友则“并非无益”。[170] 因此“有益”就是好人内在的一部分，即作为其灵魂的中枢部分。而他们声称整体既非相同于部分（因为一个人不是他的一只手），又非部分之外的其他什么东西（因为离开了部分，整体不会存在），因此他们说整体并非不是部分。既然好人是相对于其灵魂的中枢部分，即他们称之为“有益”的那一部分而言的整体，因此他们声称好人“并非无益”。

① 这里 *PH* 3. 169-171 可与 *M* 11. 22-27 比较，同时参见 DL 7. 94 及 Stobaeus, *Ecl* 2. 69. 17-70. 7。

② 这里是斯多亚派关于善的定义。“有益”（ōpheleia）指德性和据于德性的行动，是灵魂中枢部分的活动。“并非无益”（ouks heteros ōpheleia）或“无异于有益”是指好人（ton spoudaion）和朋友，是相对于灵魂中枢部分而言的整体。从这个界定来看，斯多亚派似乎把“有益”理解为灵魂内在的、直接的道德品性，把“并非无益”理解为这种内在品性的外在的、间接的和整体的呈现。在善的程度上，后者似乎略“弱于”前者，所以称之为“并非无益”。

③ hēgemonikon。参见 *PH* 1. 128。

他们说“善”有三种意思。[①][171] 第一个意思，他们说善是事物为之受益的东西，这是“最根本的善”(archikōtaton) 和德性。另一个意思，善是事物恰好由之受益的东西，如德性和据于德性的行为。第三个意思，善是可能带来益处的东西，即德性和据于德性的行为，还有善良的人、朋友和神以及善良的精灵[②]，因此第二个意思的善包含第一个，第三个则包含第二个和第一个。[③][172] 还有一些人声称善是因自身而被选择的东西，另一些人声称善是对幸福有贡献的东西，或是有助于成就幸福的东西 (to sumplērōtikon)[④]。而幸福，如斯多亚派所说，是平静流淌的生活 (euroia biou)。[⑤]

诸如此类的这些东西就是他们所说的有关善的概念。[173][⑥] 但如果有人说善是使人有益的东西 (to ōpheloun)，或是因自身而被选择的东西，或是幸福的贡献者 (to sunergoun)，那么他并未确立善是什么，而是描述了它的某些属性。然而这是白费力气的，因为上述这些东西或仅仅属于善，或同时还属于其他什么东西。如果同时还属于其他东西，它们就不是善的独有特征，因为它们是共同性的东西；如果它们仅仅属于善，那么对于我们来说由这些东西来思考善是不可能的。[174] 因为正像一个没有马的概念的人不会

① 参见 Stobaeus, *Ecl* 2. 69. 17-70. 7。

② 斯多亚派有关“精灵”(daimonas) 的论述，参见 DL 7. 151。

③ 三层意思的“善”似乎逐级减弱，从句子的语义：“为之受益”(estin ōpheleisthai)、“恰好因之受益”(sumbainei ōpheleisthai)、“可能带来好处”(to hoion ōphelein) 可以看出。

④ 参见 DL 7. 97 及 Stobaeus, *Ecl* 2. 71. 15-72. 13。

⑤ 参见 DL 7. 87 及 Stobaeus, *Ecl* 2. 77. 20-21。形容词 euroos 本意为“平静流淌的”，引申为“过得好的”。译文取自本意。

⑥ 这里 *PH* 3. 173-174 可与 *M* 11. 38-39 比较。

知道什么是马嘶，也就不能由此而达致马的概念，除非他首先碰到嘶叫的马。同样，一个正在研究善是什么的人，由于他不知道善之为物，所以他不能辨识那些属于善的专有的和唯一的特性，以便能够由之思考善本身。因为他必须首先知道善自身的本性，进而才能理解使人受益的东西、因自身而被选择的东西和成就幸福的东西。[175][①] 然而独断论者用自己的实际活动表明，上述这些属性不足以揭示善的概念和本性。因为或许他们所有人都会承认善可使人受益，善值得选择，因为据称善是似乎让人愉悦的东西，善可造就幸福，然而一旦追问他们这些属性所归属的东西究竟是什么，他们便陷入无穷无尽的论争：有人声称是德性，有人声称是快乐，有人声称是无痛苦，还有人声称是其他东西。如果由上述定义可以证明善本身是什么，他们之间就不会产生如此分歧，以至善的本性就像是从未被认识似的。

[176] 因此，这就是那些被认为是最知名的独断论者在善的概念上所发生的分歧。同样，他们在有关恶的问题上也是莫衷一是。有人说恶是“有害”或“并非无害”，有人说恶是因自身而被规避的东西，还有人说恶是制造不幸的东西。由这些话来看，他们并未言及恶的本性，而是谈论可能属于它的某些属性，因此他们陷入前面提到的困境。

[177][②] 他们声称“无差别”（to adiaphoron）一词也有三个意思。第一个意思涉及那些对之既无倾向又无排斥的东西，如星星

① 参见 *M* 11. 35-37。

② 参见 *M* 11. 59-61. DL 7. 104. Stobaeus, *Ecl* 2. 79. 1-17。

和头发是偶数。第二个意思涉及那些对之有所倾向或有所排斥的东西，但并非对这个比对那个更加倾向或更加排斥。比如，对于两枚无法辨别的四分硬币，当你必须要在它们之间做出选择时，形成选择其中一枚的倾向，但这并非意味着对这一枚比对另一枚更有倾向。[①] 第三个意思，他们声称“无差别”是指对于幸福与不幸均无作用的东西，如健康或财富。因为这些东西有时用得好，有时用得不好，他们称这些东西是无差别的。他们说，在伦理学中重点讨论的是这个意思的“无差别”。[178] 由前面我们所谈到的有关善的和恶的事物来看，对这一概念我们应当思考什么，这点是十分清楚的。

显然，他们没有把我们引向上述所有这些东西的概念本身。遭遇这种失败并不奇怪，因为他们跌入或许是并非真实存在的东西之中。有些人以下述方式论证没有任何东西本性上是善的，或恶的，或无差别的。

二十三、有本性上是善的、恶的和无差别的东西吗？

[179][②] 本性上发热的火对所有人显得是热的，本性上寒

① 这一事例来自斯多亚派的科律西波，参见 Plutarch, *Stoic Rep* 1045E。

② 参见 *M* 11. 69 及 DL 9. 101。

冷的雪对所有人显得是冷的，所有本性上能产生作用的东西（kinounta）以同样的方式作用于（kinei）所有如他们所说的处于自然状态下的人。[①] 但正如我们将要表明的那样，没有所谓善的东西可以“作为善”来作用于所有的人，因此没有本性上是善的东西。他们声称，没有所谓善的东西可以同样作用于所有的人，这点是显而易见的。[180][②] 让我们把平常人的观点暂放一边——他们当中有的认为健康的身体是善的，有的认为性交，有的认为暴食，有的认为醉酒，有的认为赌博，有的认为贪财，有的认为比这些更糟糕的事情是善的。在哲学家本身之中，如漫步学派，声称有三种善的东西。[③] 其中一些是与灵魂有关的东西，如德性；一些是与肉体有关的东西，如健康及类似的东西；一些是外在的东西，如朋友、财富等等。[181] 斯多亚派也声称有三种善的东西[④]，其中一种是关乎灵魂的东西，如德性；一种是外在的东西，如好人和朋友；一种是既非涉及灵魂又非外在的东西，如与他们自己相关的好人。然而他们否认那些有关肉体的、漫步派称之为善的东西是善的。[⑤] 还有一些人以快乐为善，另一些人说快乐根本就是恶[⑥]，因而一位哲学家坦言：“我宁肯疯狂也不愿快乐。”[⑦]

① 这一论点见 *PH* 3. 182, 190, 196, 220, 222, 226. *M* 8. 37, 198. *M* 1. 147 等处。

② 这里 *PH* 3. 180-181 可与 *M* 11. 43-47 比较。

③ 参见 Aristotle, *Nicomachean Ethics*, 1098b12 及 *Politics*, 1323a24。这一观点被希腊化哲学普遍接受。

④ 参见 DL 7. 95 及 Stobaeus, *Ecl* 2. 70. 8-20。

⑤ 参见 Cicero, *Fin* 3. 10. 34, 13. 44-45。

⑥ 参见 DL 9. 101。

⑦ 参见 DL 6. 3。

[182][1] 如果本性上能产生作用的东西以同样的方式作用于所有的人，而我们所有的人并没有被所谓善的东西以同样的方式所作用，因此就不会有本性上是善的东西。由于种种纷争，相信上面提出的所有观点或某些观点是不可能的。因为凡声称必须相信这个而绝非那个观点的人，他会把持有相反观点的人的论证同自己的论证对立起来，因而使自己成为矛盾争论的一方，因为这个原因，他自己连同另一方都需要一个判断者，而不是自己去判断另一方。然而并不存在人人同意的标准或证明，由于这些分歧之间的不可判定性，他将达致存疑（eis tēn epochēn katantēsei），因此他不可能确切肯定何为本性上善的东西。

[183][2] 再者，有些人声称善是选择活动或是我们所选择的那个东西。但选择活动（to haireisthai）按其自身的意义来说并非是善的。因为，如果善是为了避免失去继续选择某种东西的能力，我们是不会竭力地去获取所选择的这种东西的。比如，如果对饮料的渴求本身是好的，我们就不会竭力地去获取饮料。因为我们一旦享用了饮料，就会消除对它的渴求。对于饥饿、爱欲及其他一些东西同样如此。所以，即便选择并非使人烦恼，它也不会因为自身而被选择。因为饥饿的人竭力地去获得食物，为的是解除由饥饿带来的烦恼，处于爱欲中的人和干渴的人同样如此。

[184] 另外，善也不是值得选择的东西（to haireton）。因为这种东西或是外在于我们的，或是与我们有关的。如果外在于我

① 参见 *M* 11. 71-78。

② 这里 *PH* 3. 183-186 可与 *M* 11. 80-89 比较。

们，它或使我们产生舒适得体的运动[①]、乐于接受的状态和欢快愉悦的感受，或根本不产生任何影响。如果对我们来说它是不愉快的，那它就不是善的，就不会驱使我们对之做出选择，就是毫无选择价值的。如果由外在的东西可以让我们产生某种优雅柔和的状态（prosēnes katastēma）和舒适可人的感受（asmeniston pathos），那么外在的东西也不是因为它自己，而是因为它在我们身上产生的某种状态而值得选择的。[185] 因此，因自身而值得选择的东西不可能是外在的。但它也不是与我们有关的。因为它或只与肉体有关，或只与灵魂有关，或与两者有关。如果它只与肉体有关，就会逃离我们的认识，因为认识被说成是灵魂的活动，而他们声称肉体仅就其自身而言是非理性的。如果它被说成是从肉体向灵魂延展（diateinein）[②]，那么它似乎值得选择也是由于灵魂对它的理解和所具有的愉悦感受。因为按照他们的说法，一种被判断为值得选择的东西是由心灵而不是由非理性的肉体来判断的。

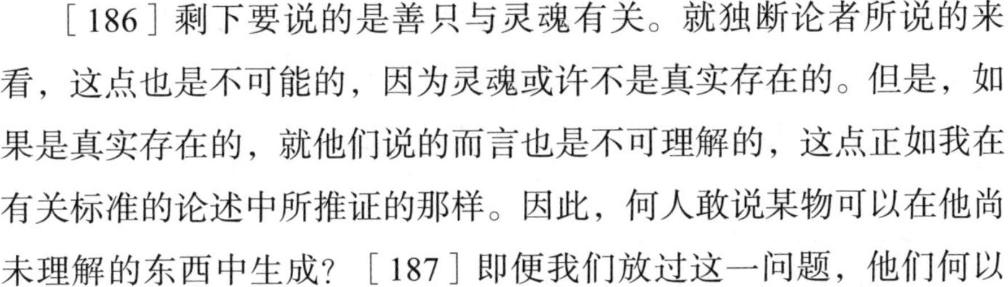

[186] 剩下要说的是善只与灵魂有关。就独断论者所说的来看，这点也是不可能的，因为灵魂或许不是真实存在的。但是，如果是真实存在的，就他们说的而言也是不可理解的，这点正如我在有关标准的论述中所推证的那样。因此，何人敢说某物可以在他尚未理解的东西中生成？[187] 即便我们放过这一问题，他们何以

① “舒适得体的运动”原文为 asteia kinēsis，这里 asteia 是 asteios 一词的阴性形式，原意是“优雅的”、“文明的”、“得体的”、“城邦的”、“亲近的”等。名词形式 astos，指“本邦人”、“城市人”、“有公民权的人”，与 xenos（异邦人、陌生人）相对。

② 这段反驳的是善既与肉体有关又与灵魂有关这种假设。

声称善是在灵魂中生成的？即使伊壁鸠鲁肯定目的在于快乐，声称灵魂像所有东西一样是由原子构成的，也不可能解释如何从一堆原子中能够生成快乐，如何能够生成有关这是值得选择的和善的，那是应当规避的和恶的这种认同和判断。

二十四、何为所谓的生活的技艺？[①]

［188］再者，斯多亚派声称灵魂的善是某种技艺，也就是德性。[②]他们说技艺是由种种共同练习[③]的理解所形成的系统，理解则生成于灵魂的中枢部分。然而，理解的存储和如此之多的聚集如何会在灵魂的中枢部分——这个被他们说成是气息（pneuma）的东西——里面发生以至于生成技艺，这点是难以想象的。既然气息是流动的，且被说成是作为一个整体为每个印象所推动，那么相继生成的印象就会永远不断地抹掉在它之前的印象。[④]［189］声称柏拉

① *PH* 3. 188以下，古典拉丁文本加了一节，标题是“何为所谓的生活的技艺？”。从内容看，这里讨论的是紧跟上面而来的“善只与灵魂有关”这一主题，并非“生活的技艺”（这个内容在后面 *PH* 3. 239 才出现）。这里分节显然不合适，但为保持拉丁学者分章原貌，我们仍沿用其标题。

② 德性是技艺的观点，参见 DL 7. 90 及 Stobaeus, *Ecl* 2. 58. 9-11。

③ “共同练习”一词原文为suggegunasmenon，其主干动词为gumnazō，意为“练习”、“训练”、“运用”，参见 *PH* 3. 241, 261。

④ 参见 *PH* 2. 70。

图所幻想出来的灵魂[1]——我指的是“不可分”与“可分”、“异”与“同”，或是数这些东西的混合——能够容纳善，纯粹是无稽之谈。因此善不可能与灵魂有关。[190]如果善不是选择本身，如果因自身值得选择的东西既非外在于我们，又非关乎肉体和灵魂，正如我们所论证的那样，那么根本就没有本性上是善的东西。

由于以上提到的原因[2]，同样也不会有本性上是恶的东西。因为对一些人似乎是恶的东西，又被另一些人作为善的东西来追逐。例如，放荡、不义、贪婪、无度等等。如果本性如此这般的东西必然以同样的方式作用于所有人，而所谓恶的东西并非以同样的方式作用于所有人，那么也就没有任何东西本性上是恶的。

[191][3]同样，由于在无差别之物上的种种分歧，也不会有任何东西本性上是无差别的。例如，斯多亚派声称在无差别之物中，一些是倾向于选择的（proēgmena），一些是不倾向于选择的（apoproēgmena），还有一些是既非倾向于选择又非不倾向于选择的。[4]倾向于选择的，诸如健康和财富这些具有足够价值的东西；不倾向于选择的，像贫困和疾病这些没有足够价值的东西；既非倾向于选择的又非不倾向于选择的，如伸直或弯曲手指。[192][5]有些人声称[6]，没有任何无差别之物在本性上是倾向于选择的或不倾向于选择的，每种无差别之物根据不同环境，有时似乎是倾向于选择

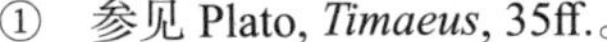

① 参见 Plato, *Timaeus*, 35ff.。

② 这一段可与 *M* 11. 90-95 比较。

③ 参见 *M* 11. 62-63。

④ 参见 DL 7. 105-106 及 Stobaeus, *Ecl* 2. 80. 14-81. 18, 83. 10-85. 11。

⑤ 参见 *M* 11. 65-66。

⑥ 指开俄斯的阿里斯图（Ariston），参见 *M* 9. 64。

的，有时似乎是不倾向于选择的。比如，他们声称如果富人被暴君谋算，而穷人却安然无恙，那么所有人宁愿选择贫困而并非富有，因此财富也就成了不受喜欢的东西。[193] 那么，既然每个所谓无差别之物，一些人说是善的，另一些人说是恶的，如果它在本性上是无差别的，那所有人就会以相同的方式认为它是无差别的，所以没有东西本性上是无差别的。

同样，如果有人声称勇敢是本性上值得选择的，因为狮子似乎本性上是胆大的和勇气十足的，公牛或许还有某些人和公鸡也是如此，那么我们会说，就这点而言胆怯也是本性上值得选择的东西，因为麋鹿和野兔以及很多其他动物本性上都趋向于这种天性。发现大多数人是胆怯的，因为很少有人会为了城邦献出自己的生命〈……〉[①]，大多数人逃避这样的行动。

[194][②] 再者，伊壁鸠鲁派认为他们揭示了快乐本性上是值得选择的。因为他们说动物一旦出生，只要不是反常，就会趋向快乐而规避痛苦。[195] 针对这点我们说，能够产生恶的东西本性上不可能是善的。而快乐是能够产生恶的，因为对于每个快乐都凝聚着痛苦，而痛苦按照他们的说法本性上是恶的。比如，酗酒者和贪食者以暴饮暴食为乐，好色者以满足性交为乐。但这些东西是可以造成贫穷和疾病的，而贫困和疾病如他们所说是痛苦的和恶的。所以，快乐本性上并非是善的。[196] 同样，能产生善的东西本性上就不会是恶的。而痛苦可以造成快乐，因为经历痛苦（ponos）我们获

① 此处明显有断章。

② 这里 *PH* 3. 194-196 可与 *M* 11. 96-98 比较。

取知识，也正是通过这种方式一个人获取财富和他的恋人。再者痛苦（algēdones）还可保护健康。因此痛苦本性上不是恶的。如果快乐本性上是善的而痛苦是恶的，那么正如我们所言，所有人就会以同样的方式对待这些东西。然而我们看到大多数哲学家鄙视快乐，选择痛苦与忍耐。

［197］同样，那些声称有德性的生活本性上是善的人也会被某些智者选择伴有快乐的生活这一事实所推翻，因此来自独断论者之间的分歧足以驳倒某物本性上是这个或是那个的观点。［198］此外，对什么是羞耻的和不羞耻的、禁止的与不被禁止的，以及法律、习惯、敬神、祭祖等观念，以简要的方式给予特别关注或许并无不当之处，由此我们将会发现在有关什么是应当做的或不应当做的问题上存在着诸多分歧。

［199］例如，鸡奸在我们这里不仅被认为是羞耻的，而且是违法的，但在日耳马尼人（Germani）[①] 那里，如他们所说，不但不以之为耻，而且是习俗中事。据说，在很久以前的忒拜人当中这种行为也不认为是羞耻的，他们声称克里特的墨里俄涅斯（Mērionēs）[②] 之所以被叫作这个名字是因为它反映了克里特人的习俗。有些人还把阿基里斯（Achilles）对帕特洛克勒斯（Patroclus）炽热的爱归结成这种行为。［200］因此，当犬儒派哲学，以及喀提亚的芝

① 这里不是指日耳曼人，而是指波斯的一个部落，参见 *PH* 1. 152。

② 这里 Mērionēs 一词，来自 mēros，意为“大腿”，参见 *PH* 3. 245。

诺[1]、科莱安特[2]和科律西波的追随者们声称这种行为是无所谓的（adiaphoron），还有什么感到奇怪的呢？大庭广众之下与女人交媾，在我们这里被看作是羞耻的，而在印度人那里则不认为是羞耻的。[3]无论如何，他们在众目睽睽之下无所顾忌地（adiaphorōs）与女人交媾，正像我们听到的有关哲学家克拉特（Crates）的传说那样。[4][201]再者，妇女卖淫在我们这里是羞耻的和千夫所指的，而在大多数埃及人那里则是无上荣光的。他们说，同最多的男人发生关系的女人佩戴作为自我骄傲象征的环饰。在她们当中，姑娘们婚前通过卖淫积攒嫁妆而后出嫁。我们看到，斯多亚派声称与妓女同处一屋或靠妓女所得为生并不是荒谬的事情。

[202]再者，文身对我们来说是羞耻的和无脸面的（atimon），但多数埃及人和萨尔马提亚人（Sarmaton）给他们的孩子文身。[5][203]男人戴耳环在我们这里是羞耻的，而在一些蛮族人，如叙利亚人那里，则是出身高贵的象征。某些人群对出身高贵的象征做了进一步延展，穿刺他们孩子的鼻子并在上面悬吊银环或金环，对我们来说是不

① 喀提亚的芝诺（Zeno of Citium，约公元前334—前262年），在公元前300左右年创建斯多亚派，其思想深受柏拉图的影响，新学园派代表安提奥科斯强调芝诺学说对柏拉图的继承和修正，否认其思想的原创性。

② 科莱安特（Cleanthes，约公元前331—前230年），阿索斯（Assos）人，喀提亚的芝诺的学生，于公元前262年左右成为斯多亚第二代领袖。他写了大约50部著作，其思想被他的学生科律西波系统化。他的著名作品《宙斯颂》（*Hymn to Zeus*）完整保存至今。

③ 参见 *PH* 1. 148。

④ 参见 *PH* 1. 153。这里注意 adiaphorōs 一词在不同语境下的不同译法。

⑤ 参见 *PH* 1. 148。

会做这种事的。[204] 正像我们这里没有男人身着长不露足、刺花滚边的袍子，尽管这种装束我们认为是羞耻的，但在波斯人看来却是十分得体的。[①] 当这种服饰在西西里的暴君第奥尼修[②] 的宫廷上被命令送给哲学家柏拉图和阿里斯提波[③] 时，柏拉图回绝了，说道：

> 我生为男人，
> 不能穿女人的衣服。[④]

但阿里斯提波接受了，说道：

> 即使在酒神巴克科斯祭祀中（en bakcheumasin），
> 洁身自好的她也不会被玷污。[⑤]

因此，即便在智者中，这种行为对一个似乎不是羞耻的，对另一个似乎是羞耻的。[205] 在我们这里娶自己的母亲或姐妹为妻是不合法的，但波斯人，尤其是那些被认为是在践行（askein）智慧的人，即玛格斯僧（Magoi），他们娶自己的母亲为妻，埃及人则

---

① 参见 *PH* 1. 148。

② 第奥尼修（Dionusios，约公元前490—前430年），即西西里叙拉古国王第奥尼修一世。

③ 阿里斯提波（Aristippus，约公元前420—前350年），苏格拉底的学生，极端快乐主义者。

④ Euripides, *Bacchae*, 836-837.

⑤ Euripides, *Bacchae*, 316-317.

娶自己的姐妹为妻[①]，就像诗中说的：

宙斯对赫拉，他的姐姐和妻子说。[②]

再者，喀提亚的芝诺声称以自身的一部分去触碰母亲身体的一部分并无不当之处，正像没人会说用自己的手去触摸自身的另一部分是邪恶的。科律西波在《国家篇》中主张，父亲应通过女儿，母亲应通过儿子，兄弟应通过姐妹来生育子女。柏拉图曾在更为普遍的意义上声称妇女应当是共有的。[③]［206］再者，芝诺并不排斥手淫，这种在我们这里受到谴责的行为。[④] 我们还听说另外有人把这种恶习当成好事来享用。

［207］另外，吃人肉在我们这里是不合法的，但在整个野蛮人的部落当中却是无所谓的（adiaphoron）。当传说忒修斯（Tydeus）可以生吃敌人的头颅，当斯多亚派声称吃别人的肉和自己的肉并不为过，为什么我们还要去谈论什么“野蛮人”呢？［208］对我们多数人来说，以人血污染神坛是不合法的，但拉哥尼亚人却在阿尔忒弥斯·俄尔提亚（Artemis Orthosia）的神坛上残酷地鞭挞自己，为的是血流如注，尽染神坛。另有一些部族用人祭祀克洛诺斯，就像西徐亚人用陌生人向阿尔忒弥斯献祭，但我们认为杀人会玷污神圣

① 参见 *PH* 1. 152。

② Homer, *Iliad*, 17. 356.

③ Plato, *Republic*, 423E.

④ 这里归于芝诺的这些观点可与以下段落比较：*PH* 1. 160; 3. 200, 201, 207, 245-249 及 *M* 11. 190-194。

场所。[209]在我们这里法律惩罚通奸者，但在一些部族那里与他人之妻交媾是无所谓的。而某些哲学家也说与他人之妻交媾是无伤大雅的。[①]

[210]在我们这里，法律规定父亲应得到孩子的照料抚恤，而西徐亚人则切断所有年过六十者的喉管。[②]因此，当克洛诺斯用镰刀割掉其父的生殖器，当宙斯将克洛诺斯打入塔尔塔洛斯，当雅典娜在赫拉和波塞冬的帮助下试图用锁链把她的父亲捆绑起来，还会有什么感到奇怪的呢？再者，克洛诺斯决心杀死自己的孩子，[211]梭伦则为雅典人立了豁免法（ton peri tōnakritōn nomon），按照这部法律他准许每个人可以杀死自己的孩子，但在我们这里法律则禁止杀死自己的孩子。[③]罗马的立法者规定孩子是父亲的臣仆和奴隶，掌管孩子财产的是父亲而不是孩子自己，直到孩子像买来的奴隶那样获得自由。在其他部族那里，这种规定被作为暴虐专断的东西而废止。[212][④]法律规定杀人者应当受到惩罚，但那些杀人的角斗士却每每获得荣誉。法律禁止殴打自由人，但那些殴打自由人并常常置人死地的运动员却被认为是值得荣耀和奖赏的。[213]在我们这里法律规定一个男人拥有一个妻子，但在色雷斯人和盖图利人（Gaetuli）[⑤]那里一个男人可以拥有几个妻子。[214]在我们这里做海盗是违法的和不正义的，但在许多蛮族人那里则并非不当。他们

① 参见 *PH* 1. 149; 3. 221。

② 参见 *PH* 3. 228。

③ 参见 *PH* 1. 154。

④ 参见 *PH* 1. 156。

⑤ 利比亚的一个部落。

声称西里西亚人（Cilician）以之为荣，以至于认为在做海盗中死去是值得骄傲的事情。[①] 在诗中，涅斯托耳（Nestor）向忒勒玛科斯（Telemachus）及其追随者表示诚挚欢迎之后，对他们说：

> 你们像海盗一般四处游荡吗？[②]

的确，如果做海盗是不当行为，他是不会热情欢迎他们的，因为他猜测他们正是这样的人。

［215］另外，偷窃在我们这里是不正义的和违法的。而那些声称赫尔墨斯乃诸神中最善偷窃的人，使这种行为不再被认为是不公正的，因为神怎么会是邪恶的呢？有人说拉哥尼亚人也惩罚窃贼，但不是因为偷窃，而是因为偷窃被人发现。［216］再者，胆怯者和丢弃盾牌的人在多数地方要受到法律的惩罚。这就是为什么拉哥尼亚的母亲在把盾牌交给奔赴战场的儿子时说：“我的儿啊，要么拿着它回来，要么躺在上面回来。”而阿尔基劳科斯[③] 却向我们吹嘘他如何丢弃盾牌，落荒而逃，在他的诗中这样描述自己：

> 几个萨伊斯人（Saian）幸灾乐祸地嘲笑着我的盾牌，
> 那个我并不情愿地扔在灌木丛中的盾牌，洁白无瑕的甲胄，
> 我自己逃脱了死亡的归宿。

---

① 参见 DL 9. 83。

② Homer, *Odyssey*, 3. 72.

③ 阿尔基劳科斯（Archilochus，约公元前680年），来自帕罗斯（Paros）的著名诗人。

[217] 阿玛宗人（Amazon）通常把自己亲生的男孩致残，以便使他们不能从事男人的活动，她们自己则置身战事，然而在我们这里相反的行为才被认为是正当的。诸神之母赞赏阴阳人[①]，如果“去雄性化”[②]本性上是坏的，女神是不会做出这个决定的。[218] 因此，有关正义与不正义的事情，有关雄性之优越性问题，存在着诸多的不一致性。

在敬神[③]与神的问题上，也充满着诸多分歧。多数人声称神存在，一些人否定神存在，如米洛斯（Melos）的狄阿戈拉学派，泰奥多洛[④]以及雅典的克里提亚。[⑤]在那些表明神存在的人当中，一些信奉祖先传下来的神，一些信奉独断论体系中创造出来的神，如亚里士多德说神是非物体性的、整个天的限（peras tou ouranou）[⑥]，斯多亚派声称神是充斥于万物乃至丑陋可憎之物中的气息（pneuma）[⑦]，伊壁鸠鲁则声称神是有人形的东西（anthrōpomorphon）[⑧]，克塞诺芬尼声称神是不受任何影响的球体（sphairan apathē）[⑨]。[219] 一些人认为神预知我们的事情，一些人则认为神不预知我们的事情。[⑩]因为伊壁

① 赫拉的祭司是阉人。

② to mēandreion einai。

③ eusebeia。该词有“虔敬”、“敬奉”、“祭祀”、“神事”、“宗教”之意。

④ 泰奥多洛（Theodorus），公元前3世纪人，居勒尼派代表，以无神论著名。

⑤ 参见*M* 9. 50-56，该处对克里提亚（Critias，雅典演说家、“三十暴君”之一）的观点做了详尽引述。

⑥ 或许这里基于 Aristotle, *De Caelo*, 278b14。

⑦ 参见 DL 7. 138-139，又参见 H. von Arnim (ed.), *SVF* 3. 1037-1048。

⑧ 参见 *M* 9. 25 及 Cicero, *Nat Deorum* 1. 18. 46-49。

⑨ 参见 *PH* 1. 225。

⑩ 参见 *PH* 1. 151, 155; 3. 9-12。

鸠鲁声称，有福的和不朽的东西自己无所事事，也不为他者做事。[①] 即使在常人中，有些说神只有一个，有些说神有多个而且形状各异，以至于陷入埃及人的观念，相信神或是狗面的，或是鹰身的，或是牛、鳄鱼或任何其他什么东西。

［220］有关祭品和一般意义的祭神规训也存在着诸多的不一致性。在某个教派那里被认为是神圣的东西，在另外的教派那里则是非神圣的。如果事物本性上是神圣的和非神圣的，那它就不会是这个样子。例如，无人会用猪向萨拉皮斯（Sarapis）献祭，但可以向赫拉克勒斯和阿斯克勒庇俄斯（Asclepius）献祭。用绵羊向伊西斯（Isis）献祭是不合法的，但可作为吉祥物供奉所谓众神之母及其他一些神。［221］一些部族用人向克洛诺斯献祭，这点被多数部族认为是不虔敬的或不神圣的。在亚历山大利亚，人们用猫向荷鲁斯（Horus）献祭，用甲壳虫向忒提斯（Thetis）献祭，在我们这里是不会做这种事情的。人们把马作为吉祥物供奉波塞冬，但这种动物对于阿波罗，尤其是狄杜玛[②]的阿波罗是令人憎恶的。用山羊向阿尔忒弥斯献祭是虔敬的，但不可向阿斯克勒庇俄斯献祭。［222］本可以给出大量类似的事例，但出于简明扼要的写作目的，我就略而不谈了。的确，如果祭品本性上是神圣的或非神圣的，就会被所有人同样认为是这样的。

① 原文为mēte auto pragmata echein mēte heterois parechein。这句话有两个同根词：一个是 echein，表示“持有”、“占有”、“持续地做某事”等意；另一个是 parechein，表示“提供”、“供给”等意。本段与伊壁鸠鲁《主要原理》第一条相同，参见 Epicurus, *KD* 1。

② 狄杜玛（Didyma），又译“狄狄密”，靠近米利都的一个地区。

与之相似的事例也会在有关人的饮食方面的祭神规训中发现。[223] 犹太和埃及的祭司宁肯去死也不愿吃猪肉。利比亚人认为吃羊肉，某些叙利亚人认为吃鸽子，其他一些人认为吃祭品是最为犯忌的事。在一些仪式中吃鱼是合乎习惯的，但在另一些仪式中则是不虔敬的。埃及人当中那些被视为智者的，一些认为吃动物的头，一些认为吃动物的肩，一些认为吃动物的脚，一些认为吃动物的其他部分是不圣洁的。[224] 没人会把洋葱作为供奉献给位于佩鲁希昂的卡西奥[①]的宙斯，正像没有利比亚的阿佛洛狄忒（Aphrodite）的祭司会吃大蒜。在一些仪式中人们规避薄荷，在一些仪式中规避猫薄荷，在一些仪式中规避西芹。某些人声称宁吃自己父亲的脑袋也不吃豆子。[②] 但在其他一些人那里，这些东西则是无所谓的。[225] 我们认为吃狗肉是不圣洁的，但据记载某些色雷斯人吃狗肉。或许在希腊人那里也存在这种习惯。狄奥科勒[③]沿袭自阿斯科勒庇阿德[④]传承下来的疗法，把幼犬的肉作为处方开给某些病人。如我所言，某些人群甚至毫无顾忌地吃人肉，但这种行为在我们这里被认为是不圣洁的。[226] 那么，如果祭神规训和犯忌之物本性如此，那就会被所有人共同接受。

对逝者的尊敬问题也可以给出类似的解释。[⑤] 一些部族把死者全部包裹起来用土埋葬，并认为把死者暴露于阳光下是不虔敬的。

---

① 佩鲁希昂（Pelusium）的卡西奥（Casius），位于尼罗河三角洲以东。

② 毕达戈拉派的戒律，参见 Empedocles, Frag. 141 DK。

③ 狄奥科勒（Diocles），公元前 4 世纪著名医生。

④ 阿斯科勒庇阿德（Asclepiades），早期希腊医生。

⑤ 本节内容参见 DL 9. 84 及 Cicero, *Tusc* 1. 45。

但埃及人把死者的内脏取出后进行防腐处理，并放在地面上与自己共处。[227] 埃塞俄比亚的食鱼部落把死者扔到湖里让鱼吞噬。赫卡尼亚人（Hurcanoi）用死者喂狗，某些印度人用死者喂秃鹫。他们说，特罗哥洛底忒人[①]把死者抬到山顶，将之从头到脚包裹严实之后，一边欢歌笑语一边往上面堆放石块，直到堆积成丘才转身离开。[228] 某些蛮族人杀死并吃掉年过六十的老者，土葬夭折的年轻人。某些部族火葬死者。其中一些收集并悉心照料死者的遗骨，一些则无心于此而任其散落。他们说波斯人穿刺死者，用硝石做防腐处理，然后用绷带包裹。我们自己可以看到，他人为其死者经受了何等的悲痛。

[229] 再者，一些人认为死亡本身是可怕的和应当逃避的，另一些人则并非这样认为。欧里庇德斯说：

> 谁知道是否生就是死，
> 而死被认为就是在阴曹地府里的生？[②]

伊壁鸠鲁说："死亡与我们毫不相干，因为解体的东西没有感觉，而没有感觉的东西与我们毫不相干。"[③]他们还说，既然我们由灵魂和肉体组合而成，死亡就是灵魂与肉体的解体，那么当我们存在时死亡并不存在（因为我们还没有解体），当死亡存在时我们则不会存在，因为既然灵魂与肉体的结合不复存在，我们就不会

---

① 特罗哥洛底忒人（Trōglodutes），即位于红海西岸的"穴居者"。

② 参见 Frag. 638 Nauck。

③ Epicurus, *KD* 2. Epicurus, *ad Men* 124-125.

存在。［230］赫拉克利特声称，生与死同时存在于我们活着或死亡两种状态之中。因为当我们活着时，我们的灵魂死亡并埋葬于我们之中；当我们死亡时，灵魂得以重生（anabioun）并活了起来（zēn）。[①] 甚至有人认为，对我们来说死亡比活着更好。所以，欧里庇德斯说：

> 我们应集聚起来唱一首挽歌，
> 为呱呱落地的婴儿和他将要经受的如此之多的悲苦；
> 而对已从悲苦中解脱的逝者，
> 我们应兴高采烈，念着祝福之词从屋里走出。[②]

［231］以下段落表达了同样的意思：

> 对于大地上的有死者最好根本不曾生出，
> 从未直视太阳的光芒夺目，
> 即便生出，也要快速穿过哈德斯的大门，
> 静静地待在那里，盖上一层厚厚的黄土。[③]

我们都知道希罗多德在其关于阿尔戈斯女祭司的故事中所讲述

① 参见 Frag. 88 DK。

② 参见 Frag. 449 Nauck，又见 Cicero, *Tusc* 1. 48 及 Lucretius, *DRN* 5. 222 以下。

③ 诗句出自公元前6世纪来自麦加拉（Megara）的诗人泰奥尼斯（Theognis），其作品参见 Doulas E. Gerber, *Greek Elegiac Poetry*, Loeb Classical Library (Harvard 1999), p. 8。该句也出现在索福克勒斯的《俄狄浦斯在科罗诺斯》，参见 Sophocels, *Oedipus Coloneus*, 1227。

的科列奥比斯（Kleobis）和比托（Biton）。[①]［232］据记载，某些色雷斯人围坐在新生儿身旁吟唱挽歌。因此，死不应被认为本性是可怕的，正如生不应被认为本性上是好的。上面提到的这些东西没有一种本性上就是这样的或那样的，一切都是俗成之物（nomista）和相对的东西。

［233］对于所有因论述的简洁性而目前没有列出的其他事例，我们都可运用同样的处理方法。即便对于某些事例我们暂不能直接说出它们的不一致性，我们仍要表明在某些尚未被我们所知晓的部族里面，关于这些事例有可能存在着分歧。［234］正像如果我们恰好不知道埃及人中娶妹为妻的习俗，那么我们断言“不应娶妹为妻是为所有人一致同意的”就是错误的，因此对于那些其中的不一致性尚未向我们呈现出来的（hupopiptousin）事例，断言当中不存在差异性乃是不正确的，因为如我所说，在某些未被我们所知晓的部族里面，有关这些事例的差异性是有可能存在的。

［235］[②]鉴于事物如此之多的不一致性，因此怀疑论者对任何东西在本性上究竟是善的还是恶的，总体上是应当做的还是不应当做的保持存疑，从而可以规避独断论者的鲁莽；他在不持有信念的前提下遵循生活规训，因此在观念上可以保持不受影响（apathēs），

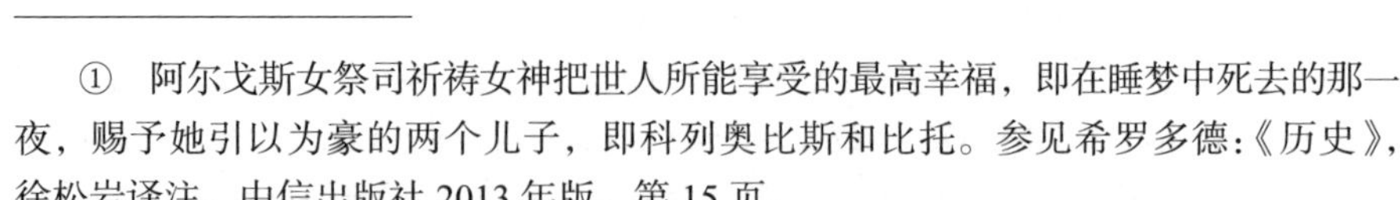

① 阿尔戈斯女祭司祈祷女神把世人所能享受的最高幸福，即在睡梦中死去的那一夜，赐予她引以为豪的两个儿子，即科列奥比斯和比托。参见希罗多德：《历史》，徐松岩译注，中信出版社 2013 年版，第 15 页。

② *PH* 3. 235-236 可与 *PH* 1. 29-30 及 *M* 11. 141-160 比较。

在不可避免的事情上则节制适中（metriopathei）。[①][236]作为人，他通过感官受到影响，但并不把观念附加其上（prosdoksazōn），认为他所受到的影响本性上是恶的，因此可以保持节制适中。认为事物就是如此的附加观念比所受到的影响本身还要糟糕，正如有时接受手术或其他治疗的病人可以承受这种事情，但站在一边的人却因所发生的一切是不好的这种观念而晕厥过去。[237][②]那些假设某物本性上是善的或恶的，总体上是应当做的或不应当做的人会受到种种烦扰。因为，当那些他认为本性上是恶的东西发生在自己身上时，就会相信自己被厄运纠缠（poinēlateisthai），当他得到对他来说似乎是好的东西时，便由于虚妄自负和患得患失，竭力防护以免重新落入他认为本性上是恶的境况而陷入非同寻常的烦扰。[238]对于那些声称善的东西是不能丢失的人[③]，我们可以通过种种分歧所产生的困惑让他们保持存疑。因此我们得出结论：如果可以产生恶的东西（to kakou poiētikon）是恶的和应当规避的，而相信某些事物本性上是善的，另一些本性上是恶的这种观念本身可以产生烦扰（tarachas poiei），那么假设和相信"任何事物就其本性是恶的或善的"本身就是恶的和应当规避的。

目前，有关善的、恶的和无差别的东西的讨论已经相当充分。

---

① 塞克斯都这里使用两个同根词 apathēs 和 metriopathei。注意塞克斯都在 *PH* 1. 29-30 一节用 atarakseia 替代 apathēs。实际两个词意义相近，指"不受影响"、"无感受"、"宁静"。

② 参见 *PH* 1. 27 及 *M* 11. 145-146。

③ 斯多亚派的科律西波主张德性作为唯一善的东西是不能丢失的，参见DL 7. 127。

二十五、生活技艺存在吗？

[239][①] 由以上所述，显然不存在有关生活技艺这种东西。因为如果这种技艺存在，则它乃是关乎对善的、恶的和无差别的东西的思辨[②]。但这些东西是不存在的，因此生活技艺也是不存在的。另外，所有独断论者并非共同一致地宣称一种生活技艺，而是有的提出这一种，有的提出另一种，于是他们陷入分歧和有关分歧的论证，而这些论证在我们讨论善的东西那一部分中已经谈过。[③][240][④] 即使根据假设，他们所有都声称一种生活技艺，比如众所周知的“明辨”（phronēsis），这个为斯多亚派所梦想出来的（oneiropoleitai），似乎比其他东西更为引人注目的东西（plēktikōtera）[⑤]，其结果的荒谬性也绝

① 参见 *M* 11. 168-180。

② theōria，或译为“沉思”、“思考”。

③ 参见 *PH* 3. 180-182。

④ 参见 *M* 11. 180-181。

⑤ “明辨”（phronēsis）是斯多亚派的最基本的德性之一，并被理解为一种技艺，参见 *PH* 3. 270-272. DL 7. 92. Stobaeus, *Ecl* 2. 59. 4-7. Cicero, *Fin* 5. 6. 16。在希腊哲学，尤其是在斯多亚派中，“明辨”（phronēsis）是指关于善的、恶的和无差别的东西的知识（参见 *PH* 3. 271），即明辨善恶是非的一种技艺，类似于“道德判断”，与纯粹的思辨或沉思（theōria）有一定区别。该词以往根据英文译名 prudence、practical wisdom 译为“审慎”、“慎思”、“善思”、“实践智慧”等，似乎难尽其意，这里我们译作“明辨”。

不会更少。因为“明辨”是一种德性,唯有智者才有德性,而斯多亚派并非智者,所以他们不具有生活的技艺。[241][1]一般说来,按其所说,技艺不可能真实存在,所以仅就其所说的而言,是不会有生活技艺这种东西的。

例如,他们声称技艺是一种理解的系统[2],而理解则是对“可理解的表象”的赞同[3]。但“可理解的表象”是不可发现的,因为并非每种表象都是有理解力的,而且哪一种表象是有理解力的也是不可能辨识的,因为我们不可能简单地通过每种表象来判断哪一种表象是有理解力的,哪一种不是有理解力的。如果为了辨识哪一种是“可理解的表象”而需要“可理解的表象”,我们则陷入无穷后退,因为我们要求另外的“可理解的表象”来确认被拿来的表象是有理解力的。[4][242]再者,斯多亚派在给出“可理解的表象”的概念时其逻辑推论是无效的,因为他们一方面说“可理解的表象”是由真实存在物生成的东西,另一方面又声称真实存在物是能产生“可理解的表象”的东西,他们陷入了导致疑惑的循环论式。因此,如果为了生活技艺存在则技艺必须首先存在,为了技艺存在则理解必须首先存在,为了理解存在则对“可理解的表象”的赞同必须已被理解,然而“可理解的表象”是不可发现的,那么生活技艺就是不可发现的。[5]

① 参见 *M* 11. 182。

② sustēma ek katalēpseōn。参见 *PH* 2. 70。

③ katalēptikē phantasia。参见 *PH* 2. 4。

④ 以上论证可与 *M* 7. 427-429 比较。

⑤ 以上论证可与 *M* 11. 183 比较。

[243] 还有以下论证。[①] 所有技艺似乎是通过其所呈现出来的特殊活动而被理解的，但没有任何特殊活动（idion ergon）是专门属于生活技艺的，因为无论有人把这些活动说成是什么，我们都会发现它们是属于常人的共同活动，如敬奉父母、归还债务及所有其他活动。所以生活技艺是不存在的。再者[②]，正如有人所说，我们也无法通过似乎是处于明辨状态下的明辨者的所言所行来辨识这正是明辨活动的结果。[244] 因为这种明辨状态本身是不可理解的，它既非简单而直接地自我显现，又非通过它的活动来显现，因为这些活动共同属于所有平常人。声称我们可以通过其行动的稳定一致性（tōi diomalismōi）来理解一个拥有生活技艺的人，这种说法是对人的本性的高估，是愿望的乞求而非真理的表达：

> 大地上有死的人们的心灵，
> 就像众人和诸神之父给他们带来的日子一样。[③]

[245][④] 剩下来要说的是，生活技艺可以通过他们书中所描述的那些活动来理解。这些东西为数众多、大同小异，我只选取一二作为例子。[⑤] 比如芝诺，其学派的创始人，在其著述中谈及不少有关子女教育的此类观点，他说：

---

① 参见 *M* 11. 188, 197-199。

② 以下这一段可与 *M* 11. 200-206 比较。

③ Homer, *Odyssey*, 18. 136-137.

④ 这里 *PH* 3. 245-269 可与 *M* 11. 189-194 比较。

⑤ 这些事例，参见 *PH* 3. 206。

与恋人或与非恋人[1]发生性关系没有多少区别，同女性或男性也没有多少区别。恋人或非恋人、女性或男性并无二致，合适（prepei）与正在合适（preponta）是一回事。

［246］在敬重父母方面，此人谈及伊俄卡斯忒（Jocasta）和俄狄浦斯的故事，声称触摸母亲是没有什么可怕的：

如果她的身体某个部位不适，用手抚摸对她有好处，这没有什么可耻的。因此，如果通过接触她另一个部位而使之欢快，结束痛苦，并从母亲身上生育血统高贵之子，这是羞耻的吗?

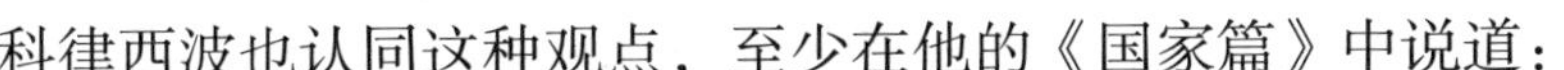

科律西波也认同这种观点，至少在他的《国家篇》中说道：

对我来说，人们应当以一种甚至在今天很多人那里都算不上坏的习惯去践行这些事情：让母亲通过儿子，父亲通过女儿，兄弟通过姊妹生儿育女。

［247］在同一部著作中他还向我们介绍吃人肉的观点，他说：

如果人体当中某个适宜于食用的部分被切下，不要埋起来，也不要扔掉，而要吞下去，于是从我们这一部分肉体中又

① 这里恋人（paidika）与非恋人（mēpaidika），指希腊人的变童。

有另一部分生长出来。

[248] 在《论义务》(*peri tou kathkontos*)一书中谈及有关父母的埋葬问题，他公然声称：

> 当父母死去我们应当采用最简单的埋葬方式，作为肉体，就像指甲、牙齿和头发，对我们无关紧要，我们不需要对这些东西给予特殊关心照料。因此，如果哪块肉有用就直接用作食物，正像我们自己的一部分，比如被切下来的脚，可以直接把它以及此类的东西拿来吃掉。如果哪块肉不好用，或用土掩埋，或付之一炬，或弃之荒野，就像指甲和头发一样不必关心。

[249] 多数哲学家说的就是诸如此类的这些东西。但他们不敢付诸行动，除非他们生活在独目巨人(Cyclopes)和莱斯特律戈涅斯人(Laestrygones)[①] 统治的时代。如果他们从未做过这些事情，他们所作所为则与平常人并无二致，那就不存在特别属于那些被怀疑具有生活技艺的人的活动。因此，如果技艺必须要通过其特殊活动来理解，而没有任何特殊活动被观察到是专属于所谓生活技艺的，那么技艺则是不可理解的。所以，无人能够确切地肯定技艺是真实存在的。

---

① 传说中西西里岛的远古部落，参见 Homer, *Odyssey*, 1. 69; 10. 81。

二十六、生活技艺可以在人类中生成吗?

[250] 再者，如果生活技艺可以在人类中生成，那么它或者自然生成，或者通过学习和传授生成。如果自然生成，那么生活技艺或者仅就他们是人，或者仅就他们不是人而在他们当中生成。当然不会仅就他们不是人而在他们当中生成，因为他们并非不是人。如果仅就他们是人而在他们当中生成，“明辨”将会属于所有的人，因此所有的人就是明辨的、有德性的和智慧的。但他们声称大多数人是坏的或愚蠢的（phaulous）。[251] 所以生活技艺并非仅就他们是人而属于他们。因此生活技艺并非自然生成。此外，既然他们坚持认为技艺是由种种共同练习的理解所构成的系统[1]，因而他们声明当下所讨论的技艺以及其他技艺当然要通过某种训练（dia peiras）和学习获得。

① 参见 *PH* 3. 188, 241, 261; 2. 70。

二十七、生活技艺是可传授的吗?

[252][①] 然而，通过传授和学习，生活技艺也是无法获得的。因为如果这些活动存在，有三种东西必须首先得到大家一致认可，即被传授的东西、传授者和学习者、学习方法。然而这些东西没有任何一种是真实存在的，因此传授也不是真实存在的。

二十八、被传授的东西存在吗?

[253][②] 那么，被传授的东西或者为真或者为假。如果为假，它是不会被传授的。因为他们声称为假的东西是非真实存在的，而非真实存在的东西是不具有可传授性的。如果它被说成是真的，也是不可传授的。因为在有关标准的章节中我们业已表明为真的东西是非真实存在的。因此，如果为假的东西或为真的东西都是不可传授

① 参见 *M* 11. 218 及 *M* 1. 9。
② 参见 *M* 11. 232 及 *M* 1. 29。

的，除此之外没有任何东西是可传授的（因为如果这些东西是不可传授的，没人会说他只传授真假不定的东西），那么无物是可传授的。[254] 再者，被传授的东西或是显明的或是非显明的。如果是显明的，则不需要传授，因为显明的东西对所有的人以同样的方式显现。如果是非显明的，则是不可传授的，因为非显明的东西，像我们多次谈到的那样，由于关于它的种种分歧的不可判定性因而是不可理解的。任何一个人如何能够传授或学习他无法理解的东西呢？如果显明的和非显明的东西都是不可传授的，那么也就没有任何东西是可传授的。

[255][①] 再者，被传授的东西或是有形的或是无形的，而这些东西的每一种或是显明的或是非显明的，根据我刚刚谈到的论证，它们是不可能被传授的，所以没有任何东西是可传授的。

[256][②] 此外，或存在者是可传授的，或非存在者是可传授的。但非存在者是不可传授的，因为如果非存在者可以传授，而传授被认为是真的东西，那么非存在者就是真的。如果它是真的，则将是真实存在的，因为他们声称："真的东西（alēthes）是真实存在的（huparchei），并与某物相对立的东西（antikeitai tini）。"[③] 然而声称非存在者真实存在是荒谬的，所以非存在者是不可传授的。[257] 存在者也是不可传授的。因为如果存在者是可传授的，那么它或就

① 本段的拓展性论证，参见 *M* 11. 224-231 及 *M* 1. 19-29。

② *PH* 3. 256-258 可与 *M* 11. 219-220, 222-223 及 DL 9. 100 比较。

③ 这里"与某物相对的东西"一句中的"某物"是指"假的东西"。斯多亚派有关"真"与"真理"（"真的东西"）的讨论，参见 *PH* 2. 80 以下，又参见 *M* 7. 10; 11. 220。

其是存在的而言是可传授的，或就其是其他东西而言是可传授的。如果就其是存在的而言是可传授的，那么〈没有任何存在物是不可传授的〉[①]，因此也就没有任何东西是可传授的，因为传授应当从某种人人同意且不需传授的事实开始。[②] 所以，存在者就其是存在的而言是不可传授的。[258] 但存在者就其是其他东西而言也是不可传授的。因为存在者不会把任何非存在的东西归属自己，因此如果存在者就其是存在的而言是不可传授的，那么就其是其他东西而言也将是不可传授的，因为无论何物归属于它都是存在的。另外，不管他们称为可传授的存在者是显明的还是非显明的，都会陷入前面我们提到的犹疑不决的两难境地，因而将是不可传授的。如果存在者是不可传授的，非存在者也是不可传授的，那么也就不存在任何可传授的东西。

二十九、传授者和学习者存在吗？

[259][③] 实际，上述反驳已涉及传授者和学习者，当然这些东

① 这里根据 H. Mutschmann and J. Mau, *Sexti Empirici Opera*, vol. 1: *Pyrroneion hypotyposeon libros tres continens* (Teubner, Leipzig, 1958) 补缀。

② 参见 Aristotle, *Posterior Analytics*, 1. 1。

③ *PH* 3. 259-260 可与 *M* 11. 234-236 及 *M* 1. 31-32 比较。注意同样的论证在 *M* 7. 55 被归于阿那卡尔西斯（Anacharsis）。阿那卡尔西斯，传说中的西徐亚（Scythia）王子，大量的作品被错误地归于他。

西自身存在的疑惑不会更少。因为，或有技艺者（technitēs）传授有技艺者，或无技艺者（atechnos）传授无技艺者，或无技艺者传授有技艺者，或有技艺者传授无技艺者。有技艺者不会传授有技艺者，因为就他们是有技艺者而言，其中任何一个都不需要学习。无技艺者也不会传授无技艺者，就像瞎子不能领着瞎子一样。无技艺者也不会传授有技艺者，因为这是荒唐可笑的。[260] 剩下要说的就是有技艺者传授无技艺者，这也是不可能的事情。一般说来，声称有技艺者存在是不可能的，因为没有人被观察到是自发形成的和与生俱来的有技艺者，任何人也不会由无技艺的成为有技艺的。因为或者一个原理和一个理解就能把无技艺者造就成有技艺者，或者根本无法完成这种事情。[261] 但如果一个理解就可以把无技艺者造就成有技艺者，那么首先就要承认技艺不是由理解所构成的系统，因为一个完全无知的人只要被传授一个技艺的原理就会立刻被称为有技艺者。其次，如果有人声称一个人已获得某些技艺的原理，但因为缺少一个，因此还不是有技艺者，需要进而得到这个原理，并声称这个人通过一个原理的理解就从无技艺者成为有技艺者，那么他不过是在随便说说[①]罢了。[262] 因为他不可能指出哪个目前仍然是无技艺的具体的人，只要通过理解某个原理就会成为一个有技艺者。因为没人可以确立每种技艺原理的全部数目（eksarithmēsin），以至于能够声称，当数遍（aparithmēsamenos）已知的原理之后还剩多少可以完成整个技艺原理的数目。因此，一个

① “随便说说”原文为apoklērōtikon leksei，这里apoklērōtikon来自动词apoklēroō，原意指“随机选择”、“抽签选举”。参见*PH* 3. 79。

原理的认知不会把无技艺者造就成有技艺者。[263] 如果上述论证为真，如果没人可以一次性直接获得所有的技艺原理，即便获得，也只能是一一获得的（根据假设，这点是被接受的），那么一个被说成是一一获得技艺原理的人是不会成为一个有技艺者的。因为我们曾经表明，一个原理的认知不能使无技艺者成为有技艺者。因此，没人会从无技艺的变成有技艺的。出于这个原因，有技艺者似乎是非真实存在的。因此，传授者也是非真实存在的。

[264][①] 再者，所谓的学习者，如果是无技艺的，他就不能学习和理解他没有任何技艺的那些技艺原理。正如天生的瞎子，就他是瞎的而言，是不会获得颜色的感觉的，同样天生的聋子也不会得到声音的感觉，因此无技艺者不能理解他没有任何技艺的那些技艺原理。因为如果这样的话，同一个人就会在同一件事情上既是有技艺的又是无技艺的：无技艺的，因为他被假设是这样的；有技艺的，因为他能理解有关技艺的原理。因此，有技艺者无法传授无技艺者。[265] 如果有技艺者不会传授有技艺者，无技艺者也不会传授无技艺者，无技艺者也不会传授有技艺者，有技艺者也不会传授无技艺者，除此而外不存在任何其他可能，那么传授者和所传授的东西都是不存在的。

① *PH* 3. 264-265 可与 *M* 11. 237-238 及 *M* 1. 33-34 比较。

三十、学习方法存在吗?

如果学习者和传授者都是不存在的，那么传授方法或纯属多余。[266][1]但自下述原因看，它所存在的疑惑不会更少。传授方法或通过事实生成或通过语词生成。正如我们将要表明的那样，它既非通过事实生成又非通过语词生成。因此，学习方法并非易于通达。[2]

传授活动并非通过事实生成，因为事实乃是展示出来的东西，而展示出来的东西（tōn deiknumenōn）对所有人都是显明的，显明之物仅就其是显明的而言，是能被所有人理解的。为所有人共同理解的东西是无需传授的。因此，没有东西是通过事实传授的。

[267] 也没有东西是通过语词传授的。语词或表达（sēmainei）什么或什么也不表达。但如果语词什么也不表达，它就不能传授任何东西。如果语词表达某种东西，它或在自然意义上（phusei）表达，或在习惯意义上（thesei）表达。但语词并非在自然意义上表达，因为并非每个人都明白他所听到的每句话的意思，比如希腊人听到蛮族人说话，蛮族人听到希腊人说话。[268]

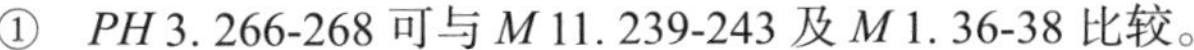

① *PH* 3. 266-268 可与 *M* 11. 239-243 及 *M* 1. 36-38 比较。

② 这里使用了 euporos 一词，指“易于通行”、“畅通无阻”之意。

如果语词在习惯意义上表达，那么显然那些早前已经明白某些语词被指派（tetagmenai）给某些对象的人，他们不是通过语词所传授的他们不知道的东西，而是通过回忆和唤醒他们已知的东西来理解这些对象的。而那些需要学习他们所不知道的东西的人，那些并不知道某些语词被指派给某些对象的人，他们将不会理解任何东西。[1]［269］所以，学习方法是不可能真实存在的。再者，传授者应把他所传授的有关技艺原理的理解灌输给学习者，以至于学习者可以通过理解这些原理体系而成为有技艺者。然而正像我们前面所表明的那样，根本不存在理解这种东西。因此，传授方法也不可能存在。如果不存在被传授的东西，也不存在传授者和学习者，也不存在学习方法，那么学习不存在，传授也不存在。

［270］[2] 这些是有关学习和传授的一般性反驳，我们还可以就所谓的生活技艺提出以下诘难（aporein）。比如，前面我们已经表明[3] 被传授的东西，也即“明辨”[4]，是非真实存在的，传授者和学习者也是非真实存在的。因为或者明辨者（ho phronimos）传授给明辨者生活技艺，或者非明辨者（ho aphrōn）传授给非明辨者生活技艺，或者非明辨者传授给明辨者生活技艺，或者明辨者传授给非明辨者生活技艺。但没有任何人可以把这种东西传授给任何人。所以，所谓生活技艺是不可传授的。［271］或许谈论其他几种情况都是多余的。如果明辨者把“明辨”传授给非明辨者，

---

① 可与 *PH* 2. 2-3 比较。

② *PH* 3. 270-272 可与 *M* 11. 243-247 比较。

③ 参见 *PH* 3. 253-258。

④ 参见 *PH* 3. 240。

而“明辨”乃是有关善的、恶的和无善恶的东西的知识，那么非明辨者，由于不具备明辨能力，他是无法辨识善的、恶的和无善恶的东西的。既然他对这些东西完全没有认识，当明辨者向他传授善的、恶的和无善恶的东西时，他只是听到所讲述的东西，但不会明白这些东西的意思。因为如果他在非明辨状态可以理解这些东西的意思，那么非明辨（he aphrosunē）也将是一种能够思辨（theōrētikē）善的、恶的和无善恶的东西的状态了。[272] 但按照他们的说法，非明辨当然不是一种适宜于思辨这些东西的状态，否则非明辨者就会是明辨者了。因此，根据有关“明辨”的定义，非明辨者无法理解明辨者的所说所为。既然无法理解这些东西，也就无法被明辨者传授，尤其如我们前面所说的那样，既不能通过事实传授，也不能通过语词传授。如果所谓生活技艺既无法通过学习和传授的方式，也无法通过自然方式在任何人身上生成，那么为哲学家所喋喋不休的生活技艺就是不可发现的。

[273] 另外，退一步讲，即使有人承认这种为他们梦寐以求的生活技艺可以在某些人身上生成，那么对于持有者来说，它似乎是有害的和烦扰的原因，而不是有益的东西。

三十一、生活技艺对持有者有益吗?

那么，让我们从诸多论证中选取一二作为例子。[①] 生活技艺或许被认为是通过提供给智者趋善避恶的自制力（egkrateian）[②] 而使之受益。[274] 那个被他们称为有自制力的智者，之所以被说成是有自制力的，或仅就他从未产生过趋恶避善的念头而言，或仅就他有过不好的趋避动机但通过理性克服了（periekratei）它们而言。[275] 但仅就他没有产生过不好的判断而言，谈不上是有自制力的，因为他不会控制自己所不具备的东西。就像不会有人说阉人在性交方面是有自制力的，胃口极坏的人在饕餮之乐方面是有自制力的（因为他们根本不会对这些东西产生欲望，以至于通过自制力来击退这些欲望），同样我们不应称智者是有自制力的，因为在他那里本性上并不具备需要控制的感受。[276] 如果他们宣称，仅就其产生过不好的判断但通过理性将之克服而言他是有自制力的，那么首先他们就要承认，恰恰在他处于烦扰状态和需要帮助的时候“明辨”却没有让他受益，其次还会发现他比所谓的坏人（phaulon）的境况更加不幸。因为如果他趋向某种东西，就一定遭受烦扰；如

① 自此以下到 *PH* 3. 277 可与 *M* 11. 210-215 比较。

② 斯多亚派对“自制力”（egkrateia）的界定，参见 *M* 9. 15 及 DL 7. 92。

果他用理性将之克服，就会把这种坏的东西压抑于自身之内，由于这个原因他就会比那个不再具有这种感受的坏人遭受更多的烦扰。[277] 因为如果坏人有所趋向就会遭受烦扰，但如果满足了欲望就会平息烦扰。

因此，智者仅就其“明辨”而言是不会成为有自制力的，如果的确可以成为，他也是所有人当中最为不幸的（kakodaimonestatos），以至于生活技艺并未给他带来任何好处而是最大的烦扰。前面我们已经表明[①]，那个相信拥有生活技艺并由之可以辨识本性上哪些是好东西哪些是坏东西的人，无论他得到好东西还是坏东西都会遭受极端的烦扰（tarassetai sphodra）。[278] 我们应当说，如果有关善的、恶的和无善恶之别的东西的实在性不是人人同意的，如果生活技艺或许是非真实存在的，即便出于假设承认其实在性，也不会给持有者带来任何好处，相反会给他制造极大的烦扰，那么，独断论者在其所谓的哲学的伦理学部分似乎做了空洞无物的吹嘘。

[279] 有关伦理学话题，我们在这部《概要》中以恰当篇幅做了这些讨论。至此，我们结束第三卷和整个皮浪派的《概要》一书，并附以下结语：

---

① 参见 *PH* 3. 237。

三十二、为什么怀疑论者有时故意提出说服力较弱的论证？[①]

［280］怀疑论者，作为人类的热爱者（to philanthrōpos），希望尽其所能地通过论证来医治独断论者的自负与鲁莽。正像治疗肉体疾患的医生拥有不同效力的疗法，对身染重病的采取重度治疗，对病情较轻的采取轻度治疗，同样怀疑论者给出力度不同的论证，［281］在那些深受鲁莽之苦的人身上使用分量重的、能强有力地根除独断论者自负之症的论证，而在那些自负之症流于浅表、易于治疗、通过适度说服即能治愈的人身上使用一般分量的论证。因此，从怀疑立场出发者，并不迟疑于有时提出说服力强的论证，有时提出说服力显得较弱的论证，这是有意为之，因为对他来说通常较弱的论证足以实现目标。

① 作为全书的结语，本节刻画了怀疑论作为一种治疗术，根据独断论的病情，通过相应力度的“论证”或“论式”医治独断论的典型症状：“自负”（oiēsis）和“鲁莽”（propeteia）。

附　　录

皮浪与提蒙思想评传[①]

选自《名哲言行录》9. 61—116

第欧根尼·拉尔修　著

崔延强　译注

① 本译文根据 R. D. Hicks , *Diogenes Laertius: Lives of Eminent Philosophers*, Loeb Classical Library (London, Hermann, 1925)，从希腊文译出。另参阅希腊文最新考订本：T. Dorandi (ed.), *Diogenes Laertius: Lives of Eminent Philosophers*, Cambridge Classical Texts and Commentaries (Cambridge, 2013)。评注参阅 K. Maria Voget (ed.), *Pyrrhonian Skepticism in Diogenes Laertius* (Tübingen: Mohr Siebeck, 2015)。

一、皮浪[1]

[61] 据第奥科勒斯[2]记载，埃利斯（Elis）的皮浪是普雷斯塔尔库斯（Pleistarchus）之子。又据阿波罗多鲁斯[3]的《编年史》，皮浪最初是一位画匠。按亚历山大（Alexander）[4]在其《学派师承录》中的说法，皮浪曾在斯提尔波（Stilpo）之子布鲁松[5]门下学习，后

① 第欧根尼·拉尔修的“皮浪传记”，根据内容可分为七部分：

61—68：皮浪生平及主要观念；

69—73：皮浪思想的传承及其来源；

74—78：怀疑论的表述和语句；

78—88：十个论式；

88—89：五个论式；

90—102：怀疑论批驳的主要问题；

102—108：反怀疑论的挑战及怀疑论的回答。

② 第奥科勒斯（Diocles，约公元前1世纪），来自马格尼西亚（Magnesia），著有《哲学家纲要》和《关于哲学家的生平》，第欧根尼·拉尔修的《名哲言行录》或许是以这两部著作为基础撰写的。

③ 此人或许是指雅典的阿波罗多鲁斯（Apollodorus，约公元前180—前120年），其《编年史》记载了从特洛伊陷落到公元前2世纪的希腊历史。

④ 可能指米利都的亚历山大，也称作“博学的”亚历山大，约公元前1世纪人。

⑤ 布鲁松（Bryson），鼎盛年约公元前330年，来自亚加亚（Achaea），他或许不是麦加拉的斯提尔波的儿子，而是其学生。

师从阿那克萨尔科斯[①]，并追随后者四处游历，甚至与印度裸体智者和波斯高僧有过密切交往。[②]由于这一经历，如阿布德拉（Abdera）的阿斯卡尼奥斯（Ascanius）所说，皮浪似乎以一种极为高傲的姿态从事哲学活动，并且引入了有关“不可理解”和“存疑”的论证形式[③]。他常说，没有任何事物是善的和可耻的，正义的和不正义的。所有事物一样地无一为真，人们只是依据法律和习惯从事一切活动。因为每个事物“这个并非甚于（ou mallon）那个”。

［62］皮浪在生活方面与自己的观点保持一致，既不躲避什么，也不防范什么，从容面对所发生的一切，不管是马车，还是悬崖，或是猎狗，完全不听信（epitrepōn）自己的感觉。据卡鲁斯托斯（Carystus）的安提戈努斯[④]学派说，他的朋友总是紧随着他，帮他

① 阿那克萨尔科斯（Anaxarchus），来自阿布德拉，鼎盛年约为公元前330—前320年。与马其顿国王亚历山大交往密切，参见 DL 9. 58-60。

② 皮浪和阿那克萨尔科斯可能随亚历山大大帝的东征军队到过波斯和印度，与印度裸体智者（Gumnosophistai）和波斯高僧（Magos）有过接触。所以，皮浪的思想或许受到东方思想的影响。有关亚历山大与印度裸体智者的相遇，参见 Plutarch, *Alex* 64. 1-5。

③ “不可理解”（akatalēpsia）和“存疑”（epochē）是中期柏拉图学园派与斯多亚派论战使用的典型概念。也许是阿尔克西劳首次把“存疑”一词引入哲学，成为学园派的核心概念。皮浪和阿尔克西劳都用这一概念以及正反两面论证的“辩证法”以否弃独断的信念，因此皮浪主义与中期学园派或许存在一定的关联。但塞克斯都认为中期学园派不是真正的皮浪式的怀疑论，而是否定形式的独断论。参见 *PH* 1. 220-235。

④ 安提戈努斯（Antigonus），鼎盛年约公元前240年，在雅典生活，与学园派有一定联系。

避开路上的危险。但埃奈西德穆[①]声称，皮浪只是根据有关存疑的论证（kata ton tēs epochēs logon）从事哲学，但不会毫无先见之明地（aprooratōs）做出任何一件事情，所以他活到将近 90 岁。[②]

卡鲁斯托斯的安提戈努斯在其《论皮浪》一书中谈到有关皮浪的一些事情。起初他是一位家境贫寒、默默无闻的画匠。他雕刻的一些中等水平的（metriōs）火炬手塑像，至今残存于埃利斯的运动场。[63] 他离群索居，几乎很少在熟人面前露面。他这样做，是因为曾听到一个印度人斥责阿那克萨尔科斯，说他只要侍奉宫廷[③]就不会教导别人善为何物。他每每沉浸于同一状态，即使有人在他讲话时离去也会独自一人把话讲完。然而在他年轻时还是容易受环境左右的。[④]安提戈努斯说，皮浪经常事先未向任何人打招呼就离家出走，随便碰到什么人都会与之四处云游。一次阿那克萨尔科斯掉进泥坑，皮浪从一旁经过而没有援助，当有人指责他时，阿那克萨尔科斯本人却赞扬他这种无所谓的（adiaphoron）和冷漠无情

① 埃奈西德穆（Aenesidemus），鼎盛年约公元前1世纪中叶。皮浪怀疑论的复兴者。著有《皮浪学说概要》、《皮浪派的论证》，后一本书是献给鲁西乌斯·图博罗（Lucius Aelius Tubero）的，后者是西塞罗的朋友和姻亲。

② 埃奈西德穆这句话是针对安提戈努斯记载的观点，即皮浪怀疑论无法生活，做出的回应。这句话表明皮浪仅在哲学上对一切信念保持存疑，但在生活上不会没有基本感知和常识性的认识。“怀疑论者能否生活？”这一问题一直是争论的焦点，直到休谟依然讨论这个问题。

③ 指阿那克萨尔科斯为亚历山大宫廷服务。

④ 此处有断章。

（astorgon）的态度。[①]

［64］一次，人们发现皮浪自言自语，便询问原因，他回答说，他正在练习如何做一个有用的人。在研究方面没人敢轻视他，因为他不仅论述详尽透彻，而且直面问题本身。因此，当瑙西法涅斯[②]年轻时就为皮浪折服。瑙西法涅斯常说，在生活态度上（diatheseōs）应追随皮浪，而在论证上（logōn）则应追随他自己。[③]他还多次提到，伊壁鸠鲁高度赞赏皮浪的日常起居，不断向他询问有关皮浪的事情。皮浪受到家乡城邦的高度敬重，由此被推为大祭司，因为他的原因，人们投票赞同（psēphisasthai）对所有哲学家免除税赋。

再者，有不少人羡慕皮浪的这种超然物外的态度（apragmosunēs）。提蒙在其《彼提亚》和《讽刺诗》[④]中写道：

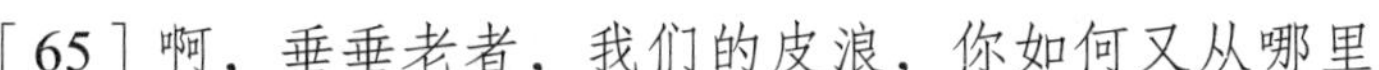

［65］啊，垂垂老者，我们的皮浪，你如何又从哪里

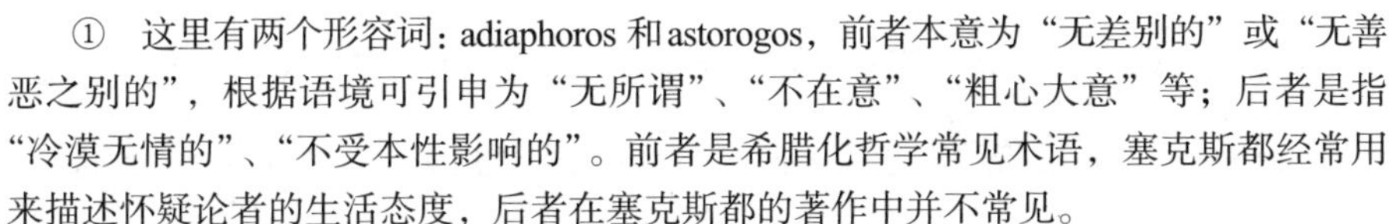

① 这里有两个形容词：adiaphoros 和 astorogos，前者本意为“无差别的”或“无善恶之别的”，根据语境可引申为“无所谓”、“不在意”、“粗心大意”等；后者是指“冷漠无情的”、“不受本性影响的”。前者是希腊化哲学常见术语，塞克斯都经常用来描述怀疑论者的生活态度，后者在塞克斯都的著作中并不常见。

② 瑙西法涅斯（Nausiphanes），约生于公元前360年，泰奥斯（Teos）人。伊壁鸠鲁的老师。或许曾与皮浪、阿那克萨尔科斯一起随亚历山大的军队东征。

③ 这里的反身代词“他自己”（tōn heautou）应指瑙西法涅斯本人。此话表明年轻时他为皮浪的论辩才华所折服，后来自立门户，教授伊壁鸠鲁等人，认为自己在哲学论证上独树一帜，但依然高度认同皮浪的生活态度。

④ 提蒙的《彼提亚》（*Pytho*）是部对话体著作，描述他自己（或某个假想人物）在去往德尔菲神庙的路上与皮浪进行的对话，这里的引文已经丢失。《讽刺诗》（*Silloi*）以讽刺诗体对独断论哲学的各种命题进行调侃。诗句似乎模仿荷马，参见 Homer, *Iliad*, 2. 796 及 *Odyssey*, 16. 465。

找到办法，可以逃脱智者那些空洞虚妄之词的奴役？
你又如何打碎每种骗人的说服伎俩的枷锁？
你毫无兴致钻研这些问题：
什么风环绕着希腊？它们每一种
生自何处，吹向何地？

在《论幻象》[①]中提蒙又说：

这件事，皮浪，我的心渴望倾听，
如何只有你一个人，过得从容而平静，
在众人中以神的样子引路前行（hēgemoneuōn）。

据第奥科勒斯说，雅典人授予了皮浪公民资格，因为他杀死了色雷斯王科杜斯[②]。[66] 又据俄拉托斯忒涅斯[③]的《论富有与贫困》，他同他的姐姐，一位助产婆，虔敬地生活在一起。他经常带着家禽、猪，或其他什么东西去市场上叫卖，并不在乎（adiaphorōs）打扫家务这样的事情。据说，正是因为他抱有这种无所谓的态度（hup adiaphorias），才会亲手去给小猪洗澡。一次，为

① 原文为Indalmoi，或理解为“表象”、“想象”等。这里似乎以挽歌体书写。科勒封的克塞诺芬尼开启了以挽歌体或扬抑抑格诗体讨论哲学话题的先河。诗句见 Frag. 67 D。

② 历史上色雷斯国王科杜斯（Cotys），在位时间是公元前382—前360年，其统治被雅典联盟推翻，自己也被谋杀。皮浪生于公元前 360 年，不可能参与推翻科杜斯的谋杀活动。

③ 似乎是指居勒尼的 Eratosthenes，数学家，约公元前 275—前 195 年。

了他姐姐（名叫菲丽斯塔［Philista］）的某件事而对人发火，他对指责他的那个人说，不应在女人的事情上表现出无所谓的态度（adiaphorias）。一次，一只向他攻击的狗把他吓跑，他对嘲笑者说，彻底摆脱人性是难以做到的，但应尽可能地首先用行动（tois ergois）与事物抗争，如果不行就用语言（tōi logōi）。[①]

［67］他们说，当使用防腐药、刀割和火烧对皮浪的创伤进行治疗时，他连眉头都不会皱一下。提蒙在致彼提亚（Pytho）一书中清楚地刻画了皮浪的性情。他的朋友，雅典的菲洛[②]曾说，皮浪尤为喜欢提及德谟克里特，其次是荷马，他欣赏荷马，并不断地吟咏其诗句：

正像树上的叶子，这就是人生。[③]

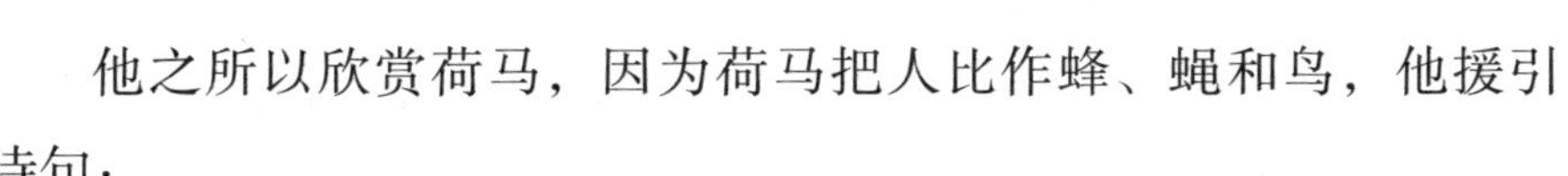

他之所以欣赏荷马，因为荷马把人比作蜂、蝇和鸟，他援引诗句：

啊，我的朋友，你是要死的。为何如此悲戚？

① 本节的两个故事和“完全脱离人性是难以做到的”（chalepon eiē holoscherōs ekdunai ton anthrōpon）这句话也为亚里士多克勒斯所记载。参见 Eusebius, *PE* 14. 18. 26，中译文见本书附录之尤西比乌斯：《亚里士多克勒斯〈反皮浪怀疑派〉》。

② 雅典的菲洛（philo），皮浪同代人，生平不详，但显然不是第四代学园派领袖，来自拉利萨（Larissa）的菲洛（约公元前 159—前 84 年）。

③ Homer, *Iliad*, 6. 146.

帕特罗克洛斯，一个比你优秀的人，也已死去。[①]

如此之多的这些诗句凝思于（sunteinei eis）人类命运的飘忽不定、虚幻追求和孩子般的傻气。

［68］波西多尼俄斯[②]也讲述了有关皮浪的此类故事。一次，与他同船出海的伙伴们因遭遇风暴而惊慌失色，他沉着冷静，神态自若，指着船上一头正在进食的小猪说，智者应当保持这种宁静（ataraxiai）。另外，只有纽谟尼俄斯[③]说皮浪持有信念（dogmatisai）。他的一些学生很有名气，欧瑞洛库斯[④]就是其中之一，但这个学生有一些坏毛病（elassōma）。因为他们声称，一次欧瑞洛库斯非常生气，于是抓起一把上面还挂着肉的叉子就追赶厨子，一路追到市场。［69］一次在埃利斯，欧瑞洛库斯在论辩中被质问者逼得理屈词穷[⑤]，竟脱掉衣服，游过阿尔菲俄斯河。因此，如提蒙所言，他对智者是深怀敌意的。

另外，菲洛也经常与自己对话（dielegeto heautōi），因此关于这点有诗说道：

啊，菲洛，那个远离人群而独享时光（autoscholon）、自

① Homer, *Iliad*, 21. 106-107.

② 波西多尼俄斯（Posidonius，约公元前 135—前 50 年），来自阿帕美亚（Apamea）。

③ 或许就是后面一段［102］所列的皮浪的学生纽谟尼俄斯（Numenius），生平不详。

④ 欧瑞洛库斯（Eurylochus），生平不详。

⑤ kataponoumenos，原意为“痛苦不堪”、“消耗殆尽”等。

言自语的人，他从不关心人们的观念和口舌之争。[①]

除了这些人之外，皮浪的学生还包括阿布德拉的艾卡塔伊俄斯[②]、《讽刺诗》的作者弗利俄斯（Phlius）的提蒙——关于他后面还要提及，还有泰奥斯（Teos）的瑙西法涅斯，据说伊壁鸠鲁曾师从于他。所有这些人被称作皮浪主义者，是出自他们老师的名字。而被称作“疑惑者”（aporētikoi）、“怀疑者”（skeptikoi）、“存疑者”（ephektikoi）、“追问者”（zētētikoi），则是出自他们的信念（dogma），如果我们可以这样称呼他们的话。[70] 人们称之为“追问者”，是因为他们一直在追问（zētein）真理。称之为“怀疑者”，则是因为他们总是处于探究之中（skeptesthai），但永远发现不了任何东西。称之为“存疑者”，是出自追问之后的某种感受（pathous），即我所说的存疑（epochēn）。称之为“疑惑者”，是因为不仅他们，就连独断论者也经常处于疑惑状态（aporein）。称之为皮浪主义者，当然是因皮浪而得名。忒奥多西俄斯[③]在其《怀疑论者概要》一书中说，不应当把怀疑论者称作皮浪主义者，因为如果他者心灵的运动是不可把握的，我们也将无法认识皮浪的心灵状况；因为无法认识，所以我们就不能被称作皮浪主义者。此外他还说，皮浪不是首先发现怀疑论的人，他不持有信念或原则（dogma）。而某个在生活态度上相似于皮浪的人才被称为皮浪主义者。

① 诗句为挽歌体，似乎模仿荷马，参见 Homer, *Odyssey*, 21. 364。

② 艾卡塔伊俄斯（Hecataeus），鼎盛年约公元前 300 年，著有《埃及史》。

③ 忒奥多西俄斯（Theodosius），生平不详。

[71] 有人说，荷马开创了这一学派。因为对同样的事情，他比任何人都擅长在不同的场合给出不同的说法，而且对这些说法从不持有任何确切的信念（ouden horikōs dogmatizei）。此外，“七贤格言”也被说成是怀疑论的，比如，“万事不要过分”（to Mēden agan）、“誓言即祸患”（Eggua, para d’ata），后面这句话的意思是说，凡言之凿凿、信誓旦旦者，霉运往往降临在自己的头上。再者，阿尔基劳科斯（Archilochus）和欧里庇德斯也具有怀疑论倾向，因为阿尔基劳科斯说：

> 啊，格劳科斯，勒普提涅斯之子，
> 人的灵魂，好比是宙斯给定的时日。[①]

欧里庇德斯说：

> （啊，宙斯！）为何他们说那些悲苦的凡人
> 能够慎思（phronein）？我们完全依靠你，
> 做那些恰恰你所希望做的事。[②]

[72] 不仅如此，按他们的看法，克塞诺芬尼、爱利亚的芝诺和德谟克里特恰恰也是怀疑论者。例如他们当中，克塞诺芬尼声称：“清楚明白的东西（to saphes）没人知道，也将不会有人知

① Frag. 131 West.

② 据几种英文本，本句均注释为出自《祈愿的妇女》（*Suppliants Maidens*, 735-737）。但该剧不是欧里庇德斯而是埃斯库罗斯（Aeschylus）的作品。

道。”[①] 芝诺否弃运动，他说：“运动者既不在它所在的地方运动，也不在它所不在的地方运动。”[②] 德谟克里特抛弃了性质，他说：“习惯上（nomōi）感到冷，习惯上感到热，实际上（eteēi）只有原子和虚空。”[③] 又说：“实际上我们一无所知，因为真理深不见底。”[④] 柏拉图把真理让给了诸神和诸神之子，自己只探寻那些或然性的论证（ton eikota logon）。[⑤] 再者，欧里庇德斯曾说：

> ［73］谁知道是否生就是死，而死就是凡人所认为的生？[⑥]

恩培多克勒也说：

> 这些东西对于人们来说是看不见的，听不到的，
> 也是无法被心灵所理解的。[⑦]

在这之前的段落里还说：

> 每个人只会被他所遇到的事情说服。[⑧]

① Frag. 34 DK.

② Frag. 4 DK.

③ Frag. 9 DK.

④ Frag. B 117 DK. 这里“深不见底”是对 en buthoi 这一短语的意译。buthos 一词指“底部”、“海底”，或可引申为“深渊”。

⑤ Plato, *Timaeus*, 40D.

⑥ Frag. 638 Nauck.

⑦ Frag. 2. 7-8 DK.

⑧ Frag. 2. 5 DK.

甚至赫拉克利特也说：

> 我们不要轻易地推测最重要的东西。[①]

再者，希波克拉底（Hippocrates）也以怀疑的（endoiastōs）和人性的（anthrōpinōs）方式表达自己的观点。在所有这些人之前，荷马说过：

> 凡人的舌头柔滑无骨，多少故事流传其间。

又：

> 丰富的词语宽阔无边。

又：

> 嘴里说出什么，耳朵就会听到什么。[②]

荷马这里谈到论证之间的对立（antithesis）和等效（isostheneia）[③]。

［74］怀疑论者致力于推翻所有学派的信念（dogmata），但他

---

① Frag. 47 DK. “最重要的东西”（tōn megistōn）指真理这种不可感的东西。

② 以上三段，参见 Homer, *Iliad*, 20. 248-250。

③ “对立”与“等效”是怀疑论的典型术语，有关解释参见 *PH* 1. 8-10。

们自己并非独断地（dogmatikōs）表达任何东西，当他们援引和叙述[①]他人观点时，他们自己并不确定任何东西，甚至对这件事本身也不确定。因此，当他们说："我们不确定任何东西"（ouden horizomen）时，他们同时也否弃了他们"不确定任何东西"（to me horizein）这句话本身，否则的话，他们还是会确定什么东西的。他们声称，我们援引他人之观点，其目的在于表明自己避免鲁莽的态度，正像如果我们对这些观点表示赞同，就会把自己的鲁莽暴露无遗。因此，通过"我们不确定任何东西"这一短语，可以清楚地表明"心灵的无倾向"或"观念的缺失"这种感受（to tēs arrepsias pathos）。同样，其他一些短语，如"这个并非甚于那个"、"对于每个论证都有一个论证与之对立"[②]等，表明的也是这种感受。[75]"这个并非甚于那个"可以在肯定意义上使用，表明某些东西是相似的，如"海盗不比骗子更邪恶"。但怀疑论者不是在肯定意义上，而是在否定意义上使用"这个并非甚于那个"这一短语的，正如某个人在反驳他人时说，"斯库拉并不比喀迈拉更真实存在"。"这个甚于那个"有时是在比较意义上使用的，如当我们说"蜂蜜比葡萄甜"。但有时既是在肯定意义上又是在否定意义上使用的，如当我们说"德性有益甚于有害"，这里我们表明德性有益而非有害。[76]怀疑论者甚至否弃了"这个并非甚于那个"短语本

① "援引"（propheresthai）和"叙述"（diēgisthai）两个词，表明怀疑论的表达方式并非在于提出自己的观点，而是引证他人相互对立的观点，使正反论证之间达致等效状态，从而瓦解消除论证的独断性。

② 注意短语 tēs panti logoi logos antikeitai 与塞克斯都引述的略微不同，没有 isos（等效），参见 *PH* 1. 12, 18, 202, 203。

身，因为正如我们说预知（pronoia）“是”（esti）并非甚于“不是”（ouk estin），因此“这个并非甚于那个”这句话本身“是”并非甚于“不是”。[①] 所以提蒙在其《彼提亚》一书中说，这些短语意味着“不做确定，搁置判断”[②]。而“对于每个论证都有一个论证与之对立”短语本身同样意味着达致存疑（epochēn），因为问题存在种种分歧（diaphōnountōn），论证处于等效状态（isosthenountōn），由此得出“真理之不可知”这一结论。即使“对于每个论证都有一个论证与之对立”这一论证本身也有一个论证与之对立，因此当它驳斥了所有其他论证之后，反过来又推翻自己（peritrapeis），为自己的论证所毁灭，就像泻药，一旦它们排除体内的物质，自身也被排除并完全毁灭。[③]

［77］对此，独断论者声称，怀疑论者他们不仅没有否弃自己的论证（logon），反而使之得以强化（prosepischurizein）。但实际上怀疑论者仅仅把这些论证当作工具[④]来使用，因为不用论证反驳论证是不可能的。正像我们习惯上说“场所不存在”，就不得不论及“场所”，但不是在持有信念的意义上（ou dogmatikōs），而是在给出证明

① 这里我们不把 esti 和 ouk esti 译成“存在”或“不存在”，而译成“是”和“不是”，因为基于本段语境的复杂性，“是”和“不是”既可表达本体论意义的“有”和“无”，也可表达逻辑判断意义的“真”和“假”。

② 原文为 to mēden horizein, all aprosthetein。这里 aprostheteō 是复合词：apros+theteō，原指“不断定某事”，我们译作“搁置判断”。该词在本段中似乎与 epechein（存疑）意思接近，但在塞克斯都的《皮浪学说概要》中未见使用。

③ 这里表明怀疑论把自己的论证视为“泻药”，目的在于祛除独断论的鲁莽与自负，最终自身与独断论一起消解、扬弃。有关“泻药”这一比喻，参见 *PH* 1. 14-15; 2. 188 及 *M* 8. 480。

④ 这里“工具”是对 diakonos 一词的意译，该词原指“仆人”、“信使”。

的意义上（apodeiktikōs）谈论的。又如我们说“无物必然生成”，就不得不谈及“必然”。这就是他们通常给出的解释方式：尽管事物显得这样那样，但它并非本性如此，只是显得似乎如此。他们说，他们研究质疑的不是思想（noousin），因为所思之物（ho ti noeitai）是清楚明白的，而是那些通过感觉所分有（metischousin）的东西。[①]

［78］据埃奈西德穆在《皮浪学说概要》[②]中说，皮浪派的论证方式是对种种现象（phainomenōn）或思想（nooumenōn）的记录或报告[③]，按照这种方式，他们把所有这些东西集中起来对应排列，经过比较发现它们的不一致性和混乱性。对于在研究中所发现的对立，他们首先给出一种让我们由之相信某些事物的论式（tropous），然后又用同一种论式摧毁它们的可信性。他们说，似乎让人相信的是那些感觉上存在着相互一致的东西、从不变化或很少变化的东西，还有那些习以为常的和为法律所确立的东西，那些让人愉快的和惊异的东西。［79］因此，基于同似乎可信的东西的矛盾，他们

① 有学者认为本段所引述的并非怀疑论观点，怀疑论对所思之物，如真理、标准、记号、证明等同样持有存疑态度，不太可能只怀疑感觉而不怀疑思想，参见 K. Maria Voget (ed.), *Pyrrhonian Skepticism in Diogenes Laertius,* Tübingen: Mohr Siebeck, 2015, p. 61。

② 埃奈西德穆被认为是十个论式的提出者，参见 *PH* 1. 36-163. *M* 7. 345. Philo, *Ebr* 169-202。他的这部约在公元前 1 世纪完成的《皮浪学说概要》，成为公元 2—3 世纪的塞克斯都和公元 3 世纪的第欧根尼研读和写作怀疑论著作的蓝本，直到公元 8 世纪，教父甫修斯还读过这部 8 卷本的著作。该书后已失传，但塞克斯都和第欧根尼记载的十个论式，以及甫修斯著作中的为数不多的几段文字（参见 Photius, *bibl* 169b18-170b35），可以基本反映该书的主要面貌。

③ 这里再次表明怀疑论的论证只是对显明之物或他者思想观点的“记录”或“报告”（menusis）。可与塞克斯都常用的 apaggellō（“记述”、“报告”、“叙述”）比较，参见 *PH* 1. 15, 197, 203。

指出双方的可信性是等效的（isos）。

他们给出的，有关现象或思想之间一致性的疑难（aporiai），存在着十种形式或论式。根据这些论式，讨论的主题也表现出种种差别。下面就是他们提出的十个论式。

第一个论式涉及动物在快乐与痛苦、有害与有益方面的差异。由之可以推得（sunagetai）动物自相同的事物不会获得相同的表象，因此由表象的冲突便可达致存疑（epechein）。有些动物无性生殖，如火中动物、阿拉伯凤凰和蠕虫，有些动物则有性生殖，如人类及其他一些动物。[80] 某些动物以一种方式构成，某些动物则以另一种方式构成，由于这个原因它们在感觉上也有差异。鹰有最犀利的视觉，狗有最灵敏的嗅觉。有充分理由相信，眼睛构造不同的动物其形成的表象不会相同。葡萄新枝对山羊是美味，对人则苦涩难忍。毒芹对鹌鹑是营养食品，对人则是致命的毒药。粪便对猪是可食之物，对马则并非如此。

第二个论式涉及人的自然本性和个体特质（idiosugkrisias）。比如，亚历山大的厨师德莫丰，在阴凉处感到温暖，在阳光下则浑身寒战。[81] 又如亚里士多德所说，阿尔戈斯的安德隆可以在滴水未进的情况下横穿干旱无水的利比亚沙漠。[①] 此外，有人想从医，有人想务农，还有人想经商。同样的事情对一些人有害，对另一些人有益。因此不得不保持存疑（ephekteon）。

第三个论式涉及感官通道的差异。如苹果对视觉形成（hupopiptei）浅黄色的印象，对味觉形成甜的印象，对嗅觉形成香

① 该例同样出现在塞克斯都的《皮浪学说概要》中，参见 *PH* 1. 82。

的印象。同一形状的东西由于反射它的镜面不同，因而看上去似乎不同。由之推得结论（akolouthei），现象是这样的并非甚于（mē mallon）是那样的。

［82］第四个论式涉及状态（diatheseis）和一般意义上的变化。如健康、疾病、睡眠、清醒、欢快、悲伤、年轻、年老、勇敢、胆怯、匮乏、饱满、仇恨、热爱、温暖、寒冷。此外，还涉及呼吸畅通，或通道阻塞。基于所处的状态的性质，人们所获得的印象（prospiptonta）似乎有别，甚至疯子也不是背离自然的（para phusin）。为什么是他们而非我们是背离自然的？因为我们也会把太阳看成是静止不动的。提托利阿（Tithorea）的斯多亚主义者忒翁[①]，经常睡后梦中漫步。伯里克利的一个奴隶也常爬到屋顶上梦游。

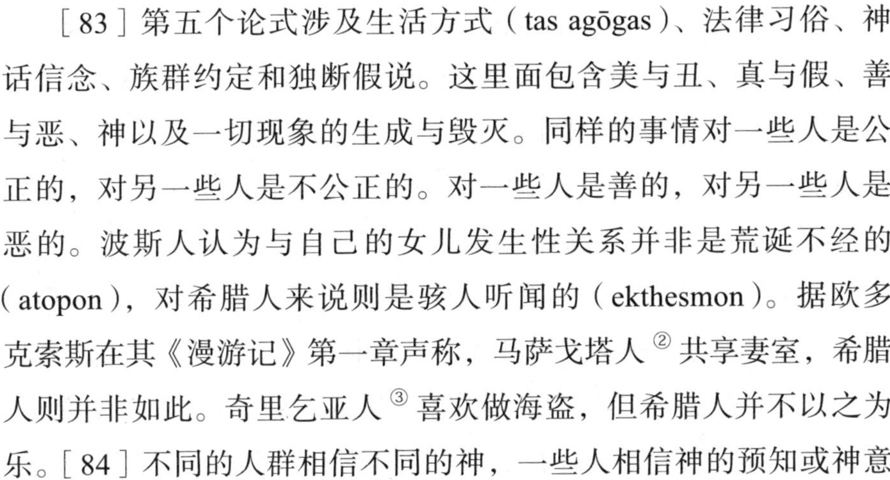

［83］第五个论式涉及生活方式（tas agōgas）、法律习俗、神话信念、族群约定和独断假说。这里面包含美与丑、真与假、善与恶、神以及一切现象的生成与毁灭。同样的事情对一些人是公正的，对另一些人是不公正的。对一些人是善的，对另一些人是恶的。波斯人认为与自己的女儿发生性关系并非是荒诞不经的（atopon），对希腊人来说则是骇人听闻的（ekthesmon）。据欧多克索斯在其《漫游记》第一章声称，马萨戈塔人[②]共享妻室，希腊人则并非如此。奇里乞亚人[③]喜欢做海盗，但希腊人并不以之为乐。［84］不同的人群相信不同的神，一些人相信神的预知或神意

① 忒翁（Theon），生平不详。

② 马萨戈塔人（Massagetae），古代波斯边境周边的一个部族。

③ 奇里乞亚人（Cilicians），小亚细亚东南海岸的部族。

（pronoeisthai），一些人则不相信。在处理逝者方面，埃及人涂抹香料防腐，罗马人则付之一炬，帕俄尼亚人[①]弃之于湖。因此，有关真理本身（peri talēthous）只能保持存疑。

第六个论式涉及混合（mikseis）与结合（koinōnias），根据这个论式，没有任何东西可以自己纯粹地显现，而是与气，与光，与湿，与干，与热，与冷，与运动，与蒸发以及其他能量（dunamesin）一起显现。紫色物体在阳光、月光和灯光下分别呈现不同色泽。我们自己的肤色在午阳当头和夕阳西下的时候也显得有所差异。[85] 一块在空气中由两个人搬起的石头，在水中很容易被移动。这或者因为石头本身是重的但被水浮起来了，或者因为石头本身是轻的而被空气加重了。对于事物内在的特性（to kat idian）我们一无所知（agnooumen），一如我们对于构成香料的油性成分。

第七个论式涉及距离（apostaseis）、各种位置（poias theseis）、场所（topous）和场所中的东西（ta in tois topois）。根据这个论式，被认为是大的东西显现成小的，方的东西显现成圆的，平坦的东西显现成凹凸不平的，直的东西显现成曲的，无色的东西显现成色彩纷呈的。因此，由于距离的原因太阳似乎是小的。山远看显得润滑，近观则显得粗糙。[86] 太阳冉冉升起时是一个样子，中天高悬时则是另一个样子。同一身体在丛林中是一种状态，在开阔地里则是另一种状态。事物的影像变化（eikōn）依靠所处的各种位置，正如鸽子颈部的色彩变化依靠其方位的转动。因此，我们不可能离开场所和位置去认识（katanoēsai）这些东西，事物自身的本性是不

① 帕俄尼亚人（Paenians），巴尔干半岛北部边缘上的部族，靠近色雷斯和马其顿。

可知的（agnoeitai）。

第八个论式涉及事物的量和质，如热与冷、快与慢、无色与有色。酒饮用适当则能强身健体，饮用过量则会伤身弱体。食物及其他东西同样如此。

［87］第九个论式涉及事物发生的恒常性（endeleches）、新奇感（xenon）和罕见性（spanion）。如地震对于频发地区的人们来说，就不会让人感到惊诧。太阳也不会，因为它天天被人们看到。第九个论式被法博里诺[①]列为第八个，被塞克斯都和埃奈西德穆列为第十个。再者，第十个论式被塞克斯都说成第八个，被法博里诺说成第九个。

第十个论式基于相互比较（kata ten pros alla sumblēsin），如轻之于重，强之于弱，大之于小，上之于下。右并非本性上就是右，而是相对于他者的状况来理解的。一旦这种相对关系有所变化，右将不复为右。［88］同样，“父”与“兄”也是相对存在的东西（hos pros ti）。日子相对于太阳，万物相对于心灵。因此，相对存在的东西就其自身而言是不可知的（agnōsta）。上述这些就是十个论式。

此外，阿格里帕[②]学派又引入了另外五个论式：基于分歧、无穷后退、相对性、基于假设和循环推论。“基于分歧”（apo tēs

① 法博里诺（Favorinus），阿莱拉特（Arelate）人，鼎盛年约公元2世纪，修辞家、博学家，哈德良皇帝的侍臣。

② 阿格里帕（Agrippa），生平不详，或许鼎盛年在公元1世纪。第欧根尼明确认为五个论式是由阿格里帕提出的，塞克斯都称是由“新一代怀疑论者”提出的。“新一代怀疑论者”可能指阿格里帕，参见 *PH* 1. 164-177。关于五个论式最具贡献性的新近研究成果，参见 J. Barnes, *The Toils of Scepticism*, Cambridge: Cambridge University Press, 1990。

diaphōnias）表明，无论是由哲学家还是由日常生活所提出的那些问题，都充满着严重的纷争和诸多的混乱。“无穷后退”（eis apeiron ekballonta）则不承认研究对象可以确证（bebaiousthai），因为其可信性依赖于他者，而他者的可信性又依赖于另一个他者，如此类推以至无限。［89］“相对性”（ton pros ti）是说，无物能够由自身被理解，而是每每与他者一起被理解。因此事物是不可认识的。“基于假设”（eks hupotheseos）的论式用于那些认为应当把事物的第一原理当作可信的和毋庸置疑的东西（mē aiteisthai）直接设定的人，他们的这种想法是无济于事的，因为别人也会假设与之相反的东西。“循环推论”（diallēlōn）发生在这种情况，即一旦应当用来确证研究对象的东西本身又需要由研究对象提供可信性。比如，如果有人根据分泌生成来确证毛孔存在，同时又把毛孔存在本身拿来作为分泌生成的证据。

［90］他们还否弃[①]一切证明、标准、记号、原因、运动、学习、生成、本性上善或恶的东西。他们说[②]，所有的证明，或由已被证明的东西构成，或由未被证明的东西构成。如果由已被证明的东西构成，那么这些已被证明的东西依然需要某种证明，这就陷入无穷；如果由未被证明的东西构成，无论全部、某些，还是唯一，都是被怀疑的对象（distazomanou），因此所有这些东西就是不可证明的。他们还说，如果有人设想存在着不需要证明的东

① anaireō。该词原意为“否定”、“消除”、“取消”等。这里译为“否弃”，更贴近怀疑论既不肯定也不否定，而是扬弃、消解一切独断信念的基本立场。

② 从这里到第94段，第欧根尼记述了怀疑论对证明问题的反驳。可与*PH* 2. 144-192 比较。

西，那他的心智一定是个奇迹，因为他没有认识到，那些所谓自身具有可信性的东西（ex autōn ekhei tēn pistin）必须要首先得到证明。[91] 因为我们不能由“四元素是存在的”来确证“四元素是存在的”。除此而外，如果特殊性的证明是不可信的，那么基于它的普遍性的证明也是不可信的。再者，我们为了认识“证明是存在的”就需要有标准，而为了认识“标准是存在的”就需要有证明。因此证明和标准两者是不可把握的（akatalēpta），因为它们互为依据（anapempomena ep allēla）。既然证明是不可知的，我们如何把握非显明之物（ta adēla）？因为我们追问的不是事物是否这样或那样显现，而是事物是否本质上（kath hupostasin）就是如此。

他们声称，独断论者头脑单一。因为由假设得出的结论仅仅是设定性质的（theseōs）论证，并非研究意义的（skepseōs）论证，使用这种论证，无疑是在不可能的事情上枉费心机。[92] 他们说，那些认为我们不应当根据环境去判断真理，或根据事物的本性去确立法律的人，是把自己确定为万物的尺度了，因为他们没有看到，一切现象都是在与环境的相互作用中，或在某种状态下中显现出来的。因此，必须承认或者一切事物为真，或者一切事物为假。[①] 如果只有一些事物为真，一些事物为假，我们通过什么来准确判定（diakriteron）呢？首先不能由感觉来判定可感之物，因为对感觉来说所有东西显得都是等效的（panton ison autei phainomanon）。出于同样原因，也不能由心灵来判定。除了上述两种能力，找不到其他用来判定的能力了。因此他们说，无论什么人想要确证可感之物

① 这里似乎省略了一句“但这是不可能的”。

或可思之物，就必须首先确立有关这些东西的观念（doxas）。因为一些人否弃这些观念，一些人否弃那些观念。[93] 但它们也要通过可感的或可思的东西来做判断，但两者任何一方都充满着纷争，因此对可感之物或可思之物的观念做出判定是不可能的。如果因为心灵中的纷争所有这些东西都是不可信的，那么似乎可以据之准确判定（diakribousthai）所有东西的尺度将会被否弃，因此所有东西都会被认为是等效的。再者，他们说，同我们一起探究现象的人或是可信的或是不可信的。如果他是可信的，那么对于事物似乎显得相反的那个人来说，他是无法反驳的。因为，正如那个声称事物如何显现的人是可信的，那么声称事物以相反的方式显现的人同样也是可信的。如果他是不可信的，当他声称事物如何显现时就不会被相信。

[94] 不应假设那些似乎可信的东西（to peithon）为真。因为同一个东西不会让所有人相信，甚至也不会每每让同一个人相信。可信性（pithanotēs）往往来自外部因素，或基于论辩者的声誉，或基于思辨能力（phrontistikon），或基于谋略技巧，或基于题材的熟悉程度，或基于对听众的取悦。

再者，他们还用这种论证方式否弃标准。[1] 标准或是已被判断的，或是未被判断的。如果是未被判断的，那它一定是不可信的，无法获致 [2] 真假结论；如果是已被判断的，它就会成为具体的被判断对象中的一个，因此同一种东西就会既判断又被判断，用来判断

① 从这里到第 95 段是对标准问题的反驳，可与 *PH* 2. 18-79 对照。

② diamartanō 指“错失目标”、“绝对背离”、“完全无法获得”，与 tugkanō（击中目标）相反。

的标准将不得不被另外的标准判断，这个另外的标准又被另外的标准判断，以至无穷。[95] 此外，标准问题存在着种种分歧，有些声称人是标准，有些声称感觉是标准，有些声称理性是标准，还有一些声称“可理解的表象”[①]是标准。一个人同自己或同他人常常不一致，这点由千差万别的法律和习俗即可清楚地表明。感觉欺骗人们（psudontai），理性各执己见（diaphonos）。“可理解的表象”由心灵来判断，而心灵反复无常（trepetai）。标准是不可知的，由于这个原因，真理也是不可知的。

[96] 记号（sēmeion）是不存在的。[②]他们说如果记号存在，它或是可感的，或是可思的。它不是可感的，因为可感之物是共通性的，而记号则是特殊性的。再者，可感之物是“基于差别存在的东西”[③]，而记号则属于“相对存在的东西”。记号也不是可思的，因为可思之物或是显明的东西的显明的记号，或是非显明的东西的非显明的记号，或是显明的东西的非显明的记号，或是非显明的东西的显明的记号。记号不属于任何一种，所以记号不存在。不存在显明的东西的显明的记号，因为显明的东西不需要记号。也不存在非显明的东西的非显明的记号，因为被揭示的东西必须要通过某种东西显现出来。[97] 显明的东西的非显明的记号也是不可能的，因为给他者提供理解的出发点的东西（aphormēn katalēpseōs）本身必须是显明的。也不存在非显明的东西的显明的记号，因为记号，作为相对的东西，必须与那个以之为记号的东西（toi hou esti

① katēlptikē phantasia。斯多亚派术语。

② 关于记号的反驳，可与 *PH* 2. 97-133 比较。

③ ton kata diaphoran，即“独立存在的东西”。

sēmion）一起被理解，然而这种情况是不存在的。因此非显明的东西是不可理解的，因为非显明的东西被他们说成是通过记号来理解的。

他们还用这种方法否弃了原因。[①] 原因（to aition）是相对的东西，它相对于“因之而生的东西”（to aitiaton）。而相对的东西仅仅可被思想（epinoeitai），不具有实在性（huparchei）。[98] 因此，原因只是思想的对象，因为如果它是原因，就必须同那个被说成是以之为因的东西（to hou legetai aition）相伴而存[②]，否则它就不是原因。就像一位父亲，如果与他被称为父亲相对的那个人不在场，他就不是父亲，对于原因也是如此，因为与原因被认识相对的那个东西并不在场。生成、毁灭及其他东西都是不存在的，所以原因是不存在的。再者如果原因存在，那么或有形物（sōma）是有形物的原因，或无形物（asōmaton）是无形物的原因，〈或无形物是有形物的原因，或有形物是无形物的原因〉[③]。没有任何一种情况是这样的，所以原因是不存在的。有形物不会是有形物的原因，因为两者具有相同的本性。如果任何一方仅就它是有形物而被说成是原因，那么另外一方，因为是有形物，也将会成为原因。[99] 如果双方同样都是原因，就不会有“被作用的东西”（to psachon）。基于同样的理由，无形物不会是无形物的原因。无形物也不是有形物的原因，

① 有关原因的反驳，可与 *PH* 3. 17-29 比较。

② 这里动词echein，一般指“是”、“具有”等意，也有“伴有”之意，因此根据文本中因果互为关系的意思，译为“相伴而存”。

③ 原文似有缺失，根据 T. Dorandi (ed.), *Diogenes Laertius: Lives of Eminent Philosophers*, (Cambridge Classical Texts and Commentaries, Cambridge, 2013) 校订本补缀。

因为没有任何无形物可以作用于有形物。最后，有形物也不会是无形物的原因，因为生成物（genomenon）应当是被作用的质料（tēs psachousēs hulēs），如果因为它是无形的而无法受到作用，那它就不会被任何东西所生成。因此原因不存在。由之得出结论，整个宇宙的本原是非真实存在的，因为作用者和活动者本身必须是某种东西。①

再者，运动（kinēsis）是不存在的。② 因为运动者（kinoumenon）或在其所在的场所运动，或在其不在的场所运动。但它既不能在其所在的场所运动，也不能在其不在的场所运动，所以运动是不存在的。

［100］他们还否弃学习。③ 他们说，如果有物可教，那么或以存在者（tōi einai）教存在者（to on），或以非存在者（tōi mē einai）教非存在者（to mē on）。但不会以存在者教存在者，因为存在者的本性是对每个人显现出来的，并为人们所认识；也不会以非存在者教非存在者，因为对于非存在者是不会发生任何事情的④，因此它是不可教的。

他们说，生成（genesis）也是不存在的。⑤ 存在者（to on）不

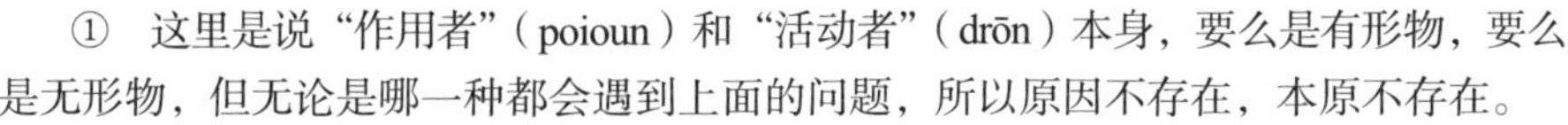

① 这里是说“作用者”（poioun）和“活动者”（drōn）本身，要么是有形物，要么是无形物，但无论是哪一种都会遇到上面的问题，所以原因不存在，本原不存在。

② 可与 *PH* 3. 71 比较。

③ 可与 *PH* 3. 256-258 比较。

④ ouden sumbebēken。sumbebēken 可理解为“发生”或“碰巧发生”，也可理解为“具有某种属性”。名词“属性”（sumbebēkos）源于动词 sumbebēken。因此这句话也可译为“对于非存在者是不会具有任何属性的”。

⑤ 可与 *PH* 3. 112 比较。

是生成的，因为它是存在的（esti）；非存在者（to mē on）也不是生成的，因为它没有实在性（huphestēke）。既不具有实在性又不存在的东西是不可能碰到好运（eutuchēke）而得以生成的。

［101］没有任何东西本性上是善的或恶的。[①] 如果某种东西本性上是善的或恶的，那它必须对所有人同样是善的或恶的，就像雪对所有人都是冷的。但没有任何善或恶对所有人都是共同一致的，所以没有本性上是善的或恶的东西。或者人们应当把所有那些人人信以为善的东西都说成是善的，或者并非如此。事实上人们不能声称所有这些东西都是如此，因为同一种东西被一些人认为是善的，被另一些人认为是恶的，如伊壁鸠鲁认为快乐是善的，安提斯泰奈斯[②] 则认为快乐是恶的。因此结果表明，同一种东西既是善的又是恶的。但如果我们说并非所有人人信以为善的东西都是善的，我们就得对这些观念进行判定。然而这是不可能的，因为这些论证之间是等效的（isotheneian）。所以本性上善为何物是不可知的。

［102］有关他们这些推论的全部论式，可以从流传下来的著述中清楚地看到。皮浪本人没写下任何片言只语，但他的同伴提蒙、埃奈西德穆、纽谟尼俄斯（Numenius）、瑙西法涅斯以及其他人都有文字传世。

① 可与 *PH* 3. 179-182 比较。

② 安提斯泰奈斯（Antisthenes），约公元前445—前365年，雅典人，苏格拉底圈子里的一员。

独断论者在反驳时说[①]，怀疑论者本身对事物具有自己的理解，并持有确切的信念（daogmatizein）。当他们相信自己已在驳斥对手时，对某些东西是有理解的，与此同时他们强化了（kratuousi）自己的观点并持有确切的信念。甚至当他们声称“不确定任何东西”和“对于每个论证都有一个论证与之对立”时，对这些表述本身他们实际是做出确定和持有信念的。[103] 针对这一反驳，怀疑论者回答说，对于我们作为人类所获得的那些感受（paschomen），我们是同意的。因为我们承认，这是白天，我们活着，以及生活中的其他现象。但对于独断论者以其论证所确切肯定并声称已经理解的（kateilēpsthai）东西，因它们是非显明之物（adēlōn），我们对之保持存疑（epechomen），只承认自己的感受经验（ta pathē）。我们同意我们在看，我们承认我们在思，但我们如何看或如何思，我们并不知道。我们在“叙述”的意义上（diēgēmatikōs）说某个东西似乎是白的，但并非确切地肯定它本质上（ontōs）就是白的。

① 从这里到第106段，叙述了独断论者提出的两个诘难以及怀疑论者的回答。一是怀疑论者存疑的对象包括自己的表述本身，即是说怀疑论者自我否定。针对这一问题怀疑论强调，首先，他们对人类所感受的经验是不会存疑的，他们存疑的是涉及非显明之域的独断信念；其次，怀疑论的表述本身并非表达独断的信念（如“地球是圆的”），而是对自己所获得的感受的描述、叙述、报道，是一种“认可”或“承认”，而非做出判断和持有信念。这里表明怀疑论在哲学史上最早触及两种语言——描述与判断、元语言与对象语言——之间的区分，并试图以之解释语义悖论问题。二是怀疑论者无法行动，他们抛弃生活本身。怀疑论者回答，他们只怀疑独断论者认为的那些现象背后、为现象所表明的非显明之物，他们不拒绝也不可能拒绝显明之物，即自然的引导、本能的驱迫、法律习惯的传承和技艺的教化。他们反对独断论真理的标准，但遵从日常生活的准则，能够过一种对独断论所研究的问题，而不是对生活规训保持存疑的生活。参见 *PH* 1. 226, 237-239; 2. 102, 246, 254; 3. 2, 119, 151 及 *M* 11. 162-166。

[104] 至于“不确定任何东西”等短语，我们不是作为独断的信念（dogmatōn）来表达的，因为这不同于说“宇宙是圆的”。后者涉及非显明之物（adēlon），前者只是一种“承认”或“认可”（exomlogēseis）。因此当我们说“不确定任何东西”时，我们也不确定这句话本身。

反过来，独断论者声称怀疑论者否弃生活本身（ton bion autous），在某种意义上他们抛弃了生活所赖以构成的一切。怀疑论者说，这种指责是错误的，我们没有否弃“看”，而是不知道“看是如何发生的”。我们肯定现象（phainomenon），但并没有肯定它就是（on）像它所显现的那样。我们看到火在燃烧，但它是否具有燃烧的本性，我们保持存疑（epechomen）。[105] 我们注意到一个人运动，一个人消失，但这一切是如何发生的，我们并不知道。他们说，我们只是反对那些与现象对应存在的且为现象所表明的[①]非显明之物。当我们说一幅画有凸起的表面，我们是在描述显现出来的东西，一旦说这幅画确实没有凸起，我们就是在谈论另外的东西了。由此，提蒙在《彼提亚》中说，他未曾跨越习惯一步（mē ekbebēkenai tēn sunētheian），在《表象》中又说：“无论走到哪里，现象都起支配作用。”在《论感觉》中声称：“我不肯定蜂蜜是甜的，但我承认它似乎是甜的。”

[106] 埃奈西德穆在《皮浪派的论证》第一卷中说，由于论证的对立性（antilogian），皮浪没有独断地（dogmatikōs）确定任何东西，而是基于现象得出结论（akolouthein）。他在《反智慧》

① “与现象对应存在的且为现象所表明的”是对译 paruphistamena 一词。

和《论探究》中也谈到了这点。再者，埃奈西德穆的朋友宙希斯（Zeuxis）[①] 在《论正反两种证明》中，拉奥迪凯（Laodicea）的安提奥科斯[②] 和阿帕拉斯[③] 在《阿格里帕》中，也都仅仅肯定了现象。根据怀疑论，现象（phainomenon）即标准，正如埃奈西德穆所说。伊壁鸠鲁也是这样说的。但德谟克里特不承认现象是标准，乃至否定现象是存在的。[107] 针对现象这个标准，独断论者反驳说，不同的表象可以由同一事物造成，比如同一座塔或显现为方的或显现为圆的。如果怀疑论者在两者之间不做任何倾向性选择，他将无法行动（apraktēsei）。又说，如果他们信从任何一方，就不会承认现象的等效性（to isosthenes）。针对这点怀疑论者说，当不同的表象作用于我们时，我们说它们每种都显现出来，因此我们肯定现象显现这一事实。如提蒙和埃奈西德穆学派所说，怀疑论者声称其目的在于存疑（epochēn），而宁静（ataraksia）就像影子那样紧跟而来。[④] [108] 就那些我们能够决定的事情（peri hēmas esti），我们既不选择也不规避。但就那些不由我们决定而是必然发生的事情，如饥饿、干渴和痛苦，我们将无法逃避，因为这些东西不是凭论证（logōi）所能消除的。当独断论者声称，怀疑论者如果拒绝杀父食肉，假如他被命令这样做的话，是不可能活下去的。怀疑论者反驳说，他们能够活着，对独断论所研究的问题（tōn dogmatikōn zētēseōn）保持存疑，而不是对日常生活（biōtikōn）和规训

① 或许指埃奈西德穆的再传弟子"跛脚"的宙希斯，参见下面第 116 段。

② 宙希斯的弟子，吕科斯地区拉奥迪凯人，参见下面第 116 段。

③ 阿帕拉斯（Apellas），生平不详。

④ 怀疑论把宁静随存疑而来比喻为"如影随形"，参见 *PH* 1. 29。

(tērētikōn) 领域内的事情保持存疑。[1] 因此，我们按照习惯（kata tēn sunētheian）选择和规避某件事情，用法律绳墨自己的行为。一些人说，怀疑论者声称其目的在于“不受影响”(apatheian)；另有一些人说，其目的在于“平和淡定”(praiotēta)。

二、提蒙

［109］我们的这位来自尼开亚（Nicea）的阿波罗尼德斯[2]，在其献给提伯里乌斯·凯撒的著作《论讽刺诗》的第一卷中说，提蒙[3]是弗利俄斯（Phlius）人提马尔库斯（Timarchus）之子。他幼年失恤，继而习舞为生。后因厌倦了舞者的生涯便远走他乡，投奔麦加拉的斯提尔波。在斯提尔波身边度过一段时间后，又返乡成婚。之后同妻子一起到了埃利斯的皮浪那里，直到他的孩子们出生。其中，长子叫克桑图斯（Xantus），提蒙教他习医，并指定

---

① 本段疑似有缺失，根据 T. Dorandi (ed.), *Diogenes Laertius: Lives of Eminent Philosophers*, Cambridge Classical Texts and Commentaries (Cambridge, 2013) 校订本补缀。

② 阿波罗尼德斯（Apollonides），从其献给凯撒著作这一事实推断，他应该是公元1世纪早期人物。

③ 提蒙（Timon），约公元前320—前230年，皮浪的学生和生平记载者，其著作均已散失，仅存今人辑录的残篇和二手文本。

为遗产继承人。[110]如苏提翁[1]在其著作的第十一卷中说，这个儿子曾是有史可稽的名人。提蒙因生存所迫，乘船到了海列斯彭特（Hellespont）和普罗彭提斯（Propontis）。他在卡尔西顿（Chalcedon）以智者为业（sophisteuōn），声誉日隆。供给自足（porisamenos）之后，便渡海去了雅典，除了在忒拜逗留过短暂的一段时间之外，他一直生活在雅典直至终老。他为安提柯国王[2]和托勒密国王菲勒德尔弗斯[3]所熟知，这点可由其抑扬格的诗句为证。

安提戈努斯声称，提蒙喜欢喝酒，在哲学活动之余如有一点闲暇便创作诗歌，包括史诗、悲剧、萨提尔剧，三十部喜剧和六十部悲剧，还有讽刺诗和艳诗[4]。[111]另外提蒙还有辑录在册的诗句达两万行，这点为提蒙传记的作者，卡鲁斯托斯的安提戈努斯所记载。有三卷本的《讽刺诗》，在这些作品中，提蒙作为怀疑论者，以戏谑的风格对所有人进行痛责，对独断论者予以讥讽。第一卷以第一人称表达，第二卷和第三卷则以对话的方式（en dialogou schēmati）表达。他把自己扮演成一个发问者，向科勒封的克塞诺芬尼提问每位哲人，而克塞诺芬尼则一一回答。第二卷涉及老一辈哲人，第三卷则涉及后代哲人，这就是为何有人给这一卷冠以“剧终”（epilogōn）的原因。[112]第一卷除了以诗歌体独言独语

① 苏提翁（Sotion），亚历山大利亚人，鼎盛年约公元前2世纪中叶，著有13卷本的《哲学家师承录》和提蒙《讽刺诗》评注。

② 马其顿统治者安提柯二世贡纳突斯（Antigonus II Gonatus），约公元前319—前239年。

③ 埃及统治者托勒密二世菲勒德尔弗斯（Ptolemy II Philadelphus），约公元前309—前246年。

④ kinaidos，原意指“娈童”。

(monoprosōpos)之外，涉及的材料相同。开篇这样写道：

> 告诉我，你们这群好奇心十足的(polupragmones)智者！

据安提戈努斯以及苏提翁在其著作的第十一卷中说，提蒙在接近九十高龄的时候终老。我听说提蒙只有一只眼睛，的确他常把自己称为“独目巨人”。还有另外一个提蒙，一位厌世者(misanthrōpos)。

如安提戈努斯所说，这位智慧的热爱者，也是极其专注个人事务的园艺热爱者(philokēpos)。漫步派的希罗努谟斯[①]讲过这样一段关于提蒙的话：“正像西徐亚人一些退着射箭一些追着射箭，因此哲学家当中一些追着抓学生一些退着抓学生，后者如提蒙。”

[113]他敏于思考和嘲讽，长于文字，善于把故事写成诗歌，编成剧本。他常与悲剧家亚历山大和荷马[②]共享作品。每当被女仆和狗打扰时，他便无法创作，因为他对安静极为苛求。据说，阿拉图斯[③]问他如何得到准确无误的荷马文本，他说：“如果你有幸碰到一部古代抄本(antigraphois)而非后人校正本(diōrthōmenois)的话。”他任由自己的诗作散乱无序，有时甚至被老鼠啃掉一半。

---

① 希罗努谟斯(Hieronymus)，指罗德斯岛的希罗努谟斯，鼎盛年约公元前290—前230年，活动于雅典。

② 亚历山大(Alexander)来自艾托利亚(Aetolia)，荷马(Homer)来自拜占庭。两人鼎盛年约公元前280年，托勒密二世菲勒德尔弗斯的侍臣，亚历山大利亚七大悲剧家成员。

③ 阿拉图斯(Aratus)，来自奇里乞亚(Cilicia)的索利(Soli)，约公元前315—前240年，著有《现象》一书，受安提柯二世贡纳突斯赞助。

[114] 当他对演说家左披洛斯[①]朗读自己的作品时，延展书卷，即兴吟咏。读到一半，居然发现被撕掉的、早就不知去向的那一部分。他竟是如此之粗心大意（adiaphoros）。再者，他非常随和〈……〉以至于放弃进餐。他们说，一次他看到阿尔克西劳路过“无赖市场”[②]，说道：“你到这里，我们皆为自由人的地方，有何贵干？”他习惯于不断援引那些感觉被心灵的判断所验证的人的词句：

鸟以类聚，人以群分。[③]

他习惯于开这样的玩笑。当有人对一切都感到惊奇时，他说：“你为何不对我们三个人长了四只眼感到惊奇呢？”因为他和他的学生第奥斯居利得斯（Dioscurides）都是独眼，而他所回答的那个人是健全的。[115] 一次，阿尔克西劳问他为何从忒拜回来，他说：“以便我能彻头彻尾地[④]看着你笑。”尽管在《讽刺诗》中他对阿尔克西劳进行了指责，但在其名叫《阿尔克西劳的葬礼宴会》的著作中对他给予了赞美。

---

① 左披洛斯（Zopyrus），来自克雷佐门尼（Clazomenae），鼎盛年约公元前275年。

② Kerkōpōn ionta (agora)，雅典的一个集市，可以公开买卖偷来的物品。Kerkōpes，希腊神话中被赫拉克勒斯捉到的一个悲惨的窃贼。

③ 原文为sunēlthen Attagas te kai Noumēnios。Attagas 和 Noumēnios 或指帖萨利和科林斯的两个知名的窃贼，或指鹧鸪和山鹬之类的鸟。

④ anapeptamenous，原意指“展开”、“展示”，引申为“透彻”、“完整”、“一览无余”。该句是对阿尔克西劳的讽刺。

据美诺多图斯[①]讲，提蒙没有继承者（diadochos），这一学派中间断代，直到居勒尼（Cyrene）的托勒密[②]使之重建。但据希波珀图斯（Hippobotus）和苏提翁说，塞浦路斯的第奥斯居利得斯、罗德斯的尼哥罗科斯（Nicolochus）、塞留西亚（Seleucia）的优弗拉诺（Euphranor）以及来自特罗阿德（Troad）的普雷勒斯（Praylus）也是提蒙的学生，而后者，根据历史学家披拉尔科斯[③]记载，具有极强的克制力，以至于可以忍受以叛国罪对他做出不公正的处罚，认为他的同邦人不值一词。

［116］优弗拉诺传亚历山大利亚的优布鲁斯（Eubulus），优布鲁斯传托勒密，托勒密传萨尔佩冬（Sarpedon）以及赫拉克利德斯（Heraclides），赫拉克利德斯传诺索斯的埃奈西德穆，后者编写了八卷本的《皮浪的派论证》；埃奈西德穆传宙希波斯（Zeuxippus），宙希波斯传“跛脚”（gōniopous）宙希斯，宙希斯传吕科斯地区（Lycus）拉奥迪凯（Laodicea）的安提奥科斯，安提奥科斯又传经验论的医生（iatros empeirikos）尼科美迪亚（Nikomedia）的美诺多图斯和拉奥迪凯的提奥达斯（Theodas）；美诺多图斯传塔尔修斯（Tarsus）的赫罗多图斯，阿瑞优斯（Arieus）之子；赫罗多图斯传塞克斯都·恩披里柯，后者写了怀疑论的十卷本和其他非常优秀的著作。塞克斯都传绰号叫 Kuthēnas 的萨图尔尼诺斯，另一位经验论者。

① 美诺多图斯（Menodotus），或许指经验派医生，尼科美迪亚的美诺多图斯，鼎盛年约公元 125 年。

② 托勒密（Ptolemy），或许鼎盛年在公元前 100 年左右。

③ 披拉尔科斯（Phylarchus），雅典人，鼎盛年约公元前 3 世纪，历史学家。

埃奈西德穆《皮浪派的论证》[①]

选自《文献》212 169b18—170b35

甫修斯　著

崔延强　译注

① 本译文根据 A. A. Long and D. N. Sedley, *The Hellenistic Philosopher*, vol. 2, Cambridge: Cambridge University Press, 1987，从希腊文译出。希腊文本校订，参阅 R. Polito, *Aenesidemus of Cnossus: Testimonia*, Cambridge: Cambridge University Press, 2014。

我读过埃奈西德穆的八卷本《皮浪派的论证》。[①] 全书的整个用意在于确立：任何东西，无论通过感觉还是思想，都是不能被确切理解的。因此，不管是皮浪派还是其他派的人，都无法认识事物的本质真理（en tois ousin alētheian）。那些按照其他学派从事哲学的人，不仅对其他东西一无所知，使自己白费心血、烦恼不断，而且对“根本就没有理解那些自认为已经理解的东西”这件事本身也一无所知。那些追随皮浪从事哲学的人，在其他方面是幸福的，最主要的是在知道无物可以被确切地理解这个方面是智慧的。至于究竟知道什么，他极为聪明地赞同这样的说法：肯定（kataphasei）并非甚于否定（apophasei）。

该书整体想要把握的观点（dialēpsis），我已表述。埃奈西德穆完成了此书，并将之献给了学园派的一位同事，鲁西乌斯·图博罗（Lucius Tubero），罗马人，有着显赫的出身和非同寻常的政治

① 就甫修斯读过的埃奈西德穆《皮浪派的论证》而言，其主题与塞克斯都的著作和第欧根尼的记载基本吻合，但内容编排上有一定的差异：

第一卷：皮浪派与学园派的区别以及皮浪派的总体论证方式；

第二卷：反驳真理、原因、影响、运动、生成和毁灭以及这些东西的对立面；

第三卷：反驳运动、感觉以及这些东西的特性；

第四卷：反驳记号；

第五卷：反驳原因；

第六卷：反驳善与恶、选择与规避、喜欢与不喜欢；

第七卷：反驳德性；

第八卷：反驳目的。

生涯。[①]

在第一卷中，他以下述这种简洁的语言对皮浪派和学园派进行了辨别。学园派是独断论者，他们毫不迟疑地（adistakōs）确立什么，毫不含糊地（anamphibolōs）否弃什么。而皮浪学派则是“疑惑者”（aporetikoi），从所有的信念中（dogmatos）摆脱出来，他们当中没一个人说万物是不可理解的还是可理解的，而是说这个并非甚于那个，或者说有时是这个，有时不是这个，或者说对这个人是这个，对那个人不是这个，对另外的人则什么都不是。他们也不说，是普遍意义上的所有事物还是当中的某些事物是可达致的（ephikta）[②]或是不可达致的，而是说可达致的并非甚于不可达致的，或者说有时是可达致的，有时是不可达致的，或者说对某个人是可达致的，对另一个人是不可达致的。他们也不说事物为真还是为假，可信还是不可信，存在还是不存在，而是说同一事物为真并非甚于为假，可信并非甚于不可信，存在并非甚于不存在。或者说此时是这个，彼时是那个，或对某个人是这个，对另一个人不是这个。

皮浪派的人从不绝对地确定（horizei）任何东西，甚至对“任何东西都是不可确定的”这句话本身也不确定。他说，我们如此申明这点，是因为我们不具备一种表达（eklalēsomen）所思想的东西

① 本段提供了值得关注的两个信息。一是埃奈西德穆曾经是学园派的成员，因此可以推断其怀疑论思想与学园派存在一定关联。二是他把著作献给同事鲁西乌斯·图博罗。鲁西乌斯·图博罗是西塞罗的朋友，在古罗马内战（公元前 51 年）中凯撒获胜，而他站在庞培一边，因而失去了政治前途。据此推断，埃奈西德穆应该是活动于公元前 1 世纪前半叶的人。

② 塞克斯都和第欧根尼的文本从未这样使用 ephikta 一词。

的方式。[①]他说，学园派，尤其是当今之学园派[②]，有时竟同斯多亚派的观点一致，说句实在话，他们似乎是一个与斯多亚派论战的斯多亚派。其次，他们对许多东西持有信念（dogmatizousin）。他们引入“德性”和“愚蠢”这些观念，确立了善与恶、真与假、可信与不可信、存在与不存在，实际上他们对许多东西做出了确切断定，但却声称他们只对“可理解的表象”持不同意见。因此，皮浪的追随者，由于不确定任何东西，始终能够绝对地免于指责，而来自学园派的人，他说，会受到和其他哲学家所受到的同样的质疑考问。最重要的是，凡对一切命题心存疑惑者（diaporountes），可以守护观点的一致性，避免自我矛盾。但学园派没有认识到他们是自我矛盾的，他们一方面毫不含糊地确立什么和否弃什么，一方面又声称事物在普遍意义上是不可理解的，因而导致无可争议的矛盾：既然已经知道这个是真的那个是假的，还会犹疑不定（diaporein），迟疑不决（diastasai），不清楚选择这个规避那个，这种事情如何可能？如果不知道这是善的还是恶的，或这是真的那是假的，或这是

① 指怀疑论者对自己怀疑立场的表达问题，即对于“不确定任何东西”这一思想的表达同时自我指涉，表达形式只有一种，语义指涉却有两重：一重指向对象，一重指向表述自身。

② “当今之学园派”应该是指菲洛的第四代，尤其指安提奥科斯的第五代学园派。安提奥科斯（Antiochus，公元前约130—约前68年），阿斯卡罗（Ascalon）人，学园派菲洛的学生。约公元前95年创建自己的学派，他回归“老学园”和漫步派，同时大量吸收斯多亚派的伦理学和认识论思想以矫正旧传统。在亚历山大利亚时期著有《索苏斯》（*Sosus*）一书，后在雅典教学，西塞罗于公元前79年听到过他的演讲。塞克斯都说：“安提奥科斯把斯多亚学说搬进了学园，因此他被说成是在学园里做着斯多亚的哲学，因为他试图指出，斯多亚的信念内在于柏拉图的哲学之中。”（*PH*. 1. 235）

存在的那是不存在的，那就得同意每个事物都是不可理解的。另一方面，如果这些东西可由感觉或思想清楚明白地理解，那就必须要说每个事物都是可理解的。

在本书的开端，来自埃伽（Aigai）的埃奈西德穆[①]记述了这些及其他类似的论证，目的在于指出皮浪派与学园派的区别。接下来，同样在第一卷，他还以论式的形式（hōs tupōi），提纲挈领地阐述了皮浪派的整个论证方法。

在第二卷中，他对前面简要记述的那些问题开始详细地展开讨论，分析了真理、原因、影响、运动、生成和毁灭，以及这些东西的对立面，或如他所认为的那样，以严谨的推证，揭示所有这些东西都是令人疑惑的（to aporon）和不可理解的。

第三卷讨论了运动、感觉以及这些东西的特性。通过冗繁的正反题的论证（enantiologias），他把这些东西归为不可达致的（anephikton）和不可理解的。

在第四卷中他在这种意义上讨论了记号（sēmeia），即我们说“显明之物”（ta phanera）是“非显明之物”（tōn aphanōn）的记号，但他声称这样的东西是根本不存在的，那些相信它们存在的人，是

① 甫修斯这里的记载与第欧根尼·拉尔修明显不一致。据后者，埃奈西德穆是诺索斯人，参见 DL 9. 116。学者们对此有不同推测。或称埃奈西德穆是诺索斯（Gnossus）人，但他所献书的那个友人鲁西乌斯·图博罗曾在亚细亚（Asia）做过罗马帝国的总督，埃伽是他遇到鲁西乌斯·图博罗的地方，因此甫修斯文中的埃伽或许指美西亚人（Mysian）的埃伽（Aigai）；或称甫修斯接触到的文献本身或许来源不同，因此有这种不一致的记载；或称埃奈西德穆来自诺索斯，而诺索斯是反罗马的重镇，埃奈西德穆献给罗马朋友的书有意回避自己的出生地。参见 R. Polito, *Aenesidemus of Cnossus: Testimonia*, Cambridge: Cambridge University Press, 2014, pp. 48-50。

被虚妄的激情（kenēi prospatheiai）欺骗了。另外，他还对整个自然、宇宙和神提出了一系列基于风俗习惯考量的疑问，竭力表明没有任何东西可以落入我们理解力的范畴。

第五卷提供了反驳原因问题的怀疑方略（tas labas），表明没有任何一个事物是另一事物的原因，声称原因论者被欺骗了，并罗列出系列论式，根据这些论式，他认为那些被诱导进行原因证明（aitiologein）的人就会陷入错误的泥潭。

第六卷讨论了好的与坏的东西、选择与规避的东西、喜欢与不喜欢的东西，他把这些东西归为荒唐之物，尽其可能地隔断（apokleiōn）这些东西同我们的理解和认识的联系。

在第七卷中他对“德性”进行了抨击，声称对这些东西进行哲学思考的人，杜撰了一些虚妄的观念，迷失了自己，误认为自己获得了这些东西的理论并从事相应的实践。

第八卷即最后一卷驳斥目的问题，他不承认幸福、快乐、慎思以及任何某个哲学派别所相信的目的，他说根本就没有为所有人一致认同的目的。

亚里士多克勒斯《反皮浪怀疑派》[1]

选自《福音的准备》14. 18

尤西比乌斯 著

崔延强 译注

① 文本原标题为"反皮浪怀疑派或声称无物可知的所谓存疑派"，出自公元4世纪尤西比乌斯的著作《福音的准备》，参见 Eusebius, *PE* 14. 18。本译文根据 M. L. Chiesara, *Aristocles of Messene: Testimonia and Fragments* (Oxford University Presss, 2001) 希腊文本翻译。

［1］万事之前必须就我们自己的认识进行检视（diaskepsasthai）。因为如果我们本性上一无所知，那就没有进一步研究（skopein）其他东西的必要了。

［2］古人当中就有一些说过这种话的人，他们曾受到亚里士多德的批判。① 埃利斯的皮浪力主这种说法，但没有留下任何书面文字，而他的学生提蒙声称，凡是想要幸福的人（ton mellonta eudaimonēsein）② 必须考虑三件事情：首先，事物本性上（pephuke）究竟如何；其次，对待它们我们应采取什么态度；最后，对于持有这种态度的人将会达致怎样的结果。

［3］他说，皮浪宣称事物都是同样无差别的、不确定的和无法决断的。③ 由于这个原因，我们的感觉和观念都不是真的或都不是假的。因此，我们不应当相信它们，而应当是不持有观念的、无所

① 这里或许指亚里士多德《形而上学》第三卷第4—5段中对那些否定不矛盾律和实体的同一性的观点的批判。

② 提蒙把“幸福”（eudaimoneia）理解为最高目的，而幸福系于对事物本性的认识及其态度。这里的三件事似乎与希腊化哲学的三个部分的划分——物理学、逻辑学（知识论）和伦理学——存在着某种契合。

③ 这里连续用了三个形容词：“无差别的”（adiaphora）、“不确定的”（astathmēta）和“无法决断的”（anepikrita），而且用一个副词“同样”（ep'ises）予以强调，该句是对第一件事情的回答。差别性是事物独立存在的标志，否定差别性就等于否定事物的绝对存在性，也就否定了认识的确定性和可判断性。所以“无差别的”是核心词，其他两个是其延展和补充。注意 astathmēta 一词指“不稳定的”、“不确定的”，在塞克斯都文本中几乎未见这种用法。

偏倚的和毫不动摇的[①]，对每个事物我们说它“是并非甚于不是”，或“既是又不是”，或“既不是又不不是”。

［4］对处于此种状态的那些人，提蒙说，首先达致“无言”或“不可说”，然后达致宁静，埃奈西德穆说是快乐。[②]

［5］[③]这些就是他们论述的主要观点。让我们思考一下，他们说得是否正确。既然他们声称一切都是同样无差别的，因而要求我们对任何东西不抱倾向和不持观念，那么我想，人们就有理由质问他们，那些认为事物有差别的人究竟错了（diamartanousin）还是没错。因为当然，如果那些人错了，就不可能是正确的。因此他们不得不说，存在着一些对事物持错误观点的人，而他们自己则是说出真理的人。所以就会存在某些真东西和某些假东西。那么，如果我们大多数人在相信事物有差别上无错，那为何他们还要指责我们？

① 这里连续使用“不持有观念的”（adoxastos）、“无所偏倚的”（aklinēs）和“毫不动摇的”（akradantos）三个形容词回答第二件事情。既然事物本性上是“无差别的”，那么事物就是不可界定的，不真不假，既真又假，对待这种东西只能采取不持观念、不置可否、无所倾向的态度。注意这里“存疑”（epochē）一词并未出现，而是用这三个词来描述这种感受。另，塞克斯都和第欧根尼文本所常用的 ou dogmatikos 也未出现，用的是 adoxastos。

② 这里三个名词：“无言”或“不可说”（aphasia）、“宁静”（ataraxia）、“快乐”（hedonē）是对第三件事情的回答。“无言”作为怀疑论常用“短语”出现在塞克斯都的文本中，尤其“宁静”作为怀疑论的目的被反复强调，但埃奈西德穆的“快乐”没有被塞克斯都接受，第欧根尼的文本也未提及埃奈西德穆的这个说法，参见 DL 9.108。因此有学者推测，第三名词不是“快乐”，而应当是“不受影响”或“无动于衷”（apatheia）。

③ 第5、6、7三段集中反驳了怀疑论一切都是“无差别的”这一判断因语义自我指涉所带来的矛盾：一方面认为事物无差别，声称不持有任何观念，一方面又让他人相信自己的观念；一方面声称自己一无所知，一方面似乎知道得甚多。

因为如果他们宣称事物无差别就会犯错。

［6］即使我们承认一切都是同样无差别的，显然他们也不会区别于多数常人。他们的智慧会是怎样的？为何提蒙指责所有其他人，却单单赞美皮浪？

［7］如果一切都是同样无差别的并因而不应对任何东西持有观念，那么对这些东西——我说的是有差别或无差别——持有观念（to doxazein）或不持有观念也不会存在什么差别。因为，为什么“是这个”甚于“不是这个”？或如提蒙所说，何以“是”，何以“否”，何以是这个“何以”本身？显然，这样的追问应当否弃（anaireitai）。因此，让他们停下来不要烦扰我们，因为目前他们已经疯狂得不可救药[①]，一方面鼓噪我们不持有任何观念，同时又劝我们去践行（poiein）他们自己的这个观念，声称对任何东西不应做出陈述，但他们却做出陈述；一方面要求我们不赞同任何东西，一方面又劝我们相信他自己的话；再者，尽管他们声称一无所知，却又反驳所有的人，好像所知甚多。

［8］[②] 对于那些声称一切事物都是非显明的（adēla）人，必然两者选择其一：要么缄默不语，要么做出陈述，说点什么。如果他们

① memēnasi porrō technēs，原意指“疯狂得无术可施”。

② 第8、9、10三段集中反驳怀疑论关于一切事物都是“非显明的”，因而是不可知的或不可判断的。大致提到三种反驳方法：第一，对于“非显明之物”要么闭嘴沉默，要么做出陈述，回答“是”或“不是”。无论“是”还是“不是”，都“是”判断和认识。第二，要么表明什么，要么什么也不表明；要么表明无限的东西，要么表明有限的东西。什么都不表明和表明无限的东西都是不可理喻的，但表明有限的东西就意味着做出界定，给出判断。第三，必须先认识显明的东西才能认识非显明的东西，先肯定而后否定。这些反驳与塞克斯都和第欧根尼的文本相比，表达形式和内容上存在一定的差异。

保持沉默，那么显然对这种人是不可理喻的（oudeis an eiē logos）[①]；如果他们做出陈述，那么无论如何，他们或者声明某些东西“是”，或者声明“不是”，就像当下他们理所当然地声称所有事物对所有人都是不可知的（aganōsta）和无法界定的（aorista），没有任何东西是可以认识的那样。

［9］那些宣称这种观点的人，当他说出这些话时，或能澄清（dēloi）事物、使人明白（suneinai），或不能做到这点。如果无法澄清事物，那么对于这种人绝对是不可理喻的。如果能够表明（sēmainoi）事物，那么当然，他或者说的是无限定的东西（apeira），或者说的是有限定的东西（peperasmena）。如果是无限定的东西，对他则是不可理喻的，因为没有无限定的认知。如果他所澄清的东西是有限定的，或一部分是有限定的，那么说出这些话的人就对某种东西做出界定（horizei），给出判断（krinei）。一切事物怎么会是不可知的和无法判定的？如果他要说同一个东西既“是”又“不是”，那么首先同一个东西将会既真又假，其次他将会既说又不说某个东西，并以论证否弃（anairēsei）论证，再者当他承认一切是假的，还会声称人们应当相信他。

［10］值得研究，他们从哪里学会说一切事物都是非显明的。因为，他们必先知道什么是显明的东西，然后至少可以说，好像事物并非如此。因为必先知道肯定（kataphasin），而后知道否定（apophasin）。如果他们不知道显明的东西之为何物，也就不会认

① 注意，本段和下一段都出现“是无理可讲的”或“不可理喻”（oudeis an eiē logos），这一反驳方式和语句形式在塞克斯都、第欧根尼和甫修斯的文本中都未出现。

识什么是非显明的东西。

[11][①] 当埃奈西德穆在其《皮浪学说概要》中考察九个论式的时候（根据这些论式他试图阐明非显明的事物），我们要说，他究竟谈论了他知道的东西（eidota）还是无法认识的东西（agnoounta）？他说，动物存在着差异，我们自己、城邦、生活、习惯和法律也是如此；他还说，我们的感觉是软弱无力的（astheneis），许多外在的东西（ta exōthen），如距离、大小和运动，损害了（lumainomena）我们的认知；再者，当人们在年轻和年老、醒着和睡觉、健康和生病时，不会获得同样的感受；我们把握的东西没有任何一种是单一的和纯粹的。[12] 一切都是混合的和相对而言的（pros ti legomena）。

我说[②]，问一下做出如此精妙言辞（kompsologounta）的那个人，他是在充分认识了（eu eidōs）事物就是以这种方式存在的情况下说的这些话，还是在一无所知（agnoōn）的情况下说的，会是一件快乐的事。如果他不知道，我们为何还要相信他？如果他知道，那他就是一个十足的白痴，因为他一方面表明一切都是非显明的，同时又声称他知道得很多。

[13] 当他们考察这些东西的时候，他们谈论的不过是一种归纳（epagōgēn），试图表明现象和特殊事物究竟是什么，这就“是”

① 本段记载埃奈西德穆提出的9个（注意并非10个）论式。这些论式似乎依次涉及：动物、人、信念、感觉、位置、状态、数量、混合、相对。并未提到“经常性与否”这一论式。比较 *PH* 1. 36. DL 9. 78-79. Philo, *Ebr* 169-170。

② 自此以下到17段，反讽提蒙在《彼提亚》和《讽刺诗》中所谈论的东西，他们自己是否知道，是否赞同，是否相信？声称不持有任何观念无异于声称智慧与愚蠢无别，不会让人们过得更好。

和“被说成是”一种信念（pistis）。[①] 如果他们对之赞同，显然他们就会持有观念；如果他们不相信，我们也就了无关注他们的愿望。

［14］提蒙在《彼提亚》中讲了一个长而又长的故事，说他如何碰到了正行走在通往彼提亚（Pytho）[②] 的安菲阿剌俄斯（Amphiaraus）神庙路上的皮浪以及他们之间讨论的东西。如果有人站在这个记录这些东西的人旁边，难道他没有充分理由说：“哦，可怜的人，为什么你不厌其烦地写这些东西和讲述你所不知道的东西？何以你遇到他甚于不遇到他，与他讨论甚于不与他讨论？”

［15］这位神奇的（thaumastos）皮浪知道自己为何在路上？是为了观看彼提亚赛会，还是像疯子一样游荡？在他开始指责人们和他们的无知时，我们要说，他讲的是真的还是假的？提蒙感受到某些东西并赞同他的话，还是没有心领神会（prosechin）？如果他是不可信的，提蒙何以不做舞者而摇身变为哲学家，并终其一生赞美皮浪？如果提蒙赞同他所说的这些东西，那他就是一个自己从事哲学而不让我们做这种事情的荒诞之徒。

［16］有人一定会单纯地好奇，提蒙的《讽刺诗》和他对所有人的恶语相向，埃奈西德穆冗长繁琐的基本著述以及所有此类的话语堆砌究竟是意味着什么。如果他们写这些东西在于相信可以使我们变得更好，并因此认为应当反驳所有的人，那我们就停止说这些废

① 这里谈到“归纳”的概念，是表明现象和特殊事物究竟是什么的一种“信念”（pistis）。塞克斯都关于归纳的反驳，参见 *PH* 2. 104。

② 彼提亚，也是德尔菲（Delphi）的旧称，德尔菲城位于彼提亚中心。提蒙《彼提亚》一书显然以之取名，记载他同皮浪在赶往彼提亚的路上的一番对话。

话，显然他们想让我们认识真理，领悟这些东西正如皮浪所宣称的那样，以至于如果我们相信他们，就会由比较差劲变得好一点，因为我们可以判断较为有用的东西，听从那些讲授较好的东西的人。

［17］然而，事物如何能是同样无差别的和不可判定的？我们如何可以是不做赞同的（asugkatathetoi）和不持有观念的（adoxastoi）？如果语言无用，他们为何烦扰我们？为何提蒙说：

没有其他凡人胜过皮浪？

因为人们可以赞美皮浪并非甚于赞美著名的科勒布斯（Coroebus）或墨勒提德斯（Meletides），这些被认为是以其愚蠢而拔乎其类的人。

［18］[①] 人们还应思考下列问题：什么样的公民，或法官，或议员，或朋友，或干脆说人类，可以成为这种人？或这种认为没有任何东西是真正荣光的或羞耻的、正义的或非正义的人，还有什么坏事不敢胆大妄为（tolmsēien）？人们不能说这种人对法律和惩戒有所敬畏，因为那些，正像他们所说的，无动于衷的人（apatheis）和超脱烦恼的人（atarachoi），他们怎么会有所敬畏呢？

［19］提蒙还说了皮浪这样的话：

这就是我所见到过的那个人，

① 第18至20段提出，皮浪学说否弃价值之别不仅不会遵从自然、习惯和法律生活，相反，必将消除对法律秩序的敬畏。

面对同样压在无名之辈和显赫之流身上的一切负担，
不傲慢虚浮，也不卑躬屈膝，
看那空洞轻浮一族，
因种种欲望、观念和随心所欲的立法，
不堪重负，东倒西歪。

［20］然而，一旦他们说出这样的智慧，即人们应当按照自然和习惯生活，但却不赞同任何东西，他们就是十足的白痴。因为即便他们不赞同任何其他东西，至少也应赞同他们说的这件事本身，并假设它就是这样的。我们何以应当跟随（katakolouthein）自然和习惯甚于不应当跟随，因为如果我们一无所知，一无所有，拿什么东西来判断？

［21］[①] 当他们说，正像泻药把自己连同体内多余物一起排出，以同样的方式，那个声明一切都是非显明的论证把自己连同其他论证一起否弃（anairei），这是绝对愚蠢的。因为如果论证反驳自身，使用它的人就是在胡言乱语（lēroien）。对他们来说，最好保持沉默，不要张嘴。

［22］的确，在泻药和他们的论证之间没有相似性。因为药物被排出，不会留在体内。而论证则必须存在于灵魂之中，始终如一，永远被相信。因为这是唯一一个可以让他们避免对任何事情给予赞同的东西。

① 第21、22两段对皮浪学说的“泻药”隐喻给予批驳。这里有两个论点：一、论证如果自我反驳无异于胡言乱语，论证不能自我否弃。二、论证一旦使用就留在灵魂之中，始终如一，永远被相信。

[23][①] 还有另外一个可以获知人不可能是没有观念的依据：感觉者（aisthanomenon）不感觉（mē aisthanesthai）是不可能的。感觉就是认识某种东西。同时他也相信感觉对所有人都是显而易见的。因为当他想看得更清晰一些时，他擦亮自己的眼睛，走近一点，并遮挡光线。

[24] 再者，我们知道我们感到快乐和痛苦，因为被火烧的人和被刀割的人自己不知道是不可能的。谁还会不明白记忆和回忆伴随理解（meth' hupolēpseōs）而生成？有关人是如此这般的东西的共同概念，有关知识和技艺，还有什么好说的？因为如果我们不具备理解的本性，这些东西是不会存在的。对我而言其他论证暂且不论。但就他们所说的这些东西，无论我们相信还是不相信，持有观念则是绝对必然的。

[25] 显然，以这种方式从事哲学是不可能的。这也是有悖于自然和有悖于法律的，这点由以下事实可以看到：如果事物真的（tōi onti）就是这样，除了如在梦中，六神无主，疯子般地活着，还有什么可以留下？这样，立法者、将军和教师就可以信口雌黄（phluaroien）。然而对我来说，所有其他人似乎合乎自然地（kata phusin）活着，而那些胡言乱语者倒是空洞虚浮，或毋宁说是疯魔缠身，癫狂之极。

[26] 这点至少可以由下述事实得知：卡鲁斯托斯的安提戈努斯，一个与皮浪生活在同一时期、写有其生平传记的人声称，皮浪

① 第23至25段提出，“感觉者不可能不感觉”，感觉即认识。回忆、记忆、普遍概念、知识、技艺都是理解和认识，因此持有观念是必然的；不持有观念不仅不能从事哲学，而且有悖于自然和法律，无异于癫狂之极的疯子。

因被狗追赶爬到了树上，当他受到旁边的人嘲笑时说，脱离人性是难以做到的。[1]他的姐姐菲丽斯塔（Philista）打算去祭祀，他们的一位朋友曾承诺某件祭品但却没有提供，皮浪买了祭品，为此十分生气。当这位朋友说，皮浪的行为与其言辞不一，与其“无动于衷”（apatheias）并非相称（oud' aksia）时，皮浪回答说：“在女人的事情上还需要做出什么论证（apodeixin）？”[2]这位朋友可以公平地回敬：“蠢货，在女人的事情上，在狗的事情上，在所有的事情上，只要对你的论述是有好处的。”

［27］了解谁是羡慕他的人和他所羡慕的人是恰当的。皮浪是阿那克萨尔科斯的一个学生。起初曾是一位画匠，但结果并不成功，当他接触到德谟克里特的著作便发现一切皆无用处并拒绝写作，对一切恶语相向，包括神和人。[3]之后，他把自己包裹（periballomenos）在空洞虚浮（tuphon）之中却声称自己脱离了空洞虚浮（atuphon），所以没留下任何书写文字。

［28］弗利俄斯的提蒙是皮浪的学生，起初在剧场跳舞，当遇

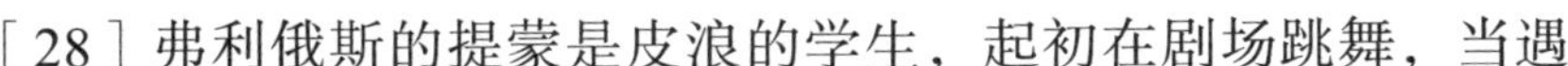

① “脱离人性是难以做到的”（chalepon eiē ton anthrōpon ekdunai）这句话，第欧根尼的文本也做了引述，其中关键词完全相同，只是这里少了一个副词“完全地”、“彻底地”（holocherōs），动词 ekdunai 与宾语 ton anthrōpon 的语序颠倒了一下。参见 DL 9. 66。这里第欧根尼与亚里士多克勒斯的文本或许都以安提戈努斯的著作为蓝本。

② 这段话的意思是说，在涉及女人的事情上不需要论证，因此就不存在言行不一、与自己的说法不符合的问题。第欧根尼的文本在谈到皮浪的这个事例时也引述了类似的一句话：“不应在女人的事情上表现出无所谓的态度”（ouk en gunaiōi epideiksis tes adiaphorias）。（DL 9. 66）

③ 根据第欧根尼和亚里士多克勒斯的文本，皮浪学说的思想来源似乎与留基伯、德谟克里特、普罗塔戈拉、阿那克萨尔科斯等阿布德拉的哲学家有着密切的关系，参见 Eusebius, *PE* 14. 17. 10。

到皮浪便写起了辛辣（argaleas）而粗俗（bōmolochous）的滑稽诗，在里面诋毁所有曾经活过的哲学家。这就是写有《讽刺诗》和下面这些话的那个人：

> 悲惨的人们，厚颜无耻，欲壑难填，
> 你们是用争吵和呻吟做成的！

又：

> 人们，装满了空洞意见的皮囊。

［29］当无人关注他们的时候，好像他们从来没有存在过一样，就在昨天或前些日子（echthes kai prōen），一位埃奈西德穆在埃及的亚历山大利亚开始复活了（anazōpurein）这种无稽之谈（huthlon）。[①] 在走这条道的人当中他们几乎被认为是最好的了。

［30］显然，凡善思者（eu phronōn）无人会说这个体系，或学派，或无论你想叫作什么的东西，是正确的。我认为，我们不应将之命名为哲学，因为它否弃了从事哲学的基本原则（tas tou philosophein archas）。

［31］这就是针对那些被认为是追随皮浪从事哲学活动的人所做出的论述。

---

① 据“就在昨天或前些日子”这句话推断，埃奈西德穆应该与亚里士多克勒斯的生活年代基本接近，大概在公元 1 世纪前后。

希腊怀疑论词汇希腊语—汉语对照表

说明:《皮浪学说概要》集中了怀疑论以及希腊化时期其他哲学流派的大量用语。对于重要词汇和术语我们已在译文的正文或脚注中做了希腊语标记或含义注解。这里我们把塞克斯都在《皮浪学说概要》中使用的主要词汇梳理出来，做成希—汉对照表以便读者查阅。需要说明，为了打印排版方便，我们使用拉丁字母书写希腊词汇。

agōgē 规训、(生活)方式

adēlos 非显明的

adiaphoros 无差别的

adoxastos 非独断的、无观念的

aisthēton 感觉对象、所感之物

aitia 原因

aitiologia 原因论

akatalēptos 不可理解的

akoloutheia 结论、融贯、跟随

alētheia 真理

alēthes 真、真的

alogos 非理性的、不可理喻的

anaireō 消除、否弃

anapodeiktos 不可证明的(不证自明的)

anatrepō 推翻、驳倒

anepikritos 不可判定的

anepinoētos 不可想象(思想)的

aneuretos 不可发现的

anōmalia 不一致性

antikeimai 把某物对立

antikeimenon 对立物

antilambanō 把握、感知(动)

antilēpsis 把握、感知(名)

anuparktos 非真实的、不存在的

anupostatos 非实在的、不存在的

aoristia 不可确定性、无定义性

apaggellein 报告、记述

apemphainein 不协调、不一致

aphanēs 非显明的、不清楚的

apistos 不可信的

apodeiktitos 可证明的

apodeixis 证明、证据

apolutōs 独立地、绝对地

apophasis 陈述、表达

apophatikos 陈述、否定

aporeō 疑惑、犹疑、困惑（动）

aporos 疑惑的、犹疑的

archē 本原、原则

archomenon（条件句）前件

asōmatos 无形体的、非物体的

asunaktos 无结果的、无效的

ataraxia 宁静、无烦扰

atopos 荒谬的

axia 价值

axiō 宣称、要求

axiōma 命题、陈述

bebaios 确定的、确凿的

bios 生活

biōtikē tērēsis 生活规训（准则）

diabebaiousthai 确切地肯定

dialektikē 辩证法

diallēlos tropos 循环论式

dianonia 心灵、心智、理智

diaphonia 驳斥、指责、争论

diatasis 向度

diathesis 状态

diezeugmenon 析取句、选言句

dogma 信念、原理、原则

dogmatikōs 独断地、持有信念地

dogmatikos 独断论者

dogmatizein 持有信念

dokein 认为、相信

doxa 观念

dunamei 潜在地、内涵上

ethos 风俗

eilikrinōs 纯粹地

ektos 外在的

empeiria 经验

enargeia 显明、清楚

ennoēma 概念、所思之物

epagōgē 归纳

epechō 存疑、保持存疑（动）

epihora 结果、结论

epikrinein 决断、判定（动）

epikrisis 决断、判定（名）

epilogizomai 推出结论、推得

epinoeō 形成概念、思考（动）

epinoēsis 概念、思想（名）

epinoia 概念

epistēmē 知识、科学

epochē 存疑

euroia 平静流淌（生活）

gignōskō 认识、知道

gnōsis 知识

haplōs 简单地、纯粹地

hairēsis 体系、学派

hēgemonikon 灵魂的中枢

hēgomenon（条件句）真前件

heuriskō 发现

horizō 确定、确断

hormē 驱策、动力

horos 定义

hugiēs 有效的、健康的

huparchō 存在、是真实的（动）

hupokeimenon 存在的

hupolambanō 假设

hupomimnēskō 回忆、想起

hupopiptō 影响、产生印象

hupstasis 存在、实体

isōs 或许

isostheneia 等效、相等、均衡

katachrēstikōs 非准确（严格）地

katalambanō 理解（动）

katalēpsis 理解（名）

katalēptikos 可理解的

kataphatikon 肯定句

kataskeuazō 建立、构建

katēgorēma 谓词、陈述

katēnagkasmenos 必然的

kinēsis 运动

krasis 混合

krinein 判断

kritērion 标准

kuriōs 严格地

lekton 意谓、所说的东西

lexis 话语、语词

lēgon（条件句）结论

lēmma 前提

logos 语词、论述、理据

machomai 不一致、冲突

mixis 混合

mochthēros 错误的、无效的

noeō 思想、思考（动）

noēsis 思想、概念

noēton 所思之物、思想对象

nous 心灵、心智

oikeios 适宜的、亲近的

oneiropoleō 想象、幻想

ōpheleia 有益的

ousia 实体、本质

parathesis 并置、排放

pathos 感受、影响

periergons 精心雕饰

periōdeumenos 验证的、检验的

peripiptō 发生、作用、影响

periptōsis 偶性、际遇、偶发事件

peristasis 环境

peritrepō 自我指涉、自我反驳

phainomai 显现、似乎是（动）

phainomanon 现象、显明之物

phantasia 表象、印象

phaulos 坏的、愚蠢的

phōnē 词语、短语

phronēsis 明辨、明智、慎思

phusis 本性、自然

pistis 可信性

pistos 可信的

pithanos 似乎可信（有说服力的）

prodēlos 显明的、自明的

prokrinō 喜欢、倾向于选择

prolēpsis 常识、直观

propeteia 鲁莽

prosēgoria 词项、普通名词

proslēpsis 小前提

prospiptō 产生印象、作用、影响

pros ti 相对

pseudos 假的

psuche 灵魂

sēmainein 表明、标示

sēmeion 记号

skepsis 怀疑论

skeptikos 怀疑的

spoudaios 有德性的、优异的

stoicheion 元素、原理

sugkatathesis 赞同、同意、认同

sullogismos 三段论、演绎推理

sumbebēkos 属性、偶性

sumpeplegmenon 合取句、连言句

sumperasma 结论、结果

sumplokē 合取句、连言句

sunagein 推出结论

sunaktikos 有效的、能得出结论的

sunēmenon 条件句

sunetos 聪明的

suntonos 强劲的、有力的

sustasis 组合、构成

tacha 或许

tarachē 烦扰、打扰

technē 技艺

teleios 完善的

telos 目的

theōreisthai 被观察到、被看到

theōrema 原理

theōria 理论、思辨

topos 位置、场所

tropos 论式、方式

zēteō 追问、研究

zētēsis 问题、疑问

译后记

对塞克斯都·恩披里柯及希腊怀疑论的兴趣，自 1988 年春师从苗力田教授学习希腊语算起，到撰写硕士、博士论文，再到后来负笈南下，已整整三十个年头。三十年来，这一话题牵肠挂肚，终难释怀。记得当年在北图外文现刊阅览室，手抄最新文献，每月勒紧裤腰带省下可怜的伙食费复印欲罢不能的文献，常以酱油拌挂面度过了那段艰苦而美好的青葱岁月。

三十年，文献里熟悉但却未曾谋面的国外同行大约经历了两代人。我们在一个话题上神交已久，一起慢慢变老。也曾一度想到牛津或剑桥再读一个博士，喝喝下午茶，会会这些纸上朋友。因为他们的英译本有一些值得商榷之处，或在某些疑难困顿的问题上（ton aporon）如我般闪烁其词，模糊处理。实际这个圈子不大，全球算来估计最多是一个研究生讨论班的人数。也许只有退休后再来重拾这个不算遥远的梦想，只要我还在坚守这一小片神秘的乐园。

三十年，总算要有一个交代，给自己当然也给恩师。没有我的硕士导师山东大学谭鑫田教授研二那年送我去中国人民大学学习希腊语，我就不可能入希腊哲学之门。没有博士导师苗力田教授指导我翻译《亚里士多德全集》第五卷、第九卷（部分）和撰写希腊怀疑论的博士论文，就不会有今天的这部译著。师恩如山！我想，这部译著是毕业三十年后学生给两位老师的一份迟来的答卷！

本书是希腊化哲学典籍翻译与研究计划的一部分，整个计划想借国家社科基金项目的契机，把塞克斯都的四大部著作以及有关早期伊壁鸠鲁、斯多亚派的一手文献翻译出来，再写一部希腊化哲学的专著。任务可谓艰苦卓绝。有时想来，一个基金项目，写两篇论文和一部著作足以了事，何苦自加分量？但每当坐在灯下，看着这些蝌蚪文，便情不自禁地一段段向前匍匐。我的远方总是那么永远的遥远！寒往暑来，每日工作之余，锻炼一两小时，翻译三四小时，不觉间笔底流淌出自己还算满意的文字。本书原文阅读三遍，前后校对六遍，每个字，包括标点符号，均亲手所为。

本书试图为专业研究者提供一手文献，所以注释较为详实。同时也力求文字清通可读，尽量做到使用规范、简洁和有尺度的母语，让一般非专业的读者也能上口，不至于如读火星文字、另类母语。本书的出版凝聚着编辑李强同志的大量心血，从中体现出商务人高度的敬业精神和过硬的专业素养。正是这种精神与素养使我们坚信学术中国必将绽放出灿烂美好的明天！

崔延强

2018 年 11 月记于北碚嘉陵江畔

2021 年 11 月再记于北碚嘉陵江畔

图书在版编目(CIP)数据

皮浪学说概要/(古希腊)塞克斯都·恩披里柯著;崔延强译注.—北京:商务印书馆,2024
(汉译世界学术名著丛书:120年纪念版:珍藏本:增订本)
ISBN 978-7-100-23406-1

Ⅰ.①皮… Ⅱ.①塞…②崔… Ⅲ.①皮浪(Pyrrho 约前365-约前275)—怀疑主义—研究 Ⅳ.①B502.33

中国国家版本馆CIP数据核字(2024)第042069号

汉译世界学术名著丛书
(120年纪念版·珍藏本·增订本)
皮浪学说概要
〔古希腊〕塞克斯都·恩披里柯 著
崔延强 译注

商务印书馆出版
(北京王府井大街36号 邮政编码100710)
商务印书馆发行
北京通州皇家印刷厂印刷
ISBN 978-7-100-23406-1

2024年5月第1版 开本710×1000 1/16
2024年5月北京第1次印刷 印张22¾
定价:126.00元